财政部规划教材

创新创业教育

Innovation and Entrepreneurship Education

主　编　吕　爽
副主编　陈迎阳　谭军华　赵玉琴
　　　　王　林　张　垚　王丽娜

中国财经出版传媒集团

经济科学出版社
Economic Science Press
·北京·

图书在版编目（CIP）数据

创新创业教育 / 吕爽主编；陈迎阳等副主编. -- 北京：经济科学出版社，2025.2. -- （财政部规划教材）. -- ISBN 978-7-5218-6008-5

Ⅰ. G647.38

中国国家版本馆 CIP 数据核字第 2024JP5106 号

责任编辑：杜　鹏　武献杰　常家凤
责任校对：齐　杰
责任印制：邱　天

创新创业教育
CHUANGXIN CHUANGYE JIAOYU

主　编　吕　爽
副主编　陈迎阳　谭军华　赵玉琴
　　　　王　林　张　垚　王丽娜

经济科学出版社出版、发行　新华书店经销
社址：北京市海淀区阜成路甲28号　邮编：100142
编辑部电话：010-88191441　发行部电话：010-88191522
网址：www.esp.com.cn
电子邮箱：esp_bj@163.com
天猫网店：经济科学出版社旗舰店
网址：http://jjkxcbs.tmall.com
固安华明印业有限公司印装
787×1092　16开　14印张　300000字
2025年2月第1版　2025年2月第1次印刷
ISBN 978-7-5218-6008-5　定价：39.00元
(图书出现印装问题，本社负责调换。电话：010-88191545)
(版权所有　侵权必究　打击盗版　举报热线：010-88191661
QQ：2242791300　营销中心电话：010-88191537
电子邮箱：dbts@esp.com.cn）

财政部规划教材

《创新创业教育》
编写委员会

主　任：吕　爽

委　员（排名不分先后）：

陈迎阳	谭军华	赵玉琴	王　林	张　垚	王丽娜
陈金凤	赵丽华	杨　娟	陈　希	李倩雯	石　坚
陈　然	李　峥	张鸿燕	李　康	王　明	张　鑫
梁博通	段　磊	崔玲玲	杨　明	任　璐	朱广超
苗　苗	傅唯佳	王博洋	刘　博	张志辉	郭冬梅
阎若思	赵晓萌	倪俊伟	李慧敏	李　响	鲍敬敬
冯　妍	叶小云	屈　颖	赵天熹	陈　战	肖瑞华
王　巍	李　磊	石金利	李杏丽	赵　鑫	关宏帅
杨　彬	张海燕	王翠香	郝　亮	魏　铄	王　潭
胡石尘	孔　楠	孙　鹏	姜　华	刘　源	王　甜

序 一

创新引领创业，创业带动就业。创新创业能够为经济社会发展催生新供给、释放新需求、激发新活力、实现新进步，是推动我国经济社会发展的强大动力。党的二十大报告中强调，教育、科技、人才是全面建设社会主义现代化国家的基础性、战略性支撑。必须坚持科技是第一生产力、人才是第一资源、创新是第一动力，深入实施科教兴国战略、人才强国战略、创新驱动发展战略，开辟发展新领域新赛道，不断塑造发展新动能新优势。当前，我国正处于实现第二个百年奋斗目标的新征程，全国人民在党中央的坚强领导下朝着实现中华民族伟大复兴的宏伟目标奋勇前进，而创新创业正是新时代伟大奋斗历程中至关重要的篇章，是实现高质量发展的战略举措。推进大众创业、万众创新是富民之道、强国之策。

新时代的中国青年朝气蓬勃、思想解放，富有改革创新精神，富有想象力和创造力，是推动经济社会发展、推进我国创新创业的生力军和突击队。国务院新闻办公室2022年4月发布的《新时代的中国青年》白皮书中指出，新时代中国青年生逢中华民族发展的最好时期，拥有更优越的发展环境、更广阔的成长空间，面临着难得的建功立业的人生际遇。诚然，如今的青年一代充满着闯劲、锐气、理想和担当，创新创业活动更加畅通自由，实现人生出彩的舞台越来越宽阔。在鼓励创新创业创造的新时代，在充满机遇的广阔天地间，筑梦青春，干事创业，把创新创业梦融入伟大中国梦。

本教材主要服务于在校大学生开展创新创业理论学习和实践参考的现实需要，着眼于激发青年大学生的创新创业意识，帮助在校大学生增强创新创业的意愿、信心，掌握创新创业人才的人格特质、核心素质与关键能力，帮助大学生树立正确的创新创业价值观，把握创新创业纵深发展的趋势，培养系统的创新创业思维，知晓创新创业的整体环境和系列政策，充分挖掘各类创新创业资源，熟练掌握并运用创新创业的系统理论与方法，较好地解决创新创业中的主要问题，最终实现"想创业、敢创业、能创业"的理想目标，此外，本教材也探讨了深化高校创新创业教育改革、构建以创新创业为导向的新型人才培养模式的可行路径。整体上，本教材内容丰富、体例新颖，具有创新创业领域的前瞻性与引导性，对于高校开设的创新创业相关的课程而言，是一本实用性良好的教材。对于高等院校具有创新创业想法的大学生而言，是一本融知识性、教育性、指导性、操作性于一体的创新创业学习指南、实训指南，具有鲜明的现实指导意义。

本教材主编吕爽博士是我在西安交通大学应用经济学专业的博士研究生，他在借鉴国内外优秀创新创业教育改革模式下，逐步探索出"产教学研用金服"七位一体全生命周期创新创业育人体系，对创新型、复合型、应用型高素质人才的培养与成长富有独特的借鉴价值。

相信吕爽博士和本教材编写成员们在创新创业征途上的丰富实践以及从事高校创新创业教育研究与改革的宝贵经验，将为读者开展创新创业理论学习和实践探索提供专业指引和有益借鉴。

李琪

教育部高等学校电子商务类专业教学指导委员会副主任、
西安交通大学教授
2025 年 1 月

序 二

党的二十大报告指出，教育是国之大计、党之大计。而随着社会的发展和变革，创新创业已成为推动经济增长和社会进步的重要动力。同时，由于科技发展和全球化推进，应对未来的种种挑战，社会越来越需要具有创新思维、创新精神和创业能力的综合型人才。因此，除了加强创业政策支持、实现创业资源开放共享之外，大力发展高校和社会创新创业教育，已经成为了一项具有时代性和挑战性的重要课题。

近几年，我国大部分高校都已开设了各类通识必修类、专业选修类的创新创业课程，建立了各种享有创新创业优惠政策的众创空间和孵化平台等，并在社会各界尤其是大学生群体中开展各类创新创业大赛，但这些还远远不足以满足培育创新创业拔尖人才的要求。创新的内涵、创业的内涵究竟是什么？创新创业怎么学？创新意识与创新精神是什么？在实践中如何更有效地应用创新思维方法？创业者应该怎样高效率地完成新企业的创办与管理？创新创业的动能与未来发展是什么？……这些问题对于扎实构建高水平创新创业人才培育体系、全面贯彻党的教育方针、落实立德树人根本任务尤为重要。解决这一系列问题，不仅能进一步开拓和完善创新创业人才的培养理念、机制与模式，还可以进一步满足学生们和其他有志于创新创业的群体对于创新创业理论学习和实践应用的现实要求。党的二十大报告中明确指出，青年强，则国家强。当代中国青年生逢其时，施展才干的舞台无比广阔，实现梦想的前景无比光明。在知识更新加速的时代，许多新技术、新创意往往出自青年人，青年人早已经成为创新创业的生力军。而青年在大学阶段，总是希望自己可以在短时间之内加深对创新创业的理解，更聚焦地寻找到自己日后创新创业的具体道路。在这样的背景下，为了应对时代需求和教育改革，顺应国家战略要求对优秀创新创业人才的培养，这本全新的创新创业教育教材——《创新创业教育》应运而生。

本教材能够帮助大学生等学习者们全面了解创新创业的系统知识，提高其创新思维和创业意识，助力其创业实践萌芽期、诞生期"从0到1"的突破，并为其创业项目实现发展期、成熟期"从1到10""从1到100"的发展提供一定的战略规划指导。在创新创业的学习中，能从更深、更广的程度上激发学习者们的创新精神和创业激情，鼓励他们勇敢地追求自己的梦想，进一步贯彻落实党的二十大精神，用新的伟大奋斗创造新的伟业，以中国式现代化全面推进中华民族伟大复兴。

本书由清华大学精密光机电系统设计与控制实验室执行主任、北京大学访问学者、北京大学光华管理学院创新创业中心特聘专家吕爽副教授率领创作团队编写而成。吕爽副教授在北京大学光华管理学院访问时与我相识，交流颇多，并为北京大学光华管理学院创新创业中心作出诸多贡献。交流之中，吕爽副教授表现出在创新创业教育方面具有丰富经验，已经形成了丰硕成果，让我深感钦佩。

基于吕爽副教授的长期创新创业教育实践，尤其在"推进创新创业教育，构建多维育人体系"之路上，吕爽副教授首创性的提出了"产教学研用金服"七位一体全生命周期创新创业育人体系，通过搭建产教融合智慧就创业平台、多维模式推进师资队伍建设、协同创新培养"三创五能"学生、提高创新创业科技创新水平、提升创新创业成果应用能力、建立项目金融支持服务体系、强化创新创业服务体系建设这七个维度，构建"产教融合、课程教育、学生培育、科学研究、技术应用、金融服务、服务师生"良性循环上升的闭环创新创业育人体系，给我们的创新创业高等教育工作者们提供了一个值得学习和借鉴的典范育人模式，同时也给本教材的实践应用以及学习者们创新创业能力的持续提升提供了有效的抓手、方法和工具。

科技创新是经济发展的重要驱动力，创新发展战略已成为各国竞争的重要手段之一。"大众创业、万众创新"的国家战略，既体现了当前大学生的未来职业发展需求，也为新时代的社会各界创新创业者们开启了具有更高可能性的未来。

加快建设创新型国家，需要培养一大批勇于创新、善于创新的企业家和高技能人才。基于吕爽副教授长期的创新创业教育研究和实践，本教材在筛选和梳理经典理论系统的基础上，重新构建知识体系，捕捉创新创业新的认知、学术成果和实践方法，贴近时代，满足未来发展趋势。相信对于本教材的研习和实践，将为广大创新创业理论学习和实践探索者们全面赋能，系统提供有效的助力。

北京大学光华管理学院创新创业中心副主任、
教授、博士生导师
2025 年 1 月

前 言

创新是社会进步的灵魂,创业是推进经济社会发展、改善民生的重要途径,创新和创业相连一体、共生共存。近年来,"大众创业、万众创新"蓬勃兴起,催生了数量众多的市场新生力量,促进了观念更新、制度创新、产业升级和生产经营管理方式的深刻变革,已成为稳定和扩大就业的重要支撑、推动新旧动能转换和结构转型升级的重要力量,是中国经济行稳致远的活力之源。

近年来,我国"大众创业、万众创新"取得的成效有目共睹。在产业变革、科技创新、文化理念、制度供给、国际格局等发展环境共同作用之下,未来的创新创业也将呈现出新的趋势。我国创新创业的热点领域和方向将集中出现在跨界融合领域、前沿未来产业领域、基础研究领域,同时,催生更多具有战略性、创新性、颠覆性的新企业、新业态。在未来,创新创业潜能无限。

2021年3月,《中华人民共和国国民经济和社会发展第十四个五年规划和2035年远景目标纲要》(简称"十四五"规划)正式发布,"十四五"规划是我国在"十四五"时期经济社会全面发展的大政方略,其对于创新创业和未来产业发展作出重要部署。"十四五"规划指出,我国牢牢坚持创新在我国现代化建设全局中的核心地位,把科技自立自强作为国家发展的战略支撑,面向世界科技前沿、面向经济主战场、面向国家重大需求、面向人民生命健康,深入实施科教兴国战略、人才强国战略、创新驱动发展战略,完善国家创新体系,加快建设科技强国。"十四五"规划明确,构建实体经济、科技创新、现代金融、人力资源协同发展的现代产业体系,并将着眼于抢占未来产业发展先机,培育先导性和支柱性产业,推动战略性新兴产业融合化、集群化、生态化发展。

大学生是"大众创业、万众创新"的生力军,支持大学生创新创业具有重要意义。"十四五"规划指出,深入实施青年发展规划,促进青年全面发展,搭建青年成长成才和建功立业的平台,激发青年创新创业活力。同时,全面贯彻落实党的二十大精神和党中央决策部署,坚定不移地把党的二十大提出的目标任务落到实处,将青年的梦与实现中华民族伟大复兴结合在一起,让青春在全面建设社会主义现代化国家的火热实践中绽放绚丽之花。2021年10月,国务院办公厅印发《关于进一步支持大学生创新创业的指导意见》(简称《意见》)。《意见》提出,要深化高校创新创业教育改革,将创新创业教育贯穿人才培养全过程,建立以创新创业为导向的新型人才培养模式。强化高校教师创新创业教育教学能力和素养培训,改革教学方法和考核方式。加强大学生创新创业培训，打造一批高校创新创业培训活动品牌。完善大学生创新创业大赛可持续发展机制，鼓励各学段学生积极参赛。坚持政府引导、公益支持，支持行业企业深化赛事合作。《意见》明确指出，要加强大学生创新创业服务平台建设，优化大学生创新创业环境。校内各类创新创业实践平台面向在校大学生免费开放。鼓励各类孵化器面向大学生创新创业团队开放一定比例的免费孵化空间。提升大众创业万众创新示范基地带动作用，深入实施创业就业"校企行"专项行动。完善成果转化机制，做好大学生创新项目的知识产权确权、保护等工作，加快落实以增加知识价值为导向的分配政策。加大对创业失败大学生的扶持力度，鼓励有条件的地方探索建立大学生创业风险救助机制。加强大学生创新创业信息服务，及时收集国家、区域、行业需求，为大学生精准推送行业和市场动向等信息。加强宣传引导，总结推广各地区、各高校的好经验、好做法。

  基于上述背景，为编写一本融知识性、教育性、指导性、实操性于一体，便于学生学懂、弄通、悟透、用好的教材，立足于双创教育教学研究与改革的实践，立足于行业发展前沿动态和丰富的创新创业经验，本教材编写团队积极顺应教育教学规律和人才培养规律，以学生为中心，博取众教材之长，精心研磨教材体例，在理念构思与内容设计上进行改革创新。《创新创业教育》分为三个篇章。上篇和中篇按照"为什么—是什么—怎么做"的思路循序展开，分别阐述了大学生为什么创新/创业、大学生创新/创业对国家、社会和个人的意义；大学生创新/创业是什么，包括创新/创业的内涵与特征、类型与方法、意识与精神等；大学生如何创新/创业，包括创新/创业的实践方法、实施路径等。下篇引导学生将创新创业知识与专业学科综合学习相结合，将创新创业技能运用于职业规划与发展，将创新创业精神融入到个人全面成长的人生中去。

  本教材将帮助大学生和其他有志于创新创业的社会实践者们有效掌握创新创业思维与能力的培育路径，积极引入国家"十四五"规划、党的二十大驱动创新创业和未来产业发展的相关内容、国家鼓励创新创业的相关政策及作用机理、我国当前创新创业的发展生态、青年群体在创新创业中的重要作用等，以"创新创业未来可期"的开放式展望作为全书总结，启发读者紧跟国家社会大形势下创新创业领域的显著变化，敏锐捕捉创新创业全方位纵深向未来的动态趋势，让读者真正学有所思、学有所获、学有所成、学以致用，从而从思想上、认识上和行动上全面做好迎接未来新一轮创新创业浪潮的准备，为国家开辟、发展新领域、新赛道，不断塑造、发展新动能、新优势。

  本教材分为八个章节，每章均以鲜活具体的典型案例开篇，将读者代入真实的创新创业情境，抛出问题，启发思考，明确学习目标，导出章节内容；每章均以"本章小结"结束，盘点本章主要内容及其重难点，并加强对读者创新创业精神和技能的引导，培养读者的宏观思维和前瞻性思维，认知并把握其中的利好和机遇，为今后开展创新创业实践活动提供指导。

  同时，本教材提倡在内容和课程教学中加强思政教育引导，鼓励读者发扬奉献精神和创新精神，弘扬创业者精神和工匠精神，强调把创新创业教育融入人的全面发展。同时，进一步贯彻落实党的二十大精神，把学习贯彻习近平新时代中国特色社会主义思想进一步引向深入，不断谱写新时代中国特色社会主义新篇章。

　　本教材的完成凝聚了团队智慧，是高质量编撰团队精诚合作的成果。每位作者都结合自身创业实践和教学经验完成了编写工作。本教材由清华大学精密光机电系统设计与控制实验室执行主任吕爽担任主编，对本教材的各章内容进行了精心设计和编排；由四川旅游学院陈迎阳、哈尔滨工业大学（威海）谭军华、河北轨道运输职业技术学院赵玉琴、四川旅游学院王林、张垚和河北医科大学王丽娜担任副主编。具体分工如下：第1、第2、第3章由赵玉琴、陈迎阳、吕爽编写；第4章由张垚、王林、吕爽编写；第5、第6章由王林、谭军华编写；第7、第8章由陈迎阳、张垚、王丽娜编写。全书由吕爽统筹、协调，陈迎阳统稿。

　　以本教材为基础，教学编写团队已构建完成了完善的课程教学资料系统，具体包括课程教学标准、章节测验、资料题库，试卷库等，每章均配备了教学课件、课程思政目录、实训任务书、案例库，并联合在市场一线具有丰富创新创业实践经验的企业界专家人士，共同录制了19个慕课视频（包括2分钟课程简介、10分钟教学介绍、45分钟课堂实录，以及第1至第8章每章各两个重要知识点的10～15分钟授课视频），视频总时长超过256分钟。所有课程教学资料即将在学银在线上线，供广大教学和学习者们选择使用；并可将相关电子版提供给授课教师，协助教师以多元化的方式设计和组织教学。

　　在本教材成稿过程中，编写人员广泛查阅国内创新创业领域的文献资料，积极借鉴学界、业界的大量研究成果，这些资料对本教材的顺利编写提供了重要帮助。在此，衷心向这些热爱双创、研究双创、引领双创的专家学者和资料作者们致以崇高敬意和衷心感谢！由于时间精力和编写水平有限，疏漏与不足在所难免，诚请广大读者批评指正，提出宝贵的修改意见和建议，帮助编写人员在后续对本书持续修订和完善。

　　联系方式：lvshuang0127@163.com。

2025年1月

目录

上篇　创新引领发展

第1章　创新概述 ························· 3
 1.1　创新的内涵与特征 ················· 4
 1.2　创新的主要内容 ··················· 6
 1.3　创新的作用和意义 ················ 10

第2章　创新意识与创新精神 ············ 15
 2.1　创新意识 ······················· 16
 2.2　创新精神 ······················· 18
 2.3　创新意识与创新精神的培养 ······· 21

第3章　创新思维的方法 ··············· 26
 3.1　创新思维的本质、特征和作用 ····· 27
 3.2　创新思维的方法 ················· 31
 3.3　创新思维能力培养 ··············· 54

中篇　创业点燃梦想

第4章　创业概述 ······················· 59
 4.1　创业的内涵与特征 ················ 60
 4.2　创业的主要内容 ·················· 66
 4.3　创业的作用和意义 ················ 81

第 5 章　创业过程 ································· 87

5.1　创业机会的识别与把握 ···················· 88
5.2　整合创业资源 ····························· 92
5.3　组建创业团队 ···························· 104
5.4　打造商业模式 ···························· 110

第 6 章　企业创办与管理 ···························· 120

6.1　申办创业企业 ···························· 121
6.2　初创企业风险管理 ······················· 127

下篇　创新创业开拓未来

第 7 章　创新创业增添新动能 ······················ 139

7.1　国家"十四五"规划、党的二十大驱动"双创" ·········· 140
7.2　政策激励力度更足 ······················· 148
7.3　"双创"发展生态更优 ···················· 157
7.4　青年是创新创业的生力军 ················ 162

第 8 章　创新创业未来可期 ························ 166

8.1　"双创"成就高素质人才 ·················· 167
8.2　"双创"升级带动就业 ···················· 179
8.3　"双创"空间不断拓展 ···················· 183
8.4　"双创"纵深发展向未来 ·················· 201

参考文献 ··· 206

上篇　创新引领发展

第1章 创新概述

【学习目标】
1. 了解创新的概念与特征。
2. 熟悉创新的主要内容。
3. 领会创新的作用和意义,着力培养创新型人才。

【案例导入】

勇于创新的"杂交水稻之父"

"民以食为天。我是学农的,依靠农业技术提高粮食产量是我的职责所在,尤其经历了三年困难时期那场饥荒,我亲眼看到有人因为饥饿倒在路边、田埂边和桥底下,真是锥心般的刺痛。"袁隆平说。

1953年,从西南农学院遗传育种专业毕业后,袁隆平被分配到湖南安江农校工作。作为新中国培养出来的第一代学农大学生,袁隆平立誓要解决粮食短缺问题,不让老百姓挨饿。

1956年,袁隆平带着学生开始了农学实验。袁隆平发现,水稻中一些杂交组合有优势,认定这是提高水稻产量的重要途径。培育杂交水稻的念头,第一次浮现在他的脑海。

1966年,袁隆平发表论文《水稻的雄性不孕性》,拉开了中国杂交水稻研究的序幕。此后,他与学生李必湖、尹华奇成立"三人科研小组",开始了水稻雄性不孕选育计划。1970年,在海南发现的一株花粉败育野生稻,打开了杂交水稻研究突破口,袁隆平给它取名为"野败"。

各地科研人员聚集到海南,他慷慨地将"野败"分送给大家,又在农场支起了小黑板,给全国各地科研工作者讲课。一场轰轰烈烈的全国攻关大会战打响。1973年,在第二次全国杂交水稻科研协作会上,袁隆平正式宣布籼型杂交水稻三系配套成功,水稻杂交优势利用研究取得了重大突破。

作为实打实的"90后",袁隆平身体不如以往,但他对以科技创新来保障国家粮食安全的迫切愿望却一如既往。他说:"现在,我最关心耐盐碱水稻示范工程、杂交水稻超高产攻关工程等三大工程,期望通过它们,更进一步推动我国乃至世界杂交水稻事业的发展。"

提及海水稻,袁隆平说:"海水稻就是耐盐碱水稻,是指能在沿海滩涂等盐碱地正常生长的特殊水稻,并不是说长在海里,或用海水灌溉的水稻。原来由于耕地面积受限,要提高产量、保证粮食安全,唯一的办法就是通过科技进步提高单位面积产量。我们现在正在研究海水稻,希望通过利用沿海滩涂来扩大水稻种植面积。全国沿海滩涂、盐碱地有十几亿亩,能够种上水稻的有2亿亩。2017年开始,我们计划在三年内研究成功抗盐碱浓度在0.8%左右的海水稻,每亩产量在300公斤以上,如果推广一亿亩,就可以多产300亿公斤粮食,相当于湖南省全年粮食总产量。"

除了解决"吃饱饭",袁隆平还将更多精力放在了"吃得好"和"更健康"上。由他领衔、已实施10多年的超级杂交稻"种三产四"丰产工程从过去强调产量,向兼顾绿色优质目标转变。2017年参与"种三产四"丰产工程的30多个品种中,优质稻占比超过30%,其中不少品种的米质已经达到国家二级标准。

资料来源:袁隆平:以科技创新保障国家粮食安全[EB/OL].(2020-06-25)[2024-06-02]. https://news.gmw.cn/2020-06/25/content_33939892.htm.

思考题:

1. 你所了解的"杂交水稻之父"袁隆平的主要事迹有哪些?
2. 请结合案例谈谈何谓创新?为什么要不断创新?

1.1 创新的内涵与特征

创新是指人类为了满足自身需要,不断拓展对客观世界及其自身的认知与行为的过程和结果的活动。具体地讲,创新是指人为了一定的目的,遵循事物发展的规律,对事物的整体或其中的某些部分进行变革,从而使其得以更新与发展的活动。

创新,顾名思义,创造新的事物。《广雅》中有"创,始也";新,与旧相对。创新一词出现很早,如《魏书》有"革弊创新",《周书》中有"创新改旧"。

创是始的意思,所以创造不是后造,而是始造。创造和仿造相对。通常说创造,含有造出了一个前所未有的事物的意味。说创新,大致有两种意味:一种意味是创造了新的东西,这和创造实际是同一个意思;另一种意味是本来存在一个事物,将它更新或者造出一个新事物来代替它。在这种意味下,创新中包含了创造。但创造不可能凭空而起,新的创造一般是建立在原有的事物或其转化的基础上,包含了对原有事物的创新,因而创造中又包含了创新。人类的创造创新可以分解为两个部分:一是思考,想出新主意;一是行动,根据新主意作出新事物。一般是先有创造创新的主意,然后有创造创新的行动。创造和创新还有一种特定的含义,即创造创新学术界主流的术语定义,创造是指想新的,创新是指做新的。在西方英语中 innovation(创新)这个词起源于拉丁语。它原意有三层含义,一是更新,就是对原有的东西进行替换;二是创造新的东西,就是创造出原来没有的东西;三是改变,就是对原有的东西进行发展和改造。创新是指以现有的思维模式提出有别于常规或常人思路的见解为导向，利用现有的知识和物质，在特定的环境中，本着理想化需要或为满足社会需求而改进或创造新的事物，包括但不限于各种产品、方法、元素、路径、环境等，并能获得一定有益效果的行为。

创新的本质是突破，即突破旧的思维定式，旧的常规戒律。创新活动的核心是"新"，它或者是产品的结构、性能和外部特征的变革，或者是造型设计、内容的表现形式和手段的创造，或者是内容的丰富和完善。

经济学上，创新概念起源于美籍经济学家熊彼特在1912年出版的《经济发展概论》。熊彼特在其著作中提出：创新是指把一种新的生产要素和生产条件的"新结合"引入生产体系。它包括五种情况：引入一种新产品；引入一种新的生产方法；开辟一个新的市场；获得原材料或半成品的一种新的供应来源；新的组织形式。熊彼特的创新概念包含的范围很广，如涉及技术性变化的创新及非技术性变化的组织创新。

从20世纪70年代开始，有关创新的研究进一步深入，开始形成系统的理论。我国80年代以来开展了技术创新方面的研究。进入21世纪，信息技术推动下知识社会的形成及其对技术创新的影响进一步被认识。总之，创新是人类特有的认识能力和实践能力，是人类主观能动性的高级表现，是推动民族进步和社会发展的不竭动力。一个民族要想走在时代前列，就一刻也不能没有创新思维，一刻也不能停止各种创新。

关于创新的特征，主要归纳为以下五点。

（1）新颖性。创新是一种首创，是前所未有的、与众不同的过程，不是模仿、再造，因此，新颖性是创新最主要的特点。创新要求人们要敢于积极进取、标新立异，一件创新产品应该具有时代感和新颖感。

（2）变革性。创新是对已有事物的改革和革新，是一种深刻的变革。它不是一般的重复劳动，更不是对原有内容的简单修补，而必须是突破性的发展、根本性的变革和综合性的创造。

（3）目的性。创新都是基于一定目的的实践活动，这个特性贯穿于创新过程的始终。例如，发明手机的目的是使得人们之间的联络更加方便；发明电脑的目的是提高人们工作的效率；发明笔和纸的目的是使记录和保存更加清晰、长久。

（4）超前性。创新作为一种首创行为，与社会现有认知相比，具有超前性。这种超前是从实际出发，实事求是的超前。

（5）价值性。创新的目的性使创新活动必然有自己的价值取向。创新会产生明显、具体的价值，对经济社会具有一定的效益。

创新是一个复杂的、系统的多元价值创造与实现过程，深刻影响着经济、社会、文化、环境等领域的发展。从人类发展历史进程看，创新始终是一个民族、一个国家进步的灵魂，只有创新才能把握时代、引领时代，广大青年作为社会上最富活力、最具创造性的群体，理应走在创新创造的前列。

1.2 创新的主要内容

创新是对已有事物的改革和革新,是人类自我创造及发展的核心矛盾。按照内容分类,创新可分为四个方面的主要内容,即理论创新、制度创新、科技创新、文化创新。其中,理论创新是最重要的创新,是整个创新思想的核心,是其他一切创新的基础。科技创新是社会生产力发展的源泉。

1.2.1 理论创新

理论创新是指人们在社会实践活动中,对出现的新情况、新问题,作新的理性分析和理性解答,对认识对象或实践对象的本质、规律和发展变化的趋势作新的揭示和预见,对人类历史经验和现实经验作新的理性升华。简单地说,就是对原有理论体系或框架的新突破,对原有理论和方法的新修正新发展,以及对理论禁区和未知领域的新探索。

依据理论创新实现的不同方式,可以把理论创新分为五种类型,即原发性理论创新、阐释性理论创新、修正性理论创新、发掘性理论创新和方法性理论创新。从作为形态的创新理论的本质属性来看,作为过程的理论创新具有三个方面的主要特点,即实践性、开放性和有用性。其一,实践性,即理论创新源于实践又回到实践,由实践检验其真理性和现实性。实践性原则既是理论的现实性的体现,又是理论发挥作用的桥梁、中介和动力。其二,开放性,即理论创新要成为时代精神的精华,必须广泛吸取前人和同时代人的思想成果,吸收各门具体科学的理论成就。其三,实用性即理论创新的有用性。不是"有用即真理",而是指理论创新的科学价值性,它要求在理论创新研究中必须坚持历史尺度和价值尺度的辩证统一。

理论创新是最重要的创新,是整个创新思想的核心,是其他一切创新的基础。我们党的历史,就是一部不断推进理论创新、进行理论创造的历史。党的事业每前进一步都离不开理论创新,取得的每一个成就都是理论创新的结果。

理论创新是科技创新和体制创新的先导,理论创新不仅要具有勇于创新的思想意识,还必须要有科学的思想方法,只有坚持在继承中求创新,在比较中求创新,在综合中求创新,在实践中求创新,才能使理论创新既有坚实的基础,又能与时俱进。

1.2.2 制度创新

制度即规矩、规则,是一个具有根本性、全局性、稳定性、长期性的问题。制度创新是指在人们现有的生产和生活环境条件下,通过创设新的、更能有效激励人们行为的制度以及规范体系来实现社会的持续发展和变革的创新。

制度创新的核心内容是社会政治、经济和管理等制度的革新，是支配人们行为和相互关系的规则的变更，是组织与其外部环境相互关系的变更，其直接结果是激发人们的创造性和积极性，促使不断创造新的知识和社会资源的合理配置及社会财富源源不断地涌现，最终推动社会的进步。特别是改革开放以来，我国的繁荣发展更是伴随着一系列制度方面的创新。对于企业而言，现代企业制度创新是为了实现管理目的，将企业的生产方式、经营方式、分配方式、经营观念等规范化设计与安排的创新活动，通过建立一种更优的制度安排，调整企业中所有者、经营者、劳动者的权力和利益关系，使企业具有更高的活动效率。它是管理创新的最高层次，是管理创新实现的根本保证。

制度创新是引领经济发展的关键保障。创新活动的执行、创新驱动的发展需要有制度来保障。制定有利于创新驱动的制度和机制，构建全面的创新发展体系，是推动创新的客观要求和必然选择。面对着经济发展新常态的变化，实施创新驱动发展战略，首先，要深化体制机制改革，破除体制机制障碍，营造良好的创新创造环境。要建立公平、开放、透明的市场环境，就必须打破制约创新发展的市场分割和行业垄断，为创新创造出广阔的市场空间；要处理好市场与政府的关系，加快转变政府职能，通过简政放权，为创新驱动发展打造新引擎；要构建促进创新的公共服务体系，加强对创新活动的宏观引导，加大对创新活动的支持力度。其次，构建完善的自主创新体制，使企业真正成为创新的主体，激发起企业创新积极性，以加大科研投入和成果转化。最后，加强知识产权保护，建立健全有利于创新发展的法制保护体系。要加大对创新成果和创新技术的知识产权保护，健全知识产权保护法律体系，完善知识产权维权援助体系，形成有利于创新、创造、创业的社会环境。

制度建设是制度创新的重要内容之一。构建系统完备、科学规范、运行有效的制度体系，使各方面制度更加成熟、更加稳定。在深刻复杂变化的发展环境中，实现"十四五"规划目标和2035年远景目标，更加依赖制度建设和制度创新。

1.2.3　科技创新

科技创新是原创性科学研究和技术创新的总称，是指创造和应用新知识、新技术、新工艺，采用新的生产方式和经营管理模式，开发新产品，提高产品质量，提供新服务的过程。科技创新可以被分成三种类型：知识创新、技术创新和现代科技引领的管理创新。

知识创新的核心科学研究，是新的思想观念和公理体系的产生，其直接结果是新的概念范畴和理论学说的产生，为人类认识世界和改造世界提供新的世界观和方法论。技术创新的核心内容是科学技术的发明、创造和价值实现，其直接结果是推动技术进步与应用创新的创新双螺旋互动，提高社会生产力的发展水平，进而促进社会经济的增长。管理创新既包括宏观管理层面上的创新——社会政治、经济和管理等方面的制度创新，也包括微观管理层面上的创新，其核心内容是科技引领的管理变革，其直接结果是激发人们的创造性和积极性，促使所有社会资源合理配置，最终推动社会的进步。

科技创新作为新知识、新技术和新工艺的开发和创新，是科学含量较高的创造性的技术，是社会生产力发展的源泉和推动人类社会发展的重要动力。历史和现实证明，科技落后就会落后挨打，中国要强，中国人民生活要好，必须拥有强大的科技。

近年来，我国科技创新不断取得傲人成绩，一批批具有标志性意义的重大科技成果不断涌现：使用中国自主芯片制造的超级计算机"神威—太湖之光"登上全球超级计算机500强榜首；我国具有完全自主知识产权、首款按照最新国际适航标准研制的干线民用飞机C919翱翔蓝天；世界首颗量子科学实验卫星"墨子号"飞向太空；世界最大的基因库中国国家基因库正式投入运行；被誉为"中国天眼"的FAST射电望远镜落成启用；我国自主研发的遥控水下机器人"海斗"号潜深达到10 767米，首次进入万米时代……与此同时，科技创新也引领着一系列新技术和新产品逐步走入寻常百姓家。移动支付、3D打印、大数据、云计算、机器人、人工智能……我国人民的生活方式正在科技创新的影响下发生着巨大改变。

新时代，新征程，科技创新进入空前密集活跃时期，新一轮科技革命和产业变革正在重构全球创新版图、重塑全球经济结构，科学技术和经济社会发展加速渗透融合。科学技术从来没有像今天这样深刻地影响着国家的前途和命运，从来没有像今天这样深刻地影响着人民生活福祉，我国的发展面临千载难逢的历史机遇。党的二十大报告明确提出科技创新领域2035年总体目标和未来5年主要任务，对加快实施创新驱动发展战略作出专门部署：坚持面向世界科技前沿、面向经济主战场、面向国家重大需求、面向人民生命健康，加快实现高水平科技自立自强。以国家战略需求为导向，集聚力量进行原创性引领性科技攻关，坚决打赢关键核心技术攻坚战。加快实施一批具有战略性、全局性、前瞻性的国家重大科技项目，增强自主创新能力。加强基础研究，突出原创，鼓励自由探索。提升科技投入效能，深化财政科技经费分配使用机制改革，激发创新活力。加强企业主导的产学研深度融合，强化目标导向，提高科技成果转化和产业化水平。强化企业科技创新主体地位，发挥科技型骨干企业引领支撑作用，营造有利于科技型中小微企业成长的良好环境，推动创新链产业链、资金链、人才链深度融合。

强起来要靠创新，创新要靠人才。人才是加快创新发展的第一资源。科技创新的根本在于激发各类创新人才的活力，创新事业的不断推进需要着力破除制约人才发展的政策壁垒和制度藩篱，大力营造勇于创新、鼓励成功、宽容失败的社会氛围，促进青年人才成长，为创新拔尖人才成长铺路搭桥，使人才各尽其能、各展其长、各得其所，让各类人才投入创新驱动发展的伟大事业中。

1.2.4 文化创新

文化是指人类改造客观世界和主观世界的活动及其成果的总和。它包括物质文化和精神文化两大类。物质文化是通过物质活动及其成果来体现的人类文化；精神文化是通过人的精神活动及其成果来体现的人类文化，包括思想道德和科学文化。文化在交流的过程中传播，在继承的基础上发展，都包含着文化创新的意义。

文化创新，一般指文化内容、形式、体制、机制以及传播手段的创新。文化创新同理论创新、制度创新、科技创新以及其他各方面的创新相辅相成、紧密联系，是一个有机的整体，它们共同构成了建设创新型国家的基本内容。中华民族是一个有着强大文化创造力的民族，创新创造是文化的生命力所在。在5000多年文明发展进程中，中华民族创造了博大精深的灿烂文化，要使中华民族最基本的文化基因与当代文化相适应、与现代社会相协调，最大限度激发全民族、全社会文化创新创造的活力和潜能，为推进文化自信自强奠定坚实的基础。

中华民族有着强大的文化创造力，中华文化既坚守本根又在不断地与时俱进。加快文化发展、推动文化创新，是继续抓住和用好我国发展重要战略机遇期、推进党和国家事业发展的必然要求。激发全民族文化创新创造活力，推动新时代文化建设发展的守正创新，才能更好地构筑中国精神、中国价值、中国力量，使中国特色社会主义文化始终保持蓬勃生机和旺盛生命力，为新征程上坚定和增强文化自信、建成社会主义文化强国铸魂、塑形、赋能。

一要基于中国传统文化创新。文化的发展，基础在继承，关键在创新。文化创新，既不能简单地照搬复古，更不能离开传统标新立异。应该在原有传统文化的基础上进行加工再创作，使其体现鲜明的时代性特征，以适应经济社会发展的需要。

二要博采世界文化众长创新。文化的多样性是世界文化的基本特征，是文化创新的重要基础。我们应当充分吸收世界优秀文化养分，特别是世界各民族的精神以及人民群众喜闻乐见的内容与形式，以海纳百川的胸怀、熔铸百家的气魄、科学分析的态度博采世界各民族文化之长。同时，坚持以我为主、为我所用的原则，切忌全盘照搬，更要警惕"洋文化垃圾"进口。

三要发展和壮大文化产业。文化产业是文化生产能力的基本依托。随着人工智能、大数据、互联网等新技术广泛运用于文化领域，"文化+互联网""文化+科技""文化+旅游"等文化与各种业态的融合发展，不仅能激发和释放强大的文化创新创造的活力，丰富人们的文化体验形式和文化消费模式，而且推动文化产业高质量发展，提升国家文化的软实力和竞争力，为推进文化自信自强提供有力支撑。

四要推进文化体制机制创新。文化体制机制的改革创新是激发文化创新创造活力的重要保障。要健全城乡和区域之间文化发展的协调机制，以及开展群众性文化活动的鼓励、支持机制，加快完善文化市场体系，建立统一开放、竞争有序的现代文化市场体系，构建传输快捷、覆盖广泛的文化传播体制，从而最大限度地激发全民族、全社会文化创新创造的潜能。

以上创新的四个方面内容并不是孤立的，它们之间相互促进、密不可分。其中，理论创新是先导，制度创新是保障，科技创新是动力，文化创新是智力支持。新时代的创新是综合而系统的创新,面对日益激烈的国际竞争,必须把创新摆在国家发展全局的核心位置,不断推进理论创新、制度创新、科技创新、文化创新等各方面创新,让创新在全社会蔚然成风,让创新源泉充分涌动,形成人人皆可创新、处处皆有创新、全社会鼓励创新的浓厚氛围,我们一定能在新征程上赢得优势、赢得主动、赢得未来。

1.3　创新的作用和意义

创新是人类赖以生存和发展的根基,人类社会的进步与发展、时代的变迁、制度的更迭,无不展示着创新所带来的变化和进步。创新是引领发展的第一动力,抓创新就是抓发展,谋创新就是谋未来。党的二十大报告提出,"以中国式现代化全面推进中华民族伟大复兴"。完成这一伟大历史使命,需要在更高层次上、更大范围内发挥科技创新的引领作用,坚持创新在我国现代化建设全局中的核心地位,把创新贯穿于现代化建设的各个方面,充分激活创新这个第一动力,不断开辟发展新领域、新赛道,持续塑造发展新动能、新优势。

1.3.1　创新的主要作用

创新对于一个国家和民族而言,有着重要的影响作用。

(1) 创新可以促进社会进步和经济发展。创新可以推动科学技术的发展和应用,创造出更加高效、便捷、环保的产品和服务,提高生产力水平和资源利用效率,从而推动经济发展和社会进步。例如,移动互联网的出现带动了新一轮的互联网产业发展,推动了数字经济的快速增长。

(2) 创新可以提高企业竞争力。在激烈的市场竞争中,只有不断创新,才能够保持企业的竞争优势,抓住市场机遇,实现更高效、更优质、更具创造力的生产和经营。

(3) 创新可以激发个人的潜能和创造力。创新需要不断地学习、思考和实践,可以激发个人的潜能和创造力,让人们不断地探索和挑战自己的极限,从而在个人的成长和职业生涯发展中获得更多的机会和进步。

1.3.2　创新的重要性和意义

创新影响世界,创新改变世界。纵观人类发展史,创新始终是推动一个国家、一个民族向前发展的重要力量,是社会生产力提升的关键要素。当前,面对新一轮科技革命和产业变革带来的机遇和挑战,许多国家不约而同把创新驱动作为国家发展的核心战略。我国是世界第二大经济体,但在基础研究与原始创新、关键核心技术、产业链创新链融合等方面与世界先进水平仍有差距。我国经济社会发展和民生改善比过去任何时候都更加需要科学、技术的解决方案。完善科技创新体系，加快实施创新驱动发展战略，努力实现高水平科技自立自强，方能占领全球新一轮科技竞争制高点。创新的重要性体现在以下几点。

（1）创新能够推动社会生产力的发展，满足人类生存与发展的客观需要。创新是推动人类社会向前发展的重要力量。

（2）创新能够推动生产关系和社会制度的变革，并且在这个创新变革的过程中推动人类思维和文化的发展。

（3）创新是时代的要求，是一个民族进步的灵魂，是一个国家兴旺发达的不竭动力，也是中华民族最深沉的民族禀赋。

创新发展是中华民族伟大复兴的国运所系。实施创新驱动发展战略，推动以科技创新为核心的全面创新，让创新成为推动发展的第一动力，是适应和引领我国经济发展新常态的现实需要。我国改革开放事业已进入攻坚克难的关键时期，提高自主创新能力，建设创新型国家，这是我国发展战略的核心，是提高我国综合国力的关键。在激烈的国际竞争中，唯创新者进，唯创新者强，唯创新者胜。

1.3.3　加强培养拔尖创新人才

创新型人才是指具有强烈的创新精神，在所工作实践的领域里作出对国家和社会发展具有重大价值和突破性成果的人。建设创新型国家，关键在人才，尤其在创新型人才。然而，不同历史时期创新型人才的素质构成并不是完全一致的，其内在素质既有稳定性和客观性，也有时代性和具体性。新时代创新型人才的素质需求产生了新变化，突出体现在不仅需要具备传统标准所要求的专业素质，还需要具备更优秀的国际竞争能力、更深厚的爱国主义情怀、更坚定的人才合作定力和更宽广的国际人文视野。

创新型人才是创新竞争的核心力量。综合国力的竞争说到底是人才竞争。人力资源作为经济社会发展的第一资源的特征和作用更加明显，人才竞争已经是综合国力竞争的核心。谁能培养和吸引更多优秀人才，谁就能在竞争中占据优势。面向未来，必须坚持科技是第一生产力、人才是第一资源、创新是第一动力，着力培养拔尖创新人才这一重大战略任务。那么，如何落实好培养拔尖创新人才这一重大战略任务呢？

第一，加强对人才的思想引领，做好创新型人才成长培育过程中的思想政治教育工作，推动大、中、小学思政课一体化建设，教育引导学生心怀"国之大者"，深怀爱国之心，砥砺报国之志，主动担负起时代赋予的使命和责任。

第二，围绕经济社会发展重大需求，全面深化新工科、新医科、新农科、新文科建设，着力培养更多、更高素质技术技能人才、能工巧匠、大国工匠，为经济社会发展提供源源不断的高素质技术技能人才，为全面建设社会主义现代化国家提供强有力的人才和技能支撑。

第三，强化创新实践，提升创新型人才的竞争力。推动建立一批中国特色国家实验室体系，为青年人才科研实践创造有利条件。加强对关键前沿科研项目的有组织科研，提升创新实践成效。积极引导创新型人才开展"下基层、接地气"调研，鼓励创新型人才积极参与"青年红色筑梦之旅"实践，勇于"揭榜挂帅"承接急难项目，深入群众、深入基层，想国家和人民之所想、谋国家和人民之所需，在创新实践中锤炼能力，培养胸怀祖国、服务人民的创新精神。

全面建设社会主义现代化国家，教育是基础，科技是关键，人才是根本。要坚持把创新型人才开发放在科技发展最优的位置，面向新时代、新需求，培育和凝聚更多德才兼备的高素质创新型人才，为全面推进中华民族伟大复兴提供坚实的智力支撑和人才保证。

【拓展阅读】

创新，引领发展的第一动力

党的十八大作出了实施创新驱动发展战略的重大部署。三年多来，新技术、新成果加速转化，新模式、新业态不断涌现，创新千帆尽举，有力地引领着中国经济航船破浪前行。

"创新是引领发展的第一动力"，2015年两会期间，3月5日下午，习近平总书记在参加上海代表团审议时提出了这一重大论断。

"必须把创新摆在国家发展全局的核心位置。"2015年11月，党的十八届五中全会上，以习近平同志为核心的党中央对创新的地位和作用进一步"定调"。

创新，成为以习近平同志为核心的党中央治国理政的核心理念之一；创新驱动，成为中国发展的核心战略之一。

强调创新驱动，是因为"创新兴则国家兴，创新强则国家强，创新久则国家持续强盛"的道理从未改变——

纵向看，500年来，世界经济中心几度迁移，背后的重要力量就是创新。科技创新在哪里兴起，发展动力就在哪里迸发，发展制高点和经济竞争力就转向哪里，现代化高潮就兴起在哪里。经济强国无一例外都是创新强国。横向看，进入21世纪以来，新一轮科技革命和产业变革孕育兴起，世界主要国家争相寻找科技创新的突破口，抢占未来发展先机。激烈竞争中，唯创新者进，唯创新者强，唯创新者胜。

强调创新驱动，更因为创新是适应和引领我国经济发展新常态的关键之举——

习近平总书记算过这样一笔账：世界发达水平人口全部加起来是10亿人左右，而我国有13亿多人，全部进入现代化，那就意味着世界发达水平人口要翻一番多。不能想象我们能够以现有发达水平人口消耗资源的方式来生产生活，那全球现有资源都给我们也不够用！老路走不通，新路在哪里？"就在科技创新上，就在加快从要素驱动、投资规模驱动发展为主向以创新驱动发展为主的转变上。"

新常态下，要从根本上解决我国发展方式粗放、产业层次偏低、资源环境约束趋紧等急迫问题，兼顾发展速度与质量、统筹发展规模与结构，关键是要依靠科技创新转换发展动力。如此，方能破解经济社会发展瓶颈，顺利跨越"中等收入陷阱"。

抓创新就是抓发展，谋创新就是谋未来。创新驱动已成为决定我国发展前途命运的关键、增强我国经济实力和综合国力的关键、提高我国国际竞争力和国际地位的关键。

资料来源：创新，引领发展的第一动力——党的十八大以来实施创新驱动发展战略述评［EB/OL］.（2016-01-29）［2024-06-02］. https：//news.cnr.cn/native/gd/20160129/t20160129_521281471.shtml.

【本章小结】

本章通过系统地介绍创新的基本概念、核心领域及其社会经济影响，通过对创新的内涵、内容及其重要性的深入剖析。创新不仅涵盖技术发明，更侧重于这些新成果的实际应用与经济社会效益的转化。创新的多元化表现形式，包括但不限于理论创新、制度创新、科技创新、文化创新，这些基础知识为后续章节奠定了理论基础，鼓励大学生探索如何在各自领域内推动创新，共同应对时代挑战，把握未来发展机遇。

【思考练习】

1. 什么是创新？创新的特征有哪些？
2. 创新包括哪些主要内容？其作用和意义分别是什么？
3. 结合你的创新实践经历，谈谈你对培养大学生创新人才的认识。

【拓展阅读】

创新思维模式与创新方法之间的关系

创造性思维是逻辑思维和非逻辑思维的统一。逻辑思维和非逻辑思维是创造性思维中不可缺少的两个组成部分。在创造性思维作用中，逻辑思维与非逻辑思维虽然彼此不可代替，但互相补充、互相渗透。如非逻辑思维中直觉思维可以在瞬时间认识到事物本质及规律性，省却许多中间环节，高效率地解决问题。但这种直觉思维缺陷是偶然性太强，结论是或然性。逻辑思维可以对事物进行严格的科学推理，能够有把握地认识事物本质和规律，结论可靠。其缺点是中间环节太多，不能得到瞬时效果。非逻辑思维长处正好是逻辑思维短处，非逻辑思维短处正好是逻辑思维长处。两者结合起来，则成为比较完整思维。所以说创造性思维是逻辑思维和非逻辑思维的辩证统一。

对于创造性思维来说，仅仅有扩散性思维是不够的，还必须有集中性思维配合。集中性思维主要功能是求同，它的特点是小心求证，寻求唯一正确答案。在思维过程中，它对信息进行抽象、概括、推理、判断、比较，使之朝一个方向聚敛集中，形成一种答案。集中性思维对人们认识事物本质、揭示客观规律有重要作用。科学需要深入本质，而深入本质、求佳创优不能不使用集中性思维。扩散性思维可以为问题解决提出许多方案、设想和办法。但是，这些方案、设想和办法决不会都是最有价值、最正确或最理想的，因而必须通过比较、评价有所取舍，有所选择。选择过程就是集中性思维过程。以牛顿发现万有引力过程为例。虽然他运用扩散性思维提出了好几种可能答案，但在几种答案并存的时候，正是牛顿感到困惑、上下求索的时候。当他通过长期研究、大量艰苦实验，运用集中性思维，做到了"去伪存真"的时候，他才真正地认识了事物本质，发现了万有引力规律。在牛顿上下求索、去伪存真的过程中，集中性思维起到了关键性作用。

在思维活动中，显意识和潜意识是相互协调、相互转化的。当人们把注意力集中在所研究信息或问题时，便会在大脑皮层上形成兴奋中心。在兴奋中心范围内，已有经验、知识，通过显意识活动进行分析、综合来探求问题答案。但是长期紧张工作兴奋中心一旦被抑制，就会引起该中心周围皮层细胞兴奋，这时储存在潜意识中的潜沉信息就有可能在外界偶然因素刺激下，导致一部分潜意识转化为显意识，从而扩大了信息来源。这时人们凭借其直觉能力，常常能触类旁通捕捉其中最有价值的一个信息。在显意识状态下解决不了的问题，有可能在潜意识转化后得到解决。这是因为在显意识中不能组合的信息能在潜意识中形成组合块。

TRIZ理论解决创新性问题的思路在于它采用科学的问题求解方法，具体办法就是将特殊的问题归结为TRIZ的一般性问题，然后应用TRIZ带有普遍性的创新理论和算法寻求标准解法，在此基础上演绎形成初始问题的具体解法。这种从特殊到一般的方法，充分体现了科学的问题解决思想，富有可操作性，为计算机环境下的创新工作提供了重要的理论与方法基础。

创造性思维本质就是逻辑思维和非逻辑思维的统一，是扩散性思维和集中性思维的统一，是潜意识和显意识的辩证统一。创造性思维过程是多种思维组合的过程，是多种思维的优化组合，是多种因素系统综合统一体，是多种思维的多方面协调、平衡、和谐。总而言之，综合就是创造性思维。

资料来源：陈彬．大学生创新创业［M］．长沙：湖南科学技术出版社，2023：69-70．

第 2 章　创新意识与创新精神

【学习目标】

1. 了解创新意识和创新精神的含义、特征及作用等。
2. 掌握培养创新意识与精神的方法，为开展创新创业实践做好基础准备。

【案例导入】

海尔以创新精神创全球化品牌

2023 年，海尔集团持续聚焦战略主赛道，坚定发展信心、坚定战略投入，迎难而上、持续创新，业绩持续稳定增长：全球收入 3 718 亿元，增长 6%，全球利润总额 267 亿元，增长 6%；连续 15 年蝉联全球大型家电品牌零售量第一；连续 5 年以全球唯一物联网生态品牌入选"BrandZ 最具价值全球品牌 100 强"，排名持续提升；连续 7 年入选谷歌和凯度 BrandZ 中国全球化品牌 50 强，位列行业第一。

海尔集团一直坚持科技自立自强，聚力突破行业原创性、关键性技术，以科技创新推动产业升级，引领全球产业发展趋势：2023 年，新增省部级科技一等奖 6 项、特等奖 1 项；新增中国专利金奖 1 项，累计 12 项；全球智慧家庭发明专利新增 6 152 件，累计 29 486 件，连续 10 次领跑全球；新增国际标准发布 9 项，累计国际标准发布 106 项，国家、行业标准发布 770 项，全球标准专家 100 余位，行业最多。

在充满挑战和机遇的 2023 年里，海尔集团走出一条深度变革的轨迹，绘制出一条稳健向上的增长曲线。

变革轨迹覆盖科技创新、品牌建设、渠道变革、流程再造、数字化转型和人才发展等多个领域。

海尔自创业之初，就始终坚持自主创牌，不做代工。欧美国际数据显示，海尔已连续 15 年蝉联全球大型家用电器品牌零售量第一；海尔作为全球唯一物联网生态品牌，已连续五年入选"BrandZ 全球最具价值品牌百强"榜单。海尔自主创牌的发展之路已成为中国家电企业出海创牌的典范，并带动整个行业从"中国产品"走向"中国品牌"。

在每一个发展阶段，伴随着用户需求的不断迭代和海尔发展战略的持续升级，海尔的品牌形象、品牌口号也在持续焕新。

在名牌战略和多元化战略阶段，海尔高品质的产品和真诚的服务走入千家万户，海尔品牌口号"真诚到永远"也随之深入人心。

进入国际化战略阶段,海尔坚持出口创牌,发出了"海尔中国造"的自信最强音。

开启全球化品牌战略之后,将"一个世界一个家""把世界带回家"确定为品牌口号,致力于成为当地用户喜爱的品牌。

迈入网络化战略阶段,海尔品牌口号升级为"你的生活智慧我的智慧生活",寓意海尔与用户持续交互,不断提供智慧生活新体验;

进入生态品牌阶段之后,时代背景、用户需求均发生了巨大变化,更多的界限被打破,更多的价值关系被建立,更多的共创会发生,世界的未来将因此充满无限精彩和可能,因此海尔确定了新的品牌口号:以无界生态共创无限可能(More Creation, More Possibilities)。

新的品牌口号,包含三大要素:

"无界生态",寓意海尔致力于构建身份无界、知识无界、地域无界的开放生态,打破价值创造和价值分享的界限,重塑人与人、人与物、物与物、人与组织、组织与组织之间的价值关系。

"共创",代表海尔一以贯之的宗旨"人的价值最大化",激发每个个体的创新活力,让消费者变成产消者,全流程参与体验,让生态伙伴在海尔生态中共创价值、共享价值。

"无限可能",表达的是当更多界限被打破,更多的个体和组织的创造力被激发,新的价值也将不断涌现和持续裂变,共创美好生活的无限可能、产业发展的无限可能,犹如热带雨林,绿荫繁茂、生生不息。

创业无止境,创新无极限,海尔要坚持三级品牌战略去创造用户新的需求;坚持人的价值最大化,点燃用户对美好生活的期许;坚持链群合约自迭代,赋能千行百业生机盎然。

资料来源:海尔发布2024年创新战略,以无界生态共创无限可能[EB/OL].(2024-01-27)[2024-06-02]. http://www.news.cn/tech/20240127/4c63ead202104c909ed0e244c5ebad7e/c.html.

思考题:

1. 你认为海尔的成功之处经验有哪些?
2. 请结合案例谈谈,海尔创新之路给你的启示是什么?

2.1 创新意识

2.1.1 创新意识的含义及其特征

创新意识是指人们根据社会和个体生活发展的需要,引起创造前所未有的事物或观念的动机,并在创造活动中表现出的意向、愿望和设想。它是人类意识活动中的一种积极的、富有成果性的表现形式,是人们进行创造活动的出发点和内在动力,是创造性思维和创造力的前提。

创新意识具有以下特征。

（1）新颖性。创新意识或是为了满足新的社会需求，或是用新的方式更好地满足原来的社会需求，创新意识是求新意识。

（2）社会历史性。创新意识是以提高物质生活和精神生活水平需要为出发点的，而这在很大程度上受具体的社会历史条件制约。在阶级社会里，创新意识受阶级性和道德观的影响和制约，人们的创新意识激起的创造活动和产生的创造成果应为人类进步和社会发展服务，创新意识必须考虑社会效果。

（3）个体差异性。人们的创新意识和他们的社会地位、文化素质、兴趣爱好、情感志趣等相呼应，后者对创新起重大推进作用。而这些方面，每个人都会有所不同，因此，对于创新意识，既要考察社会背景，又要考察其文化素养和志趣动机。

2.1.2 创新意识的构成

创新意识包括创造动机、创造兴趣、创造情感和创造意志。

（1）创造动机是创造活动的动力因素，它能推动和激励人们发动和维持创造性活动。

（2）创造兴趣能促进创造活动的成功，是促使人们积极探求新奇事物的一种心理倾向。

（3）创造情感是引起、推进乃至完成创造的心理因素，只有具有正确的创造情感才能使创造成功。

（4）创造意志是在创造中克服困难，冲破阻碍的心理因素，创造意志具有目的性、顽强性和自制性。

创新意识与创造性思维不同，创新意识是引起创造性思维的前提和条件，创造性思维是创新意识的必然结果，两者之间具有密不可分的联系。创新意识是创造人才所必备的。创新意识的培养和开发是培养创造人才的起点，只有注意从小培养创新意识，才能为成长为创造人才打下良好的基础。

2.1.3 创新意识的作用

第一，创新意识是决定一个国家、民族创新能力最直接的精神力量。在今天，创新能力实际就是国家、民族发展能力的代名词，是一个国家和民族解决自身生存、发展问题能力大小的最客观和最重要的标志。

第二，创新意识促成社会多种因素的变化，推动社会的全面进步。创新意识根源于社会生产方式，它的形成和发展必然进一步推动社会生产方式的进步，从而带动经济的飞速发展，促进上层建筑的进步。创新意识进一步推动人的思想解放，有利于人们形成开拓意识、领先意识等先进观念；创新意识会促进社会政治向更加民主、宽容的方向发展，这是创新发展需要的基本社会条件。这些条件反过来又促进创新意识的扩展,更有利于创新活动的进行。

第三,创新意识能促成人才素质结构的变化,提升人的本质力量。创新实质上确定了一种新的人才标准,它代表着人才素质变化的性质和方向,它输出着一种重要的信息:社会需要充满生机和活力的人、有开拓精神的人、有新思想道德素质和现代科学文化素质的人。它客观上引导人们朝这个目标提高自己的素质,使人的本质力量在更高的层次上得以体现。它激发人的主体性、能动性、创造性的进一步发挥,从而使人自身的内涵获得极大的丰富和扩展。

2.2 创新精神

2.2.1 创新精神的内涵

创新精神是指要具有能够综合运用已有的知识、信息、技能和方法,提出新方法、新观点的思维能力和进行发明创造、改革、革新的意志、信心、勇气和智慧。

创新精神属于科学精神和科学思想范畴,是进行创新活动必须具备的一些心理特征,包括创新意识、创新兴趣、创新胆量、创新决心以及相关的思维活动。

创新精神是一种勇于抛弃旧思想、旧事物,创立新思想、新事物的精神。例如,不满足已有认识(掌握的事实、建立的理论、总结的方法),不断追求新知;不满足现有的生活生产方式、方法、工具、材料、物品,根据实际需要或新的情况,不断进行改革和革新;不墨守成规(规则,方法、理论、说法、习惯),敢于打破原有框架,探索新的规律、新的方法;不迷信书本、权威,敢于根据事实和自己的思考质疑权威;不盲目效仿别人的想法、说法、做法,不人云亦云,唯书唯上,坚持独立思考;不喜欢一般化,追求新颖、独特、异想天开、与众不同;不僵化、呆板,灵活地应用已有知识和能力解决问题……这些都是创新精神的具体表现。

创新精神是科学精神的一个方面,与其他方面的科学精神不是矛盾的,而是统一的。例如,创新精神以敢于摒弃旧事物、旧思想,创立新事物、新思想为特征,同时创新精神又要以遵循客观规律为前提,只有当创新精神符合客观需要和客观规律时,才能顺利地转化为创新成果,成为促进自然和社会发展的动力;创新精神提倡新颖、独特,同时又要受到一定的道德观、价值观、审美观的制约。

创新精神提倡独立思考,不人云亦云,并不是不倾听别人的意见、孤芳自赏、固执己见、狂妄自大,而是要团结合作、相互交流,这是当代创新活动不可少的方式。创新精神提倡胆大,不怕犯错误,并不是鼓励犯错误,只是错误认知是科学探究过程中不可避免的;创新精神提倡不迷信书本、权威,并不反对学习前人经验,任何创新都是在前人成就的基础上进行的;创新精神提倡大胆质疑,而质疑要有事实和思考的根据,并不是虚无地怀疑一切……总之,要用全面、辩证的观点看待创新精神。创新精神是一个国家和民族发展的不竭动力,也是一个现代人应该具备的素质，只有具有创新精神，才能在未来的发展中不断开辟新的天地。

不迷信书本、敢于向权威挑战的莱特兄弟

1899年6月初，威尔伯·莱特和奥维尔·莱特兄弟俩开始正式阅读与钻研有关航空与飞行方面的书籍。

1903年12月17日，在美国北卡罗来纳州的基蒂霍克，他俩制造出人类第一架载人动力飞机，并且试飞成功。仅仅用了4年多的时间，他俩便实现了人类几千年的飞行梦想，开创了一个新时代。

在反复进行滑翔的试验中，莱特兄弟发现气压中心侧转的现象——弯曲的翼面气压中心并不总是像平翼面承受的气压中心一样往一个方向移动。这一重大发现与许多科技书籍的论点相违背——科学家们已经获得的关于大气对机翼压力的数据竟然有许多是不正确的！

莱特兄弟于是在1901年下半年制造了世界上第一个能对模型机翼进行准确试验的风洞，用两个多月时间使用风洞进行了200多次各种类型翼面试验，取得了一整套科学数据，并根据这些数据设计出飞机。

莱特兄弟不迷信书本，敢于向权威挑战的精神，这是创新必备的可贵品质。

资料来源：杨秋玲，王鹏．大学生创新创业教育（第二版）[M]．北京：清华大学出版社，2021：3-4．

2.2.2 创新精神的主要表现

（1）敢为人先，敢于冒险的勇气和自信。
（2）探索新知的好奇心和挑战权威的批判精神。
（3）承受挫折的坚强意志和沟通合作的团队精神。
（4）舍我其谁的责任担当和造福人类的济世情怀。

2.2.3 中华民族创新精神的特色

中华民族是一个非常擅长创新的民族，历史上，我们的祖先正是依靠不断地创新推进中华民族不断走向文明、走向繁荣、走向富强。创新精神根植于中华民族千百年来勤劳智慧的实践，形成于兼收并蓄各种思想文化的有益成果之上，主要具有以下特色。

一是纳新接远的文明气度。中华民族中人口最多的汉族是由许多部落融合，并不断吸纳其他民族而形成的。多民族的融合共同塑造出吐故纳新、开放包容的文明气度，从汉唐盛世不断开辟的古代丝绸之路，到洋务运动开启的中国现代化进程，再到新时代着力构建人类命运共同体，全面扩大对外开放，皆是如此。

二是达变求新的文化理念。春秋战国时期诸子并起、百家争鸣，从不同角度提出新的思想学说，奠定了中华传统文化体系的基础；为了克服传统文化的弊端，新文化运动主张创新中国文化，为中国现代化进程提供新的精神动力；改革开放以来，我国坚持解放思想、实事求是，在实践基础上不断创新，走出了一条中国特色社会主义道路。

三是独具匠心的技术发明。中华民族素有"夺天工而开物"的传统，几千年前就掌握了取火、制陶、冶炼、铸造等技术，发明了各种生产生活器具，也制定了历法。举世闻名的四大发明是中华民族领先世界的科技成就，对整个世界文明的进程产生巨大影响。

【创新故事】

京沈高铁望京隧道盾构施工

19世纪20年代，英国要修一条穿越泰晤士河的地下隧道。如果采用传统的支护开掘法，松软多水的岩层就很容易塌方。法国工程师布伦诺尔发明了"盾构施工法"。"盾构施工法"是先将一个空心钢柱打入岩层中，而后在这个"盾构"的保护下进行施工。采用了这样的方法后，顺利完成了松软的岩层的施工。100多年来，"盾构施工法"得到了很大发展，已经应用在各种岩层条件。

中国的望京隧道的成功施工就是在传统"盾构施工法"上的创新应用成果。望京隧道全长8公里，是京沈高铁全线唯一一处采用双洞单线盾构技术施工的隧道，同时也是国内首条高铁线路穿越市区采用大直径盾构工艺的隧道，通过自主创新，相当于三层楼高的"巨无霸"盾构机、作出了施工最小沉降仅为0.68毫米（这个沉降控制标准为国内最高标准）的精细"针线活"，国内大直径盾构施工一系列新纪录由此诞生。

望京隧道的工程难点主要集中在大断面、长距离、富水地层施工中遇到的安全风险。隧道在地下穿越首都机场高速、机场快轨、地铁15号线、马泉营地铁站、红砖艺术中心、污水处理厂、高压塔架、多处居民区和高大建筑等重大风险源，沉降控制标准高，施工及环境安全风险较大。

这项高难度的工程能顺利完成归功于隧道施工所用的"望京号"盾构机。盾构机长87米，总重量达1 900吨，装机功率达5 300千瓦，集隧道开挖衬砌、出渣、导向等功能于一体，被誉为地下隧道掘进智能机器人，可安全穿越复杂地层，中间换刀200余把，出色完成了隧道掘进任务。

时至今日，我国不仅能自主研发出大型盾构机，而且还占据了全球2/3的市场份额，彰显了我国工业实力正不断向前迈进，向着国际领先水平不断靠拢。

资料来源：吕爽，谭军华，刘小玲. 创新思维［M］. 北京：清华大学出版社，2022：18-19.

思考题：

人们常说办法总比困难多，在人类历史进程中，勤劳智慧的人们克服了一个又一个困难，解决了一个又一个的难题，把人类文明推向了高度发达的今天。

请思考，今天的人类还面临哪些困难？请尝试提出具体的解决方案。

2.3 创新意识与创新精神的培养

2.3.1 创新意识培养的途径方法

青年创新意识的培养要注重以下几个方面。

首先,培养求知欲。学而创、创而学是创新的根本途径。青年要具备勤奋求知精神,不断地学习新知识,才能在自主创新中发挥生力军作用。

其次,培养好奇欲。将蒙昧时期的好奇心向求知时期的好奇心转化,这是坚持、发展好奇心的重要环节。要对自己接触到的现象保持旺盛的好奇心,要敢于在新奇的现象面前提出问题,不要怕问题简单,不要怕被人耻笑。

再次,培养创造欲。不满足于现成的思想、观点、方法及物体的质量、功用,要经常思考如何在原有基础上创新发明、推陈出新,大脑里经常有"能否换个角度看问题?有没有更简捷有效的方法和途径"等问题盘旋。

最后,培养质疑欲。"学起于思,思源于疑"。有疑问才能促使学生去思考、去探索、去创新。因此,要鼓励青年大胆质疑、提出多种解决问题的方案及最佳方法。从多角度培养青年的思维能力,激励青年创新。鼓励青年提问、大胆质疑,是培养青年创新意识的重要途径。提出问题是取得知识的先导,只有提出问题,才能解决问题,从而认识才能前进。一定要以锐不可当的开拓精神,树立和提高自己的自信心,既要尊重名人和权威,虚心学习他们的丰富知识经验,又要敢于超过他们,在他们已进行的创造性劳动的基础上,再进行新的创造。

创新意识的培养是一种严肃、严密、严格的创造活动,也要按客观规律办事,不能把创新意识培养简单化、表象化和庸俗化,降低创新精神的科学性和严肃性。青年在培养创新意识的过程中一定要注意树立科学的创新理念,明确创新的真实含义,既要面对现状勇于创新,又要防止把创新当时髦,空谈误国,把创新当成没有实质性新内涵的新提法、新名词。既要着眼于解决现有手段不能解决的问题,又要着眼于用发展的眼光、发展的思维制定解决未来可能出现的新情况、新问题的措施。青年一定要注意把创新精神培养与科学求知态度结合起来,克服重创新的过程、轻创新的结果;克服重创新的数量、轻创新的质量;克服重一般的技术创造,轻科技含量高的、核心技术的创新。青年一定要注意把创新精神培养与传承中华优秀传统文化紧密结合,"天行健,君子以自强不息",要增强自己培养创新意识的信心、勇气和能力。

青年创新意识的培养,要有创新思想和创新实践,允许在创新过程中犯错误。要大胆地试、大胆地闯,才会尽快成长起来。

2.3.2 创新精神的培育

创新精神的培养,需要重点关注学生发展的核心素养。大学生发展核心素养,以科学性、时代性和民族性为基本原则，以培养"全面发展的人"为核心，分为文化基础、自主发展、社会参与三个方面，综合表现为人文底蕴、科学精神、学会学习、健康生活、责任担当、实践创新六大素养。具体如图2-1所示。

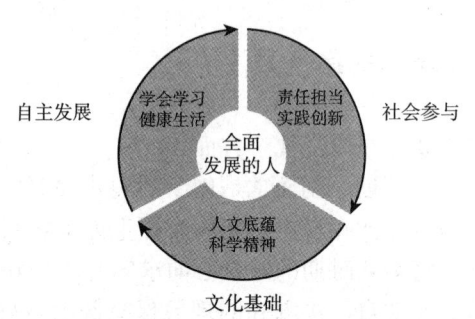

图2-1 大学生发展的核心素养

资料来源：温州市教育局，温州市教师教育院. 中国学生发展六大核心素养［EB/OL］. ［2017-04-13］. https://edu.wenzhou.gov.cn/art/2017/4/13/art_1336951_8339086.html?eqid=98484af4000099110000000364264669.

第一，对所学习或研究的事物要有好奇心。能提出问题，说明在思考问题。在学习的过程中，如果提不出问题，那才是最大的问题。好奇心包含着强烈的求知欲和追根究底的探索精神，谁想在茫茫学海获取成功，就必须有强烈的好奇心。正像爱因斯坦说的那样，"我没有特别的天赋，只有强烈的好奇心"。

第二，对所学习或研究的事物要有怀疑态度。不要认为被人验证过的都是真理。许多科学家对旧知识的扬弃，对谬误的否定，无不从自我怀疑开始。怀疑是发自内在的创造潜能，它激发人们去钻研、去探索。事物在不断地变化，有些知识这时候适用，将来不一定适用。再说，现有的知识不一定没有缺陷和疏漏。对待所学习或研究的事物应做到：不要迷信任何权威，应大胆地怀疑。

第三，对学习研究的事物要追求创新的欲望。如果没有强烈的追求创新欲望，那么无论怎样谦虚和好学，最终都是模仿或抄袭，只能在前人划定的圈子里打转。要创新，就要坚持不懈地努力，勇敢地面对困难，要有克服困难的决心，不要怕失败，相信一点：失败乃成功之母。

第四，对学习研究的事物要有求异的观念。不要"人云亦云"。创新不是简单的模仿。要有创新精神和创新成果，必须要有求异的观念。求异实质上就是换个角度思考，从多个角度思考，并将结果进行比较。求异者往往要比常人看问题更深刻、更全面。

第五，对所学习或研究的事物要有冒险精神。创造实质上是一种冒险，因为否定人们习惯了的旧思想可能会招致公众的反对。冒险不是那些危及生命和肢体安全的冒险，而是一种合理性冒险。大多数人都不会成为伟人，但至少要最大程度地挖掘自己的创造潜能。

第六，对学习研究的事物要做到永不自满。一个人如果停止创造性思考，害怕去想另一种可能比这种思想更好的思想，或已习惯了一种成功的思想而不能产生新思想，那么就会变得自满和止步不前。

《中共中央　国务院关于深化教育改革全面推进素质教育的决定》指出，培养学生创新精神和实践能力是全面推进素质教育的重点，应将学校、家庭和社会的教育作用有机结合起来，积极营造崇尚真知、追求真理的氛围，把学生的精力和兴趣引导到健康向上、探索创新的活动中，这样既增强了教育功能，也是培养学生创新精神的一种有效途径。

【本章小结】

本章着重论述了在国家深化改革与快速发展之际，创新意识与创新精神对大学生个人成长及国家未来的重要性。深刻揭示了在国家全面深化改革、追求高质量发展的新时代背景下，提升大学生群体的创新意识与创新精神的紧迫性和重要性。本章不仅是对创新意识与创新精神理论的深入解析，更是一份行动指南，广大学子共同努力在国家改革发展的浪潮中，培养和提升青年的创新能力，为实现中华民族的伟大复兴和建设创新型国家奠定坚实的人才基础。

【思考练习】

1. 什么是创新意识？大学生应如何培养创新意识？
2. 中华民族创新精神的特色有哪些？
3. 结合自身实际，谈谈应如何培育弘扬改革创新精神。

【拓展阅读】

陈云霁——创"芯"国之重器　践行科技强国梦

陈云霁，中国科学院计算技术研究所（以下简称计算所）研究员，博士生导师，现任中国科学院脑科学卓越中心特聘研究员、计算所智能处理器中心主任、寒武纪党总支书记。

苦心耕读十余年，少年班走出来的研究员

陈云霁，1983年出生于江西南昌的普通知识分子家庭，从小热爱学习，博览群书，14岁考入中国科学技术大学少年班，24岁在计算所取得博士学位，29岁晋升为研究员，33岁被MIT TechnologyReview评为2015年全球35位35岁以下杰出青年创新者，35岁荣获"全国创新争先奖"。

在外人看来，陈云霁是一个总是"弯道超车"的天才，他却认为科学研究没有捷径可走——"要让中国在人工智能时代实现弯道超车'，得下苦功夫"。

大学三年级，对未来还有些懵懂的陈云霁就把计算机系所有实验室的门敲了个遍，问是否接收本科生。最后，教计算机体系结构的周学海教授所在的实验室收下了他。计算机体系结构，通俗地说，就是研究如何用晶体管的"砖石"搭出计算机的"大楼",在研发过程中,尽管做的都是些打下手的"杂活",却让陈云霁第一次感受到计算机的巨大魅力。

大学最后一年,听说计算所开始研制国产通用处理器(即龙芯1号),他觉得能参与国产通用处理器的研发,是个光荣又难得的机会。2002年,陈云霁如愿以偿来到了计算所,跟随胡伟武研究员硕博连读,成为当时龙芯研发团队中最年轻的成员。博士毕业后,他留在了计算所。25岁时,陈云霁成为8核龙芯3号的主架构师。2008年北京奥运会举办期间,单位放假,陈云霁在一个没有空调的宿舍里写论文,虽挥汗如雨,但心情愉悦。论文最终被体系结构领域三大旗舰会议国际高性能计算机体系结构会议(HPCA)录用。

勇于挑战创新,想让计算机更聪明

自2008年起,陈云霁开始研究如何用计算机模拟人的智能,并生产出能与人类智能相似的机器。也就是说通过体系结构来设计神经网络芯片,在此之前计算机硬件的速度和功能已经成为神经网络应用的瓶颈。

在实践中,这条道路远没有想象的那么平坦,他遇到了很多困难,在提出了一系列基于人工智能方法的处理器研发技术,并多次向体系结构顶级会议投稿后,最后都以被拒而告终。这些没有让他放弃"人工智能"之梦,他相信,只要把研究做得更深入,外在的困难总是能克服的。

2014年是陈云霁丰收的一年——当年3月美国盐湖城召开的国际体系结构支持、编程语言和操作系统国际会议(ASPLOS)上,陈云霁团队和INRIA团队合作的成果"一种小尺度的高吞吐率机器学习加速器",其智能处理的能效达传统芯片的近百倍,获得了"最佳论文奖"(Best Paper Award)。这不但是大陆科研机构首次在国际计算机系统和高性能计算领域顶级会议上获得最佳论文奖,也是亚洲首次、美国之外国家第二次获得ASPLOS会议的最佳论文。

"DianNao"和"DaDianNao"是陈云霁团队为其研究成果所起的论文标题。参加国际会议时,陈云霁经常要给外国同行正音,特别是"脑"的三声发音,折磨许多人卷着舌头重复好多遍。在他们看来,这更独具魅力,因为之前没有中文发音的芯片。

建立起以中国为主导的、开放共赢的信息产业新生态

人工智能发展到现在,算法上的进步很多,也能解决很多实际应用中的问题,比如语音识别、计算机视觉识别等,但这和人们所期望的振奋人心的智能还存在很大的距离。陈云霁认为硬件的研究(尤其是神经网络芯片)对于人工智能进步,尤其是对于高级智能能力的实现,会有关键的作用。

陈云霁认为正如工业时代的蒸汽机、信息时代的通用CPU,智能时代也将会出现智能芯片这一核心物质载体。芯片研究的使命将从信息时代的计算转变为支撑机器智能。面向未来,正如地质年代寒武纪产生了进化史上的一个重要事件"寒武纪生命大爆发","寒武纪"系列智能芯片也将伴随人类智能科技的发展而不断壮大。

写在最后

习近平总书记说,"幸福都是奋斗出来的,只有奋斗的人生才称得上幸福的人生"。作为伴随改革开放春天里成长起来的一代,陈云霁用他对科研的虔诚信仰和对卓越的极致追求,抒写了一个普通家庭走出来的青年科技工作者的奋斗历程,展现了新时代青年科技工作者的科技报国初心,担当创新为民使命。

资料来源:杨秋玲,王鹏. 大学生创新创业教育(第二版)[M]. 北京:清华大学出版社,2021:1-2.

第3章 创新思维的方法

【学习目标】
1. 深刻理解创新思维的本质、特征和作用。
2. 熟练掌握创新思维的七种方法。
3. 能够运用创新思维方法开展创新实践,为今后创新创业实践活动提供技术支持和保障。

【案例导入】

创新思维:自主创新,齐头并进

作为一家科技企业,华为用实际行动践行科技自立自强、创新驱动发展,在日趋复杂严峻的国内外形势下,华为保持了高昂的创新势头,"向上捅破天,向下扎到根",取得了一系列自主创新成果,此次发布的华为Mate50系列便是最新力作。

在"极境"中"敢为",华为从来不让人失望。华为Mate系列因创新而生,始终以领先科技革新用户体验,不断探索科技创新的新高度,成为高端旗舰手机的代名词。

从跟跑、并跑到领跑,中国未曾停止创新的脚步。国家统计局、科学技术部和财政部联合发布的《2021年全国科技经费投入统计公报》显示,2021年我国研究与试验发展(R&D)经费投入总量达2.8万亿元,较2020年增长14.6%,再创新高。

企业是创新的主体,培育企业核心竞争力、增强未来发展韧劲,研发投入非常关键。美日欧的基础研究经费占比基本保持在12%至23%之间,中国要与之相当,仍需长时间积累和追赶。

作为一家科技公司,华为从不吝惜在研发上的投入。数据显示,2022年上半年,华为研发费用为790.63亿元,同比增加62.05亿元。10年来,华为投入研发经费高达8 450亿元,换来科技一步领先、步步领先。

全球科技竞争的本质是争夺未来科技主导权,投入基础研究、强化原始创新,是提高我国经济创新活力、增强产业国际竞争力的重要保障。真金白银的投入,撬动创新的巨大潜能。

当前,我们正在推动中国制造向中国创造转变、中国速度向中国质量转变、中国产品向中国品牌转变,在华为 Mate 系列十年"进阶",也反映着我国十年来科技事业的巨大成就。

十年来,从牢固树立"创新是第一动力"的理念,到下大力气解决好"卡脖子"问题;从强化国家战略科技力量,到推动科技领域不断深化改革,一系列重大改革举措落地生效,我国科技事业发生了历史性、整体性、格局性重大变化。

根据世界知识产权组织发布的全球创新指数排名,我国从 2012 年第 34 位上升到 2021 年第 12 位,开启了推进高水平科技自立自强、建设科技强国的新阶段。

在全球创新版图中,中国发挥着日益重要的作用,以华为为代表的中国企业成为这幅创新图景中一抹亮色。

资料来源:从胡杨精神到昆仑精神,华为自主创新带来哪些启示?[EB/OL].(2022-09-06)[2024-06-02]. https://tech.gmw.cn/2022-09/06/content_36007464.htm.

思考题:

1. 谈谈你对华为的认识和了解。
2. 华为是怎样打破无路可走的局面的?华为的创新思维主要体现在哪几个方面?

3.1 创新思维的本质、特征和作用

3.1.1 创新思维的本质

创新思维是指以新颖独创的方法解决问题的思维过程,通过这种思维能突破常规思维的界限,以超常规甚至反常规的方法、视角去思考问题,提出与众不同的解决方案,从而产生新颖的、独到的、有社会意义的思维成果。

创新思维是一种具有开创意义的思维活动,即开拓人类认识新领域、开创人类认识新成果的思维活动。创新思维是以感知、记忆、思考、联想、理解等能力为基础,以综合性、探索性和求新性为特征的高级心理活动,需要人们付出艰苦的脑力劳动。一项创新思维成果往往要经过长期的探索、刻苦的钻研,甚至多次的挫折方能取得,而创造性思维能力也要经过长期的知识积累、素质磨砺才能具备,至于创造性思维的过程,则离不开繁多的推理、想象、联想、直觉等思维活动。

创新思维通常包括以下几个方面。

(1)开放性思考:创新思维需要开放的思考方式,能够接受不同的观点和想法,不受限于传统的思维模式。

(2)多元化思考:创新思维需要多元化的思考方式,能够从不同的角度和层面来思考问题,发现新的解决问题的方法和途径。

(3)实验性思考:创新思维需要实验性的思考方式,能够通过实验和试错来发

现新的解决问题的方法和途径。

（4）敏锐性思考：创新思维需要敏锐的思考方式，能够发现问题和机会，及时抓住机会，创造新的价值。

（5）合作性思考：创新思维需要合作性的思考方式，能够与他人合作，共同发现问题和解决问题的方法和途径。

【创新故事】

创新型的智慧资本造就了著名的希尔顿

希尔顿酒店产业创始于20世纪20年代。当初，创始人希尔顿在达拉斯商业街上漫步，发现这里竟然没有一家像样的酒店，于是他萌生了建一家高级酒店的想法。

希尔顿是一个创造力与行动力都很强的人，想到就去做。他很快就看中一块"风水宝地"。酒店属于典型的服务业，对这个产业，影响最大的因素就是地皮，选择一个好的地皮，即使初始投资较大，也会很快在后续的有利经营中收回。所以，希尔顿决心一定要买下这块风水宝地。

这块地出让价格为30万美元，而他眼下可支付的资金仅有5 000美元。况且，解决地皮之后，还要筹集大量的建设资金。表面上看，这个项目显然不可行，但希尔顿没有放弃，他把这个难题进行了分解。首先，他把30万美元的地皮费用分解到了每年每月。他对土地拥有人说："我租用你的土地，首期90年，每年给你3万美元，按月支付，90年共支付270万美元，一旦我支付不起，你可以拍卖酒店……"对方感到占了个大便宜。

签订了土地租赁协议，希尔顿马不停蹄，将自己开酒店的方案以及诱人的经营远景讲给投资商听，很快与一个大投资商达成了协议，合股建设酒店，酒店如期建成，经营效益超出先期预料，获得了巨大成功，从此，希尔顿走上世界级酒店大王之路。一度跻身全球十大富豪之列。

分析：上述案例是以经济为线索，以时间性为切入，将租金问题进行了分解再思考，用现有的有限资金作为签订协议的资本，将未来的项目利润作为履约资本。希尔顿以经济为线索，以结构性和利益性为切入，把自己的协议权用智慧放大为股份资本，将建设资本压力变成另一位投资商的投资动力，从而有效吸纳了足够的地皮购置费用和建设资本，解决了创业初期资金短缺的问题。

是创新型的智慧资本造就了著名的希尔顿啊！

资料来源：陈彬. 大学生创新创业[M]. 长沙：湖南科学技术出版社，2023：51-52.

思考题：

1. 请用生活、学习、工作的亲身经历或见闻，来举例阐述什么是创新。
2. 用自己的语言阐述什么是智慧资本，并举例说明。
3. 你觉得你有智慧资本吗？你曾经运用你的智慧资本解决过什么问题？

3.1.2　创新思维的特征

创新思维是一种敢于打破传统观念、突破旧的条条框框、大胆提出新见解的思维现象。笔者的个人理解是一种另辟蹊径、颠覆公理、抛弃固有束缚的思维方法。创新思维的特征主要体现在以下三个方面。

一是新颖性。创新思维是一种超常规的思维方法，求新、求异是它的一大特点。对事物的认识不停留在原有的认识范畴，而是进行重新认识，一般会产生新的见解、新的发明和新的突破，得出前所未有的成果。

二是灵活性。创新思维的自由性体现在不必拘泥于常识公理之类的条条框框，敢于对人们所公认的常识提出怀疑，勇于向权威挑战，也能够主动否定自己，打破自我的束缚。

三是多向性。创新思维的多向性体现在它强调从不同角度想问题，在一个问题面前能尽量提出多种设想、多种方案，以扩大选择余地，能灵活地变换影响事物质和量的某种因素，从而产生新的思路。思维在一个地方受到阻碍时，能马上转到另一个方向，保证问题的最佳解决。

3.1.3　创新思维的重要作用

创新思维是指一种超越传统思维方式的思维模式，它能激发创造力，促进创新和发展，在当今竞争激烈的市场中，创新思维已经成为社会进步、企业发展和个人成功的关键因素之一。

（1）创新思维能够促进社会的发展。创新思维不仅仅是企业和个人的事情，它也与社会的发展密切相关，创新思维能够推动科学技术的发展，促进社会的进步和繁荣，例如，创新思维推动了信息技术的发展、改变了人们的生活方式、促进了社会的快速发展。

（2）创新思维能够提高企业的竞争力。随着科技的不断发展和市场的不断变化，传统的思维方式已经不能满足企业的需求，需要不断地进行创新。创新思维能够帮助企业挖掘新的商机，开拓新的市场，并能够提高企业产品和服务的质量和效率，从而提高企业的竞争力。

（3）创新思维能够提升个人的职业竞争力。在当今社会，一个人的职业竞争力已经成为衡量个人能力的重要标准之一，创新思维能够帮助个人在工作中更快地解决问题，提高工作效率，并能够发现新的机会和挑战，从而提高个人的职业竞争力。

创新思维的重要作用渗透在人类社会的各个角落。宏观上，创新思维方法对人类社会的进步、文明的发展都有着不可磨灭的贡献。从小的方面来说，创新思维方法在日常生活解决问题时也发挥着不可忽视重要作用。创新是民族进步的灵魂，是推动人类进步与发展的不竭动力。它提高了我们的工作质量和效率，改善了我们的生活质量,对社会、对技术产生了根本影响。总之,创新思维是创新活动的灵魂,没有创新思维,就没有创新活动,而社会文明进步又离不开创新,因此,无论什么时期,创新思维都是必不可少的元素。

【创新故事】

牛根生:一家企业90%的资源都是整合进来的

没有任何资源,难道就不能创业吗,我们要明白一个道理,资源可以整合的,没有工厂,可以借别人的工厂生产,没有品牌,就先做别人的品牌,然后积累了一定基础后,做自己的品牌。比如说,怕上火就喝王老吉,你就说,上火就喝"降火王",当别人喝王老吉的时候,同时也想到你。基本上企业的任何资源都可以整合。现在这个时代,靠一家企业独立经营,单打独斗,力量是有限的,一定要整合各方面的资源才能把一家企业做大。

牛根生是这方面的牛人,他刚开始只是伊利的一个洗碗工,凭着自己的勤奋和聪明做到生产部门的总经理。后来他因各种原因从伊利辞职,那个时候他都40多岁了,去北京找工作,人家嫌弃他年纪大。没有办法,他又回到呼和浩特,邀请原来伊利的几个同事,一起出来创业,人有了,却没有奶源,没有工厂,没有品牌,每一项都是致命的。

牛根生开始资源整合了,通过人脉关系找到哈尔滨一家乳制品公司。这家公司设备都是新的,但是生产的乳制品质量有问题,同时营销渠道又没有打通,所以产品一直滞销。牛根生马上找到这家公司的老板说:"你来帮我们生产,我们这边都是伊利技术高层,我们负责技术把关,牛奶的销售铺货我们也承包了。"这位老板一听,马上答应下来。而且他们几个一起出来创业的伙伴也有落脚的地方,解决了生存的问题。

没有品牌怎么办?在乳制品这个行业,没有品牌很难销售,因为品牌代表着安全可靠。借势,整合,打出口号:"蒙牛甘居第二,向老大哥伊利学习",口号一出,让伊利情何以堪,却又哭笑不得。一个不知名的品牌马上挤入全国前列,牛根生不只是盯着伊利,而是把蒙牛和内蒙古的几个知名品牌联系起来:伊利,鄂尔多斯,宁城老窖,蒙牛为内蒙古喝彩!因为前三个都是内蒙古驰名商标,蒙牛放在最后,给人的感觉就是蒙牛为内蒙古的第四品牌。牛根生整合品牌资源,让蒙牛没有花一分钱,却迅速让自己的品牌成为知名的品牌。

没有奶源怎么解决?自己买牛去养,首先牛很贵,也没有那么多人员去照顾牛,于是蒙牛整合了三方面的资源:农户、农村信用社和奶站。用信用社的借款给奶农,蒙牛担保,而且蒙牛承诺包销。奶牛生产出来的奶由奶站接收,蒙牛又找到奶站。蒙牛定时把信用社的钱还了,把利润又给了奶农,趁机喊出一个口号:

"一年养10头牛,过的日子比蒙牛的老板还牛"。

资料来源:杨秋玲,王鹏. 大学生创新创业教育(第二版)[M]. 北京:清华大学出版社,2021:148-149.

3.2 创新思维的方法

华裔物理学家朱棣文曾经说过,"科学的最高目标是要不断发现新的东西,因此,要想在科学上取得成功,最重要的一点就是要学会用与别人不同的思维方式、别人忽略的思维方式来思考问题,也就是说要有一定的创造性"。[①] 可见,创新思维就是指通过一些特定的思考方式和方法来激发人们的创造力和创新意识,进而实现创新。以下七种创新思维方法供同学们学习、实践、借鉴。

3.2.1 质疑思维

【名人名言】

质疑思维,是创新的前提,是探索的动力。

——巴普洛夫

提出一个问题,往往比解决一个问题更重要。

——爱因斯坦

拥有质疑精神对于创新者来说就显得尤为重要。正像 18 世纪法国唯物主义哲学家狄德罗说的那样,知道事物应该是什么样,说明你是聪明的人;知道事物实际是什么样,说明你是有经验的人;知道怎样使事物变得更好,说明你是有才能的人。

3.2.1.1 质疑思维的定义

质疑思维是指创新主体在原有事物的条件下,通过"为什么"(可否或假设)的提问,综合应用多种思维改变原有条件而产生的新事物(新观念、新方案)的思维。

【创新故事】

润滑油的由来

瑞利是英国 19 世纪著名的物理学家、诺贝尔物理学奖获得者,从小就对生活具有非常细致的观察力,并勤于思考,从中发现有价值的东西。有一天,家里来了几位客人,他的母亲在为客人端茶时,手抖了一下,光滑的茶碗在碟子里滑了一下,差点掉到地上,茶也溢了出来。瑞利是个懂礼貌的孩子,这一切他都看在眼里,但是他没有上前去帮妈妈招待客人。原来,他的注意力全集中在妈妈手中的碟碗上了。

---

① 秦永芳. 让教育充满智慧[J]. 教育艺术, 2003(10): 49-51.

他看到，母亲每次端茶时，一开始茶碗在碟子里很容易滑动，可当洒出一点热茶在碟子里后，即使母亲的手摇晃得更厉害，碟子倾斜得更明显，茶碗却像粘在碟子上一样一动不动。这是怎么回事呢？瑞利边看边想，甚至忘记了身边的客人。就这样，敏锐的瑞利开始了对摩擦力的研究。他反复实验，把玻璃瓶放在玻璃上，将玻璃逐渐倾斜，看瓶子的滑动情况，并用在玻璃上洒水和不洒水进行对比实验。经过记录、分析、对比，他得出了这样的结论：茶碗和碟子看上去光洁干净，实际上表面总留有手指和抹布上的油腻，使茶碗和碟子之间的摩擦力变小，容易滑动；当撒了热茶后，油腻溶解消失了，碗碟之间也就变得不容易滑动了。他发现：利用油的润滑作用，可以减少固体之间的摩擦。不久，瑞利发明了世界上第一桶润滑油——瑞利牌润滑油。从此，润滑油被广泛应用到我们的社会生活当中。

能在生活中观察到有趣事情的人不在少数，可是为什么有成就的人却不多呢？瑞利的故事告诉我们，凡事多问几个"为什么"，不仅会有新的发现，也许还会产生新的奇迹。

资料来源：从茶碗开始的科学家［EB/OL］．［2013－05－24］．http：//www.xuchang.gov.cn/zt/010021/20130524/ff75f464－4bfc－4c2f－bead－56ccfd29b0d4.html.

3.2.1.2 质疑思维的特征

（1）疑问性。质疑思维的疑问性充分体现在问"为什么"上。它是探索问题的切入点，表达了一种探索真知的欲望，是发现问题、提出问题的钥匙。

（2）追问性。追问性充分展现了求知者在思考、解决问题时穷追不舍、不达目的决不罢休的探索过程，直到得到正确答案为止。

（3）求实性。求实性是质疑思维的最终目的。

3.2.1.3 质疑思维的作用

（1）质疑思维有利于培养人独立思考、破除消极思维。
（2）质疑思维有助于形成积极进取精神和独特的思维方式。
（3）质疑思维在化繁为简的过程中发挥着独特的作用。
（4）质疑思维推动着发明创造和科技发展。

3.2.1.4 质疑思维的方法

（1）奥斯本检核表法。所谓的检核表法，是根据需要研究的对象之特点列出有关问题，形成检核表，然后一个一个地来核对讨论，从而发掘出解决问题的大量设想。它引导人们根据检核项目的一条条思路来求解问题，以力求比较周密地思考。

奥斯本检核表法是针对某种特定要求制定的检核表，主要用于新产品的研制开发。奥斯本检核表法是指以该技法的发明者奥斯本命名、引导主体在创造过程中对照9个方面的问题进行思考，以便启迪思路、开拓思维想象的空间，促进人们产生新设想、新方案的方法（见表3－1）。奥斯本检核表法主要面对9个大问题：有无其他用途、能否借用、能否改变、能否扩大、能否缩小、能否代用、能否重新调整、能否颠倒、能否组合。

表 3-1　　　　　　　　　　　　　　奥斯本检核表法

检核项目	含义
1. 能否他用	现有的事物有无其他的用途；保持不变能否扩大用途；稍加改变有无其他用途
2. 能否借用	能否引入其他的创造性设想；能否模仿别的东西；能否从其他领域、产品、方案中引入新的元素、材料、造型、原理、工艺、思路
3. 能否改变	现有事物能否做些改变？如颜色、味道、式样、花色、声音、品种、意义、制造方法；改变后效果如何
4. 能否扩大	现有事物可否扩大适用范围；能否增加使用功能；能否添加其他部件；延长它的使用寿命，增加长度、厚度、强度、频率、速度、数量、价值
5. 能否缩小	现有事物能否体积变小、长度变短、重量变轻、厚度变薄以及拆分或省略某些部分（简单化）？能否浓缩化、省力化、方便化、微型化
6. 能否替代	现有事物能否用其他材料、元件、结构、设备力、方法、符号、声音等代替
7. 能否调整	现有事物能否变换排列顺序、位置、时间、速度、计划、型号；内部元件可否交换
8. 能否颠倒	现有的事物能否从里外、上下、左右、前后、横竖、主次、正负、因果等相反的角度颠倒过来用
9. 能否组合	能否进行原理组合、材料组合、部件组合、形状组合、功能组合、目的组合

【练一练】

奥斯本检核表法应用如电灯的创新开发（见表 3-2）。

表 3-2　　　　　　　　　　　　　　电灯的创新开发

序号	检核问题	创新思路	创新产品
1	有无其他用途	用于保健	紫外线消毒灯
2	能否借用	借助电脑技术	智能灯：会说话、会作简单提示
3	能否改变	颜色变化、形状变化	变色灯：随温度而变色 仿形灯：按个人爱好定制
4	能否扩大	材料加厚	安全灯：底部加厚不易裂
5	能否缩小	微型化、方便化	迷你观赏灯、可折叠便携灯
6	能否代用	材料替代	以钢、铜、石、竹、木、纸、布、骨等材料制作
7	能否重新调整	调整其尺寸比例工艺流程	新潮另类灯
8	能否颠倒	倒置	可变造型
9	能否组合	与容器、量具、炊具保鲜等功能组合	消毒柜、手电筒、驱蚊灯

亚历克斯·奥斯本（Alex Osborn），被称为创造学和创造工程之父、头脑风暴法的发明人，他创建了美国创造教育基金会，所著《创造性想象》的销量曾一度超过《圣经》的销量。1953年，他在纽约州立大学布法罗学院创办了世界上第一个创造学系。他发明的奥斯本检核表法被誉为"创造技法之母"，奥斯本本人也被称为"创造学之父"。

其基本做法是：第一步，选定一个要改进的产品或方案；第二步，面对一个需要改进的产品或方案，或者面对一个问题，对照表格检核项目进行设想，并由此产生大量的思路；第三步，根据第二步提出的思路，进行筛选和进一步思考、完善。

（2）"和田十二法"。"和田十二法"，又叫和田创新法则（和田创新十二法），就是根据12个动词（加、减、扩、缩、变、改、联、学、代、搬、反、定）提供的方向去设问，进而开发创造性思维的方法。

"和田十二法"是我国创造学研究者根据在上海和田路小学进行创造力开发工作的实践总结出来的创造技法，又称"思路提示法""聪明12法"等，该技法已在世界各国广泛传播使用（见表3-3）。

表3-3　　　　　　　　　"和田十二法"的基本思路

序号	12个动词	系列问题提示
1	加一加	把一件物品放大一点、加高一点；在形态上、功能上、尺寸上有所变化，例如，把冷风空调改成冷暖风空调
2	减一减	把一件物品减小一点、减短一点、减低一点、减轻一点等，如把台式电脑缩小、变薄成为笔记本电脑
3	扩一扩	把一个物品放宽一点、扩大一点，使功能产生明显变化，如把桥、路放宽或者改建双层立交桥以适应繁忙的交通
4	缩一缩	可将物品体积缩小一点、长度缩短一点，如袖珍词典、袖珍收音机、北京世界公园里的微缩景观，不用出园就可以欣赏到世界各地的著名建筑物
5	变一变	改变物体形状、尺寸、颜色、声音、滋味等，可使人有一种新感觉，比如笔记本电脑的外观造型由平面设计为新月形
6	改一改	对一个物品原来形状、结构、性能的改进，使之出现新的形态、新的功能，如图、文、声、像并茂的电子相册具有传统相册无法比拟的优越性
7	联一联	某个事物（某件东西或事情）产生的结果，跟它的起因有某种共性的关系，从中找到解决问题的办法；或者把某些东西或事情联系起来，帮助我们达到某个目的，例如，把洗衣机和脱水机联合起来，成为具有双功能的套缸洗衣机
8	学一学	通过学习模仿别的物品、事物的形状、结构、色彩、性能、规格、功能、动作等来实现创造的，如看守稻田的稻草人
9	代一代	采用替代的方法，如用电子蛙眼代替警察监控过往车辆是否有违章情况
10	搬一搬	把事物搬到另外一个地方，看是否还有别的用途或者使之形成一种新的产物、产生新的功能，如把楼梯搬到传送带上——电梯

续表

序号	12个动词	系列问题提示
11	反一反	把某一物品的形状、性质、功能反一反,形态和位置上下、里外、左右、前后、横竖颠倒一下,变成新商品,如把暖水瓶改为冷藏瓶、秸秆再利用等
12	定一定	按照人类社会活动规范来创造发明新事物的方法,如对空调噪声的规定、汽车尾气排放标准的测定等

【练一练】

应用和田十二法对鞋子的创新开发进行分析(见表3-4)。

表3-4　　　　　　　　　　鞋子的创新开发

序号	12个动词	新设想名称	新设想简要说明
1	加一加	加入保健药品	缓解脚部疲劳
2	减一减	采用先进技术改变制鞋材料	减轻鞋体重量,提高运动员奔跑速度
3	扩一扩	鞋底装上轮子	旱冰鞋
4	缩一缩	形状缩小	采用水晶材料制成精美造型的水晶鞋钥匙链或各种饰品
5	变一变	鞋底内部增高	增高鞋
6	改一改	改变传统的样式风格	卡通鞋、毛绒玩具鞋
7	联一联	保健医疗	鞋底加入按摩垫或者抗震垫,能够起到按摩和保健的作用
8	学一学	运动与音乐治疗学相结合	美妙的音乐可以给人的身心带来愉快,在鞋上加入音乐发声装置——"随步音乐鞋"
9	代一代	用木质材料代替皮革材料制鞋	木屐
10	搬一搬	在水中穿的鞋	铅底潜水鞋
11	反一反	改变鞋体结构	在鞋内部镶嵌一层可以随时添加或者摘下的保暖绒,这种鞋的穿法可一年四季随心所欲
12	定一定	配备计时装置	运动员在跑步时可以随时记录速度,方便简捷

(3)"5W1H"("6W2H")法。5W1H分析法也叫六何分析法,是一种思考方法,也可以说是一种创造技法。它是按照事物构成要素,用6个设问引导主体检查、质疑,促进人们产生新设想、新方案的方法。1932年,美国政治学家拉斯维尔提出"5W分析法",后经过人们的不断运用和总结,逐步形成了一套成熟的"5W1H"模式,并在企业管理、日常工作生活和学习中得到广泛的应用。

"5W1H"法是对选定的项目、工序或操作从原因(何因Why)、对象(何事What)、地点(何地Where)、时间(何时When)、人员(何人Who)、方法(何法How)等6个方面提出问题进行思考。

①What 它是什么？
②Who 发生在谁身上？
③Where 发生在什么地方？
④Why 为什么会发生？
⑤When 什么时候发生的？
⑥How 怎样发生的？怎样实施？如何处理？（5W1H）

"5W1H"就是对工作进行科学的分析，对某一工作在调查研究的基础上，就其工作内容（What）、责任者（Who）、工作岗位（Where）、工作时间（When）、怎样操作（How）以及为何这样做（Why），进行书面描述，并按此描述进行操作，达到完成工作任务的目标。

①对象（What）——什么事情。公司生产什么产品？车间生产什么零配件？为什么要生产这个产品？能不能生产别的？到底应该生产什么？例如，如果这个产品不挣钱，换个利润高点的好不好？

②场所（Where）——什么地点。在哪里生产？为什么偏偏要在这个地方生产？换个地方行不行？到底应该在什么地方生产？这是选择工作场所应该考虑的。

③时间和程序（When）——什么时候。例如，这个工序或者零部件是在什么时候开始的？为什么要在这个时候开始？能不能在其他时候开始？把后工序提到前面行不行？到底应该在什么时间开始？

④人员（Who）——责任人。这个事情是谁在开始？为什么要让他开始？如果他既不负责任，脾气又很大，是不是可以换个人？有时候换一个人，整个生产就有起色了。

⑤为什么（Why）——原因。为什么采用这个技术参数？为什么不能有变动？为什么不能使用？为什么变成红色？为什么要做成这个形状？为什么采用机器代替人力？为什么非做不可？

⑥方式（How）——如何。手段也就是工艺方法，例如，我们是怎样开始的？为什么用这种方法来开始？有没有别的方法可以开始？到底应该怎么开始？有时候方法一改，全局就会改变。

"5W1H"分析法为人们提供了科学的工作分析方法，常常被运用到制订计划草案上和对工作的分析与规划中，并能使工作有效地执行，从而提高效率。"5W1H"分析法广泛应用于企业管理、生产生活、教学科研等方面，这种思维方法极大地方便了人们的工作、生活。

3.2.2 发散思维

最早提出发散思维的是美国心理学家吉尔福特。1967年，他在《人类智力的本质》一书中，首次提出发散思维的概念。他认为发散思维是"从给予的信息中产生信息，其着重点是从同一的来源中产生各种各样的为数众多的输出"，其模式是"从一到多"。有人形象地描述发散思维像夜空怒放的礼花，如太阳般光芒四射。

3.2.2.1 发散思维的定义

发散思维又称辐射思维、放射思维、扩散思维或求异思维，是指大脑在思维时呈现的一种扩散状态的思维模式。它表现为思维视野广阔，思维呈现出多维发散状，如"一题多解""一事多写""一物多用"等方式。心理学家认为，发散思维是指从一个目标出发，沿着各种不同的途径去思考、探求多种答案的思维方式，它是创造性思维的最主要的特点，是测定创造力的主要标志之一。

【创新故事】

曲别针的用处

1987年，广西南宁市召开了我国"创造学会"第一次学术研讨会。这次会议集中了全国许多在科学、技术、艺术等方面的杰出人才。为扩大与会者的创造视野，会议邀请了日本的村上幸雄先生。他讲了3个半天，讲得很新奇，很有魅力，也深受大家的欢迎。其间，村上幸雄先生拿出一把曲别针，请大家动动脑筋，打破框框，想想曲别针都有什么用途？比一比看谁的发散性思维好。与会者一片哗然，七嘴八舌，议论纷纷。有的说可以别胸卡、挂日历、别文件，有的说可以挂窗帘、钉书本，大约说出了20余种，大家问村上幸雄，"你能说出多少种"？村上幸雄轻轻地伸出3个指头。

有人问："是30种吗？"他摇摇头，"是300种吗？"他仍然摇头，说："是3 000种！"大家都非常惊讶。然而就在此时，坐在台下的一位先生——中国魔球理论的创始人、著名的许国泰先生心想，中华民族在历史上就是以高智力著称世界的民族，我们的发散性思维绝不会比日本人差。于是他给村上幸雄写了个条子说："幸雄先生，对于曲别针的用途我可以说出3 000种、3万种"。幸雄十分震惊，大家也都不相信。

许先生说："幸雄所说曲别针的用途我可以简单地用4个字加以概括，即钩、挂、别、联。我认为远远不止这些。"接着，他把曲别针分解为铁质、重量、长度、截面、弹性、韧性、硬度、颜色等10个要素，并用一条直线连起来形成信息标的横轴，然后把要动用的曲别针的各种要素用直线连成信息标的竖轴。再把两条轴垂直延伸，形成一个信息反应场，将两条轴上的信息依次"相乘"，达到信息交会……于是，曲别针的用途就无穷无尽了。例如，可加工成弹簧、做成外文字母、做成数学符号进行四则运算等。

许国泰先生的发散思维令许多外国人十分惊讶，也为我们中国人争了光！这个故事告诉我们，发散性思维对于一个人的智力、创造力是多么重要！

资料来源：佚名，中国思维魔王的发散思维［J］. 思维与智慧，2016（9）.

3.2.2.2 发散思维的特点

（1）流畅性。在单位时间内能连续地表达出不同观念和设想的数量。例如，一分钟内让甲、乙两人分别列举木头的用途,如果甲说得多,证明他的思维流畅性比乙好。

(2)变通性。能从不同角度、不同方向灵活地思考问题。借助横向类比、跨域转化、触类旁通,使发散思维沿着不同的方面和方向扩散。例如,让甲、乙两人分别列举木头的用途:甲说木质椅子、木质桌子、木质杯子;乙说盖房子、做纸、木雕。甲的回答局限于家居用品,比较单一;而乙涉及建筑、生活用品、艺术品多个方面,因此,乙的变通性比甲要好。

(3)独创性。具有与众不同的想法和别出心裁解决问题的思路。独特性是发散思维的最高目标。例如,木头可以做尺子、木屐、钻木取火等。

【创新活动】

请你列出玻璃瓶的用途。

3.2.2.3 发散思维的作用

(1)提供设想的条件;
(2)提高设想的质量;
(3)激发潜思维。

发散思维在人们日常的工作、生活中,在问题解决、创新的过程中,有其核心性、基础性和保障性作用。无限联想是人脑的基本工作原理,而想象是创新活动的源泉,发散思维就是构建想象的通道。在创新思维的众多技巧和方法中,发散思维是很多技巧和工具的基础。而发散思维可以为随后的收敛思维提供更多的解决方案,这些方案不一定每个都正确和有价值,但是其在选择性上和启发性上能为最终的解决方案提供足够的保障。

3.2.2.4 发散思维的类型

(1)结构扩散。以某个事物结构为扩散点,设想出该结构的各种可能性的思维活动,如"田"字中包含多少个中国汉字:一、二、三、口等。

【创新活动】

列举与"○"相似的东西。

(2)材料扩散。以材料为扩散点,设想它们多种可能性的思维活动,如曲别针的用途:钢针、鱼钩、领带夹等。

【创新活动】

橡胶有哪些用途?

(3)功能扩散。是以某种功能为发散点,设想获取该功能各种可能性的思维活动,如沼气能源的开发利用。

【创新活动】

请列举各种照明方式。

(4)方法扩散。以人们解决某种问题的方法为扩散点,设想出各种可能性方法的思维活动。

【创新活动】
运用"吹"的方法可以办成哪些事？

（5）因果扩散。以事物发展的因或果为发散点，设想出由因及果或由果及因可能性的思维活动。

【创新活动】
近些年来地质灾害频繁发生，讨论分析造成灾害的原因有哪些？

（6）立体思维。思考问题时跳出点、线、面的限制，进行立体式思维活动。如立体森林可进一步理解为高大乔木下种灌木、灌木下种草、草下种食用菌。

【创新活动】
利用6根火柴摆出4个等边的三角形。

3.2.2.5　发散思维的训练方法

（1）智力激励法。头脑风暴法又称智力激励法、BS法，是由美国创造学家奥斯本设计的一种激发创造性思维的方法。

奥斯本智力激励法的具体操作步骤如下。

①准备阶段。

第一步，选定议题；

第二步，推选参加者（一般不超过10名），记录员1名；

第三步，确定会议时间和场所、准备记录的工具（本子、笔或者黑板）。

②实施阶段。

会议遵循五大原则：

一是自由畅想原则，它强调的是与会者要解放思想，无拘无束。

二是延迟评价原则，即发言过程中不要对他人设想进行评价，如"这个方法行不通""目前科技水平有限""你这办法不错"等。

三是重量不重质，即为了探求最大量的灵感，任何一种构想都可被接纳。

四是鼓励利用别人的灵感加以想象、变化、组合。

五是限时限人原则，即时间规定在30~60分钟、与会人员在10人左右。

会议结束：选择最合适的点子，由记录者总结。

（2）默写式智力激励法简介。默写式智力激励法，又称"635"法。它是由德国学者荷立根据德意志民族善于沉思的性格以及由于数人争着发言易使点子遗漏的缺点，对奥斯本智力激励法进行改造而创立的。

具体操作方法为：召开由6人参加的会议，主持人在会上阐明议题。与会者每人发3张卡片，在第一个5分钟内，每人针对议题在3张卡片上各写一个方案，然后传给右面的人；在第二个5分钟内，每人从传来的卡片上得到启发，再在3张卡片上各写一个新方案，之后再传给右面的人。这样继续下去，经过半小时可传递6次，共得 $6×3×6=108$ 个方案。由于这种方法是6人参加，每人3张卡片，每次5分钟，因此得名"635"法。

（3）卡片式智力激励法。卡片式智力激励法由日本创造开发研究所所长高桥诚创立，其特点是对每个人提出的设想可以进行质询和评价。

具体操作方法为：

召开由3人至8人参加的计量会议，会前宣布发明课题，会议时间为1小时。会上发给每人50张卡片，桌上放200张卡片备用。在前10分钟，与会者独自填写卡片，每张卡片填写一个设想。接着用30分钟，按座位，每人轮流讲解自己的设想，一次只能介绍一张卡片，然后其他人可提问。最后20分钟，大家可以相互评价和探讨各自的设想，从中启发出新设想。

3.2.3 收敛思维

收敛思维与发散思维是一种辩证关系，既有区别，又有联系；既对立，又统一。发散思维可以为收敛思维提供广泛的信息材料，收敛思维再通过比较和全面分析，从发散思维中得到最优成果。即发散思维是收敛思维的前提，收敛思维是发散思维最终要得到的结果。

3.2.3.1 收敛思维的定义

收敛思维是以某个思考对象为中心，运用已有的经验和知识，将各种信息重新进行组织，从不同的方面和角度，将思维集中指向这个中心点，经过比较分析后找到一个最合理的解决问题的方案的思维方法。聚合思维法又称为求同思维法、集中思维法、辐合思维法和同一思维法等。

【创新故事】

科学灭蝗

过去，从普通农民到封建王朝的最高统治者，只能靠祭祀祈求不闹蝗灾。旧时分布在各地的八蜡庙和刘猛将军庙便是由此而来。

八蜡是中国古人祭祀的八种与农业相关的神祇，其中之一就是昆虫。刘猛将军则是传说中治理农田虫害的保护神。饱受蝗虫灾害侵扰的人们不惜大兴土木，用本不宽裕的荷包集资建造庙宇，祈求天神保护。

直至近代科学在中国兴起后，蝗灾终于得到了更为科学有效的治理。

20世纪50年代，刚从美国学成归来的昆虫学家马世骏成为新中国第一个昆虫学生态研究室的成员，随后又和团队成员明确了飞蝗肆虐的主因是水、旱灾相间发生，次因是社会不稳定及贫穷落后，更是提出了"改治结合，根除蝗害"的飞蝗治理策略与措施。

1951年6月，新中国首次出动飞机参与灭蝗。在蝗虫集中地段喷洒药剂，每架飞机喷药范围可达几千亩，效果相当于一万多人的人工扑杀。

如今在我国，治蝗技术储备增强、生态治理也有极大的改善。在物理手段方面，很多地方都采用专业的蝗虫捕集机械，实现无害化捕集以及捕集蝗虫的饲料利用。

同时还有生物手段，如利用绿僵菌、微孢子虫等生物，它们被蝗虫吃掉后，就会寄生在蝗虫体内，让蝗虫生病，不久便行动迟缓，最后死亡。生物手段还包括利用生物农药和鸡鸭等天敌对其进行捕杀。当然，控制水旱灾害的发生，维持生态环境的平衡也对防治蝗灾至关重要。

资料来源：蝗灾是怎样从中国消失的［EB/OL］.（2020-04-16）［2024-06-02］. https：//epaper. gmw. cn/wzb/html/2020-04-16/nw. D110000wzb_20200416_2-08. htm.

3.2.3.2 收敛思维的特征

（1）聚焦性。主要是指从多个角度围绕一个中心点去思考和解决问题。

（2）比较性。从多角度思考、分析问题时，要对各种方法进行全面、详细的分析比较，筛选出最优方案。

3.2.3.3 收敛思维的作用

（1）对创造性解决问题具有导向作用。

（2）多方比较能够保证决策的正确性。

（3）是对发散思维的补充。

收敛思维与发散思维，如同"一个钱币的两面"，是对立的统一，具有互补性，不可偏废。实践证明，既重视培养学生的发散思维，又重视收敛思维的养成，才能较好地促进学生思维的发展，培养高素质人才。

3.2.3.4 收敛思维的方法

（1）集中法。就是把所有感知到的对象依据一定的标准通过"聚合"显示它们的共性和本质，从而找到解决问题的方法。

（2）排除法。是指在分析问题时，对所有相关因素逐一分析，通过排除无关的因素，找到问题产生的根源。这就是生活中常用的排除法。

活动判断：盒子里放的是什么球。有三个盒子，每个盒子装有两个小球，其中，一个盒子装的是两个白球，另一个盒子装两个黑球，最后一个盒子里装一个白球、一个黑球，并且这些盒子都分别贴有"白—白""黑—黑""白—黑"的记号。但是有一次球被放乱了，每个盒子所装的球都跟标签不一致。如果允许你每次从任意一个盒子里取出一个球来，但不许看里面的另一个球，想一想，最少几次就能判断出每个盒子里装的是什么球？

3.2.4 联想思维

当我们漫步在山林中听到鸟儿的叫声时，不禁会想起被誉为"文外独绝"的千古名句"蝉噪林逾静，鸟鸣山更幽"；晴朗的夜空仰望遥远的皓月，我们会想起"嫦娥奔月"的美丽传说，耳边回荡起"但愿人长久，千里共婵娟"的诗句，这就是我们常说的触景生情，也就是联想。

3.2.4.1 联想思维的定义

联想思维是由此及彼，并同时发现了它们之间共同的或类似的规律，从而解决问题的思维方法。其中，"此"是指感知或感知过的事物，"彼"是指新的，或者说自己从没感知过，甚至客观世界中还没有的事物、判断、设想等。

【创新故事】

纸寿千年　堪比黄金

宣纸，文房四宝之首，迄今已有一千五百多年的历史。宣纸制作技艺于2009年被联合国教科文组织列入人类非物质文化遗产代表作名录。

宣纸产地在安徽泾县，还包括附近的宣城、太平等地。这些地区古代均属宣州府管辖，所产纸因而得名宣纸。历代文人墨客书画名家无不喜爱。用宣纸题字作画，墨韵清晰，层次分明，气势溢秀，浓而不浑，淡而不灰，其字其画，跃然纸上，熠熠生辉。

宣纸始于隋唐以前。相传东汉时蔡伦死后，其弟子孔丹在皖南造纸，很想造出一种洁白的纸为老师画像，以表缅怀之情。一次，孔丹偶然见到一棵古青檀树横卧溪上，经流水冲洗，树皮腐烂变白，露出洁白的纤维。孔丹欣喜若狂，取以造纸，经反复试验，终于研制出宣纸。

"宣纸"一词最早出现在唐代学者张彦远的《历代名画记》中："好事家宜置宣纸百幅，用法蜡之，以备摹写。"事实上，在张彦远之前，就有将宣纸作为贡品了。《旧唐书》记载：唐天宝二年，陕西太守韦坚向朝廷进贡时，各郡贡品就有"宣城郡船载……纸、笔、黄连等物。"南唐后主李煜曾亲自监制的"澄心堂"纸，就是宣纸中的珍品，它"肤如卵膜，坚洁如玉，细薄光润，冠于一时"。

关于宣纸的发展，泾县小岭村还有另一种说法。据清乾隆年间重修《小岭曹氏族谱》序言云："宋末争攘之际，烽燧四起，避乱忙忙。曹氏钟公八世孙曹大三，由虬川迁泾，来到小岭，分从十三宅，此系山陬，田地稀少，无法耕种，因贻蔡伦术为业，以维生计。"曹大三继承了前人的造纸技术，经过实践造出了洁白纯净的好纸。

自唐代以来，宣纸一直为中国人民所爱好，其生产至清代臻于鼎盛，出现了王六吉、汪同和等著名品牌，在国内外屡得大奖。现宣纸集团公司所制红星牌宣纸为中国驰名商标，由技术监督部门给予原产地保护品牌，远销国外。

2008年，国家质检总局公布了《宣纸国家标准》，规定"采用产自安徽省泾县境内及周边地区的青檀皮和沙田稻草，不掺杂其他原材料，并利用泾县独有的山泉水，按照传统工艺经过特殊的传统工艺配方"生产出的高级艺术用纸，才是宣纸。

资料来源：宣纸．纸寿千年　墨韵万变[EB/OL]．(2019-08-11)[2021-06-02]．http://m.xinhuanet.com/ah/2019-08/11/c_1124861921.htm．

3.2.4.2　联想思维的特征

（1）目的性和方向性。是从一定的思考对象出发，有目的、有方向地想到其他事物，以扩大或加强对思考对象某方面本质和规律的认识或解决某一问题。例如，看到天空的飞鸟想到自由、看到鸽子想到和平等。

（2）形象性和概括性。不是某个具体的形象，而是带有事物一般特征的形象，即具有概括性。例如，看到蜡烛想到奉献、由朝阳想到希望等。

3.2.4.3　联想思维的作用

（1）通过联想可以提高思维广度。

（2）通过联想可以产生符合实际并能变成现实的创新思路和成果。

通过联想和想象，可以从已知的事物中发现新的联系和意义，从而拓展认知范围。在不断联想的过程中，能够发现新的创意和解决问题的方法，甚至能够由此推动科学和技术的发展。

3.2.4.4　联想思维的类型

（1）相似联想。是由某一事物或现象想到与它相似的其他事物或现象，进而产生某种新设想。例如，事物的形状、结构、功能、性质等某一方面或多个方面。

【创新故事】

铁锅救命：本能之举催生军用头盔

1914年，第一次世界大战的炮声打破了整个世界的宁静。一天，德军和法军交上了火，战斗非常激烈。德军的炮弹像暴雨一样倾泻在法军的阵地上，硝烟四处弥漫，法军伤亡惨重。法军阵地遭受炮击时，有一名炊事班的士兵正在忙着做饭，炮弹声陆续传过来，他急中生智，顺手把一口炒菜用的铁锅扣到头上，找了个地方躲藏起来，最后，他竟成为法军阵地上唯一的幸存者而奇迹般地活了下来。法军指挥官亚德里安将军听到这一消息后饶有兴趣。特别是当他得知竟是一口铁锅救了这名战士的性命，当即就产生了联想：为什么不能为每个士兵都配上这样一口"铁锅"呢？第二年，以他的设想和建议命名的"亚德里安头盔"问世了。这种头盔形状与炒菜的铁锅非常相似，由于是用钢制作成的，又被称为钢盔。自从法军士兵戴上头盔之后，部队的伤亡率大大降低，战斗力也明显提高。此后，许多国家纷纷效仿法军，用"铁锅"保命，头盔逐渐成为各国军队必备的单兵装备。

资料来源：欧阳军．用铁锅保护脑袋［EB/OL］．［2022-11-23］．https：//www.fx361.com/page/2022/1123/11456208.shtml．

（2）接近联想。根据事物之间在空间或时间上的相似之处进行联想，进而产生某种新设想的思维方式。

（3）对比联想。根据事物之间存在着的互不相同或彼此相反的情况进行联想，从而引发出某种新设想的思维方式。

【创新故事】

"丑陋"招财

美国艾吉隆公司董事长布希耐在一次郊外散步时，偶然看见几个小女孩子在玩一只肮脏和异常丑陋的昆虫，爱不释手。布希耐顿时联想到，市面上销售的玩具都是优美的，假如生产一些丑陋玩具，又将如何呢？于是他马上组织人员研制了一套"丑陋玩具"，并迅速推向市场。

这一炮果然打响，"丑陋玩具"给艾吉隆公司带来了相当可观的经济效益，使同行羡慕不已。于是，"丑陋玩具"风靡起来。如"疯球"就是在一串小球上面，印上许多丑陋不堪的面孔；又如橡皮做的"粗鲁陋夫"，长着一头枯黄的头发，一身绿色的皮肤和一双鼓胀而带血的眼睛，眨眼时又会发出非常难听的声音等。这些丑陋玩具的售价均超过正常丑陋玩具的水准，但问世后一直畅销不衰，而且还在美国掀起了一股行销"丑陋玩具"的热潮。

资料来源：开发"丑陋玩具"也生财[EB/OL]．（2000-11-15）[2024-06-02]．https：//www. gmw. cn/01shsb/2000-11/15/GB/11%5E1528%5E0%5ESH5-1512. htm#commentAnchor.

（4）连锁联想。根据事物之间这样或那样的联系，一环扣一环地进行联想，从而引发新的设想。

（5）因果联想。由一种事物的经验联想到另一种与它有因果联系的事物。两种事物之间存在一定的因果关系，由一种原因会联想到另一种结果，或由事物的结果联想到它的原因等。如早晨看到地面潮湿，会想到可能是夜间下过了雨；看到蚕蛹就想到飞蛾；等等。

（6）飞跃联想。是在看上去没有任何联系或相距甚远的事物间形成联想，以引发出某种新设想。

3.2.4.5　联想思维的方法

联想思维方法较多，在这里主要介绍联想思维中的类比法、移植法。

（1）类比法。类比法是通过对一种事物与另一种（类）事物对比而进行创新的方法。其特点是以大量联想为基础，以不同事物间的相同、类比为纽带，通过对某一对象的成分、结构、功能、性质等方面特性的认识，推导出解决当前问题的可能性的设想。主要包括直接类比、仿生类比、因果类比、对称类比。

①直接类比：根据原型的启发，直接将一类事物的现象或规律用到另一类事物上。例如，水车—风车、鱼骨—针。

②仿生类比：通过类比生物结构、功能或原理而产生新成果。

③因果类比：根据某一事物的因果关系推出另一个事物的因果关系，而产生新

成果。例如，把天王星与木星、土星相类比，根据天王星的实际轨道与理论计算值之间有一个微小差距推断出存在一颗未知行星对它产生摄动，结果发现了海王星。再如，美国麻省理工学院谢皮罗教授在洗澡时发现，每次放洗澡水时，水的漩涡总是向逆时针方向，通过大量的实验观察，他推测出这与地球自西向东不停地旋转有关，而美国又处于北半球，所以洗澡水总是逆时针方向旋转，由此推导在南半球洗澡水总是顺时针方向旋转，在赤道则不会形成漩涡。

④对称类比：对称类比是利用对称关系进行类比而产生新成果。过去，化妆品是女士的最爱，但爱美之心人皆有之，于是男士化妆品也应运而生。

（2）移植法。移植法是指把某一事物的原理、结构、方法、材料等应用到当前研究对象中，从而产生新成果的方法。

①原理移植：是将某种科学技术原理转用到新的研究领域。如红外辐射是一种很普通的物理过程，将这一原理移植到其他领域，可产生新的成果——红外线探测、遥感、诊断、治疗、夜视、测距等；在军事领域则有红外线自动导引的"响尾蛇"导弹，装有红外瞄准具的枪械、火炮和坦克，红外扫描及红外伪装等。

②结构移植：结构移植就是将某事物的结构形式和结构特征应用到另一个事物上，以产生新的事物。如人们将积木玩具的结构方式应用到机床领域，创造了组合机床、模块化机床。再如拉链不仅可以用在衣服、裤子、鞋子、被子、包上，还可以用于外科手术等。

③方法移植：将新的方法应用到新的情景中，以产生新的成果。例如，香港中旅集团有限公司总经理赴欧洲考察后，受到荷兰景点"小人国"的启发，回来后就把微缩处理方法应用到深圳，把中国最有特色的自然风光、人文景观集于一园，建成了具有中国特色和现代意味的崭新名胜"锦绣中华"，开业以来游人如织，十分红火。与"锦绣中华"相邻的"世界之窗"则把全世界的重要景点按比例缩小后修建，让国人不出国门可以看到世界著名景观。

④材料移植：是将某种材料应用到新的载体上，以产生新的成果。例如，用亚硫酸锌（白天吸光，夜间发光）制成电器开关、夜光工艺品、航标灯、门牌、钥匙等；将航天领域中的轻量化材料应用于汽车制造，设计出更加轻便节能的汽车。

3.2.5 逆向思维

逆向思维是一种很高明的思维，通常它能解决很多运用常理很难解决的棘手问题。著名企业家丰田喜一郎说："如果说我取得了一点成功的话，那是因为什么问题我都喜欢倒过来思考。"要培养创新思维，必须学会变通自己的思维方式，如果只按照一种思维方式去处理问题，那么必然会受到惯性思维的束缚，就很难找到处理问题的突破点。

3.2.5.1 逆向思维的定义

逆向思维是指与一般思维方向相反的思维方式，也称反向思维。

3.2.5.2 逆向思维的特征——反向性

逆向思维的反向性是与正向思维相对而言的。所谓正向思维就是一般思维，通常是指传统的、大众化的思维方法。逆向思维则是改变常规思维模式，反其道而行之的一种特殊思维方式。这种思维方式通常带有非常独特的新颖性。例如，在传统的动物园内，动物是被关在笼子里让人参观的。然而有人反过来把人关在活动的"笼子"里（汽车中），不是可以更真实地欣赏大自然中动物的吗？于是，野生动物园应运而生。

3.2.5.3 逆向思维的作用

（1）能解决正向思维解决不了的问题。
（2）能起到正向思维起不到的作用。

逆向思维作为一种思维方式，在不同领域的应用有着重要的作用。它可以找到问题的根源，拓宽思维的广度和深度，发现新的解决方案，并预见和防止问题的发生。

3.2.5.4 逆向思维的类型

（1）原理逆向：将已知的原理颠倒过来，产生一种新原理。
①电生磁→磁生电→发电机。
②振动产生声音→声音产生振动→留声机。
③空气压缩温度升高→空气膨胀温度降低→空调。
（2）功能逆向：按事物或产品现有的功能进行相反的思考。
①吹风机向外吹→吸尘器向里吸。
②老式破冰船压力破冰→新式破冰船浮力破冰。
③抗眠药。安眠药使人入睡，法国军方研制出一种"抗眠药"，能使人连续几天保持头脑清醒，而且不损害健康。
（3）结构逆向：从已有事物的结构方式出发所进行的反向思考。例如，无烟煎锅，就是把原有煎锅的热源由锅的下面转移到锅的上面，这是事物结构的逆向调整。
（4）属性逆向：从事物属性的相反方向所进行的思考。
（5）程序逆向或方向逆向：通过颠倒已有事物的构成顺序、排列位置而进行的思考。例如，为了解决洗衣机脱水缸的颤抖和由此产生的噪声问题，工程技术人员想了许多办法：先加粗转轴，无效；后加硬转轴，仍然无效；最后，他们采用逆向思维，弃硬就软，用软轴代替了硬轴，成功地解决了颤抖和噪声两大问题。

3.2.5.5 逆向思维的方法

（1）还原分析法。是指先暂时放下当前的问题，回到问题的起点，分析问题的本质，从而另辟蹊径地创新方法。

（2）缺点逆用法。缺点逆用法是指利用事物的缺点进行创新的方法。

【创新故事】

彩色纸的诞生

18 世纪，在英格兰一个偏僻的小山村里，威廉夫妇和两个儿子开设一间家庭手工造纸工厂，全家以生产白纸为生。有一天，大儿子不小心把一盆染衣服的蓝色染料全倒进打浆机里去了，一锅洁白的纸浆染得蓝花花的，眼看这批白纸浆就要报废了。这时，二儿子灵机一动，提议干脆再加些蓝色染料，把白纸变成蓝纸，威廉只好同意试一试。没想到这种蓝色的纸拿到市场一卖，居然被认为是新产品，一下子被抢购一空。从此，威廉一家就潜心钻研和生产各种彩纸，并取得了该系列产品的专利权。

事物总是有这样那样的缺点和不足，但人们对于看惯了的东西往往只会注意到它们的优点，而很难发现它们的缺陷。即使看到了，也会在无形中对它们产生"凑合"和"抛弃"的想法。倘若能反其道而行之，化弊为利或者将错就错，往往能变山穷水尽为柳暗花明。

资料来源：福建省厦门第一中学．"缺点逆用法"教学案例［EB/OL］．［2016-12-10］．https：//xmyz.xmedu.cn/message! detail.action? id = 8aee8dc74069005f0140706be72e1b1e&categoryId = 402880c716d2f77710116d2f8c1fa03a2．

3.2.6　组合思维

把几个不相关的事物组合起来构成一个未知的、富有新意的事物，往往会达到 1 + 1 > 2 的效果，正如俗话所说的"三个臭皮匠，赛过诸葛亮"。著名的物理学家牛顿结合天体运行三定律和伽利略的物体垂直运动定律和水平运动定律，创造了力学体系，翻开人类科学史的新篇章。这就是组合思维的神奇之处。

3.2.6.1　组合思维的定义

组合思维是指把多项貌似不相关的事物通过想象联系在一起，从而使之变成彼此不可分割的一个新的整体的一种思考方式。

3.2.6.2　组合思维的特征

组合思维最突出的特征就是它的创新性、最普遍的特征就是它的广泛性、最鲜明的特征就是它的时代性和继承性。例如，牙膏 + 中医药 = 药物牙膏、电话 + 电视机＝可视电话、手枪＋消声器＝无声手枪，此外，还有电子秤、航空母舰、组合音响、电动自行车、傻瓜照相机、全自动脱干组合洗衣机等。

3.2.6.3 组合思维的作用

（1）在创新活动中，组合思维是集约型创新的体现。

（2）在实践中，组合思维能够和各种思维方法有效结合并互补。

（3）组合思维创造出了千姿百态的世界及丰富多彩的生活，对满足人民物质生活、精神生活的需要有极大的推动作用。

3.2.6.4 组合思维的类型

组合思维的方法非常多，主要分为以下几个类型：同类组合，异类组合，重组组合，共享与补代组合，跨学科、跨领域的组合，非逻辑的组合，概念组合。

（1）同类组合。同类组合是由若干相同事物的组合。在保持事物原有功能或原有意义的前提下，通过数量的增加，来弥补功能的不足或获取新的功能、产生新的意义。而这种新功能或新意义是原有事物单独存在时所缺乏的。例如，学校集合时，老师说男同学站一排、女同学站一排，这就是合并同类项。

（2）异类组合。异类组合是指两种或两种以上不同领域的技术或思想以及不同功能物质产品的组合，如磁疗皮鞋、音乐贺卡。

（3）重组组合。重组组合就是在事物的不同层次分解原来的组合，然后再按新的目标重新安排的思维方式。重组组合一般是在一种事物上实施，在组合的过程中一般不增加新的东西，在重组的过程中主要按预定的目标改变事物各组成部分之间的相互关系，如冷暖空调。

（4）共享与补代组合。共享组合是指把某一事物中具有相同功能的要素组合到一起，达到共享之目的，如一支笔管可以分别换成圆珠笔笔头、钢笔笔头、铅笔笔头等。

补代组合是通过对某一事物的要素进行摒弃、补充和替代形成一种在性能上更为先进、新颖、实用的新事物，如门锁的演变：挂锁、暗锁、双保险锁、声控锁、指纹锁等。

（5）跨学科、跨领域的组合。这种组合是高层次、高难度、高水平的组合，如音乐与医学这两门学科的组合形成了新学科——音乐治疗学；再如2008年北京奥运会开幕式巧妙运用声、光、电与舞台设备结合，达到了让人惊叹的演出效果。

（6）非逻辑的组合。要想获得超越常规的、大胆的、非凡的、奇异的组合，需要超越常规逻辑的组合，把乍看起来毫无关联的事物通过合乎逻辑的步骤组合在一起，如半身美人半身鱼组合雕刻成的华沙美人鱼就是不合逻辑的组合典型。

（7）概念组合。概念组合就是以词类或命题进行的组合，例如，绿色食品、阳光拆迁、环保产品等。

3.2.6.5 组合思维的方法

(1) 主体附加法。主体附加法又称添加法、主体内插式法。它是指以某一特定的对象为主体,通过置换或插入其他技术或增加新的附件而使发明或创新诞生的方法。

【创新故事】

多功能皮鞋

鞋的发明,源于对脚的保护。怎样使消费者的双足得到更好的保护呢?生产名牌运动鞋的德国芭芭拉公司推出一种附加隐藏式电池和发光串灯装置的运动鞋。行走时,鞋跟触地便变幻发光,在夜间能远距离引起过往车辆司机和行人注意,适合青年人,特别是晚间慢跑者穿着。

外国人能想出好主意,中国人也有妙招。上海市第一皮鞋厂与上海市六家医院的专家们共同研制出嵌有磁片的保健型磁疗皮鞋,令消费者耳目一新。据专家们介绍,经常穿着这种皮鞋有助于消炎、镇痛、降压和消除疲劳。由于皮鞋是市场竞争激烈的一种商品,磁疗皮鞋的"锦上添花"使得其前途将是一片光明。

无论是闪光"芭芭拉"还是磁疗皮鞋,都是主体附加法的应用实例,使消费者在购买主体产品的同时获得锦上添花式的附加利益。

资料来源:李泽.主体附加发明法:拓宽主体性能和功用[J].发明与创新(综合版),2009(1).

(2) 二元坐标法。二元坐标法就是利用平面直角坐标系在两条数轴上标点(元素),按序轮番地进行两两组合,然后选出有意义的组合物的创新方法(见表3-5)。

表3-5　　　　　　　　　　二元坐标法

项目	太阳	玻璃	植物	电脑
太阳		自燃	光合作用	太阳能电脑
玻璃	太阳能热水器	望远镜	实验	显示器
植物		盆景	森林	缓解视觉疲劳
电脑		防辐射保护屏	防辐射	互联网

(3) 焦点法。焦点法是以一预定事物为中心和焦点,依次与罗列的各元素一一构成联想点,寻求新产品、新技术、新思想的推广应用和对某一问题的解决途径。

焦点法分为两种:

一是发散式焦点法,如图3-1所示。

二是集中式焦点法,如图3-2所示。

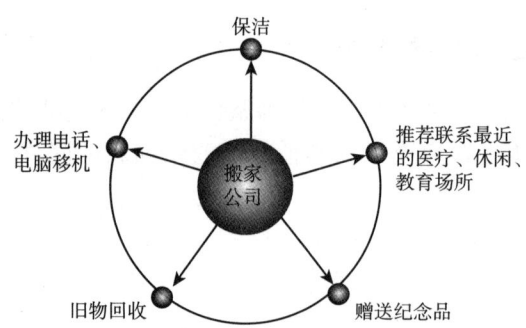

图3-1 发散式焦点法

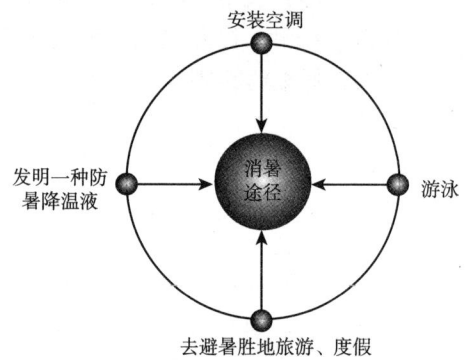

图3-2 夏日消暑的途径（集中式焦点法）

(4) 信息交合法。信息交合法是根据课题的实际需要采用二元坐标法，以母本轴、父本轴或中心点按独立要素分别拉线，标出信息点进行组合，产生大量新观念、新方案、新技术，从而创造出更多新产品的方法，如开发杯子新产品。确定母本轴、父本轴。根据杯子新产品的要求，确定父本轴X为杯子材质、确定母本轴Y为杯子功能。分列信息，把X坐标上的每一个要素与Y坐标上的每一个信息交合，产生大量杯子新产品的组合方案。最后进行筛选，选出较优的方案有玻璃磁化杯、防毒银质杯、琉璃饮酒杯等，如图3-3所示。

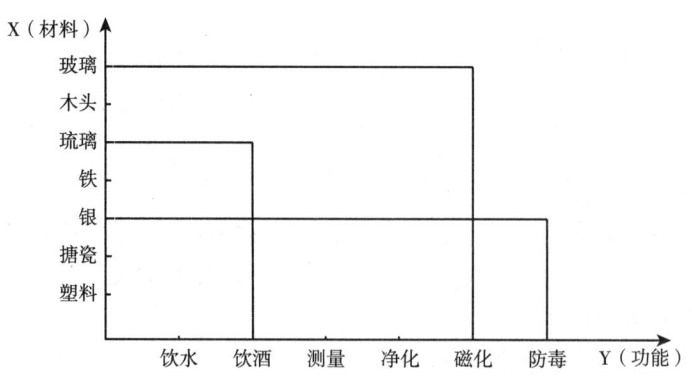

图3-3 集中式焦点法：开发杯子新产品

3.2.7 想象、直觉及灵感

爱因斯坦曾经说过,"想象比知识更重要,因为知识是有限的,而想象力概括着世界上的一切,推动着进步,而且是知识进化的源泉。严格地说,想象力是科学研究中的实在因素"。因此,想象能够使思维驰骋千里,超越时空,它是创新的先导,也是人类进步的助推器。

3.2.7.1 想象思维

(1) 想象思维的定义。想象思维是指人脑对已有记忆表象进行加工重组、创造新形象的思维方式。想象思维创造的新形象可以是科学模型、艺术典型以及工作生活中的形象性设想等。它源于对事物自我感知的形象和记忆表象,并且体现了思考者的思想和观点。

【创新故事】

韩信"画"兵掌帅印

传说,为测试韩信的智谋,刘邦拿出一块五寸见方的布帛,递给韩信说:"我给你一天时间,你在这上面画士兵,能画多少,我就给你多少。"韩信毫不迟疑地接过布帛就走。第二天,韩信按时交了布帛。刘邦见画大吃一惊。随后,便封韩信为将,把全部兵马都交给了他。原来,韩信画了一座城门楼,城门口一匹战马露出头,一面"帅"字大旗横斜着伸了出来。意在告诉刘邦:布帛上虽不见一兵一卒,但千军万马尽在帅旗一挥之中。

可见,想象思维能使我们超越已有的知识经验,为思维插上翅膀,超越逻辑思维的束缚,创造性地独立驰骋想象,"思接千载,视通万里",飞向智慧的乐园,达到新的境界。

资料来源:指挥作战要善于"留白"[EB/OL].(2019-03-27)[2024-06-02].http://www.qstheory.cn/llwx/2019-03/27/c_1124288049.htm.

(2) 想象思维的特征。
幼儿园里,张老师问小朋友们:"太阳为什么每天都会从东方升起?"
有的小朋友说:"太阳公公睡醒了。"
有的小朋友说:"它是来看看幼儿园的小树长高了没有。"
有的小朋友说:"每天早上叫我们起床的。"
有的小朋友说:"太阳公公在和月亮婆婆、小星星它们在玩捉迷藏。"
……
通过上述对话,可以深刻地感受到想象力是一种形象化的、富有创造性的思维能力。
①形象性。想象思维是借助表象来进行的,因此,其思维过程和思维结果都是

形象化的。

②概括性。想象思维属于认识的高级过程，因此，它是通过具体形象的方式概括地反映某种事物的本质和规律。

③超越性。想象思维可以补充人们不可能直接感知的事物，它可以预见未来，超越时空限制而任意驰骋。

（3）想象思维的类型。

①无意想象。无意想象是指没有预定目的且不自觉产生的想象。例如，当你抬头看天上的云，时而会把它想象成棉花，时而想象成猛虎，时而想象成群马，这就是无意想象。梦是无意想象的极端情况。

②有意想象。有意想象是有预定目的的、自觉产生的想象。这种想象活动具有一定的预见性、方向性。例如，盛田昭夫在看到好朋友手里提着一个笨重的大录音机边听音乐边散步时，突然想到，如果能生产一种随身携带的听音乐机器那该多好。于是，在20世纪80年代初，日本索尼公司生产的"随身听"成为最受年轻人欢迎的娱乐工具。

3.2.7.2 直觉思维

直觉是人类自古以来一直存在的一种思维现象。一位心理学家认为，直觉是"用极少的信息达到某种正确的结论"，但是直觉并非毫无根据的主观臆断，而是建立在丰富的实践经验和知识积累基础上得到的一种判断。

（1）直觉思维的定义。直觉思维是指人在解决问题时，不经过逐步的简析和推理，迅速对问题答案作出判断或猜想的思维方式。

（2）直觉思维的特征。

①表现的突发性。表现的突发性主要表现为直觉思维的无意识和不自觉性。它是一种瞬间对问题的理解和顿悟，是人的思维过程的高度浓缩，其产物往往突如其来。

②结构的跳跃性。结构的跳跃性主要表现为直觉思维的非逻辑性。它没有逻辑思维那样循序渐进的思维环节，首尾衔接地进行，而往往突破逻辑规则的束缚，跳跃地进行。

③认知的整体性。认知的整体性主要表现为直觉思维的忽略细节性。它从问题的已知信息入手，直接触及问题的目标或问题的要害，从总体上观察、认识事物后作出判断和猜测。

④结论的或然性。结论的或然性主要表现为直觉思维的不成熟性，受到思维主体原有经验知识、审美情感、态度倾向等诸多因素的影响，但却缺乏逻辑上的支持，因此，还要对它加以科学的论证和检验。纽约大学的心理学教授布鲁勒指出"直觉可以把你带入真理的殿堂，但如果你只停留在直觉上，也可使你陷入死角。"

（3）直觉思维的类型。直觉判断虽然不能保持绝对可靠，但一般来说，总是有一定根据的。实践经验越丰富，知识积累得越多，直觉判断的可靠性就越高。

①再认性直觉。即思维对象与已有的思维模式相同时，凭借已有的思维模式进行的思维活动。

②创造性直觉。即遇到新的思维对象时，以创造性思维方式快速作出反应，以

"顿悟"的形式解决问题而进行的思维活动。

3.2.7.3 灵感思维

当代世界最伟大的科学家霍金说："推动科学前进的是个人的灵感。"灵感是思维的火花，当可能改变命运的灵感在生活中出现时，绝大多数人习惯于忽视它，但请你不要小看这星星之火，善于捕捉灵感，从中寻求创新，星星之火，可以燎原。

（1）灵感思维的定义。灵感是指在文学、艺术、科学、技术等活动中，由于艰苦学习、长期实践，不断累积经验和知识而突然出现的富有创造力的思路。

【创新故事】

阿基米德巧解王冠之谜

在古希腊，国王让人做了一顶纯金的王冠，他怀疑工匠在王冠中掺了银子，但这顶王冠与当初交给金匠的金子一样重，谁也不知道金匠到底有没有捣鬼。国王把这个难题交给了阿基米德。阿基米德为了解决这个问题冥思苦想，尝试了很多想法，但都失败了。有一天阿基米德去洗澡，他坐进澡盆后看到水往外溢，同时感觉身体被轻轻地托起，他恍然大悟，运用浮力原理解决了问题。

不管是科学家还是一般人，在解决问题的过程中，我们有时会发现"把难题放在一边，放上一段时间，才能得到满意的答案"。这一现象，心理学家将其称为酝酿效应。阿基米德与王冠的故事就是酝酿效应的经典事例。古诗词"山重水复疑无路，柳暗花明又一村"也是这一心理的写照。

心理学家认为，在酝酿过程中，存在潜在的意识层面的推理，储存在记忆里的相关信息在潜意识里组合；人们之所以在休息的时候突然找到答案，是因为我们消除了前期的心理紧张，忘记了前面不正确的、导致僵局的思路，而具有了创造性的思维状态。

资料来源：光明网．阿基米德与酝酿效应［EB/OL］．（2021-06-19）［2024-06-02］．https://epaper.gmw.cn/wzb/html/2021-06/19/nw.D110000wzb_20210619_2-06.htm.

（2）灵感思维的特征。
①突发性。灵感的产生具有随机性、偶然性。
②兴奋性。人产生灵感时往往具有情绪性，当灵感降临时，人的心情是紧张的、兴奋的，甚至可能陷入疯狂的境地。
③稍纵即逝。如果不能及时抓住随机产生的灵感，它可能永不再来。
④新颖性、独特性。灵感是创造性思维的结果，其结果必然是新颖的、独特的。不具有独创性，就不能叫灵感思维。
（3）灵感思维类型。从灵感思维产生的角度看，灵感思维的类型有两种。
①寻觅性灵感思维。它是以动机为前提对灵感思维的寻找和探索。
②闪现性的灵感思维。它没有预定的目的，只是由于外界事物的启发而偶然产生的灵感。

【创新故事】

图书馆搬家的故事

大英图书馆老馆年久失修,在新的地方建了一个新的图书馆,新馆建成以后,要把老馆的书搬至新馆。图书馆联系了搬家公司,搬家公司报价 350 万英镑,显然图书馆馆长并不愿意出这么多钱。但不找搬家公司搬,又怎么解决搬家的问题呢?馆长想了很多方案,但都不太好,这让他一筹莫展。

正当馆长苦恼的时候,一个馆员找到他,说有一个解决方案,不过仍然要 150 万英镑,馆长十分高兴,因为图书馆有能力支付这笔钱。"快说出来!"馆长很着急。馆员说:"好主意也是商品,我有一个条件。""什么条件?""如果 150 万英镑全部花完了,那权当我给图书馆做贡献了;如果有剩余,图书馆要把剩余的钱给我。""没问题,150 万英镑以内剩余的钱给你,我马上就能做主!"馆长很坚定地说。"那我们来签个合同。"馆员意识到发财的机会来了。合同签订了,不久就实施了馆员的新搬家方案。而 150 万英镑连零头都没有用完。原来,图书馆在报纸上刊登了一条惊人消息:"即日起,大英图书馆免费无限量让市民借阅图书,条件是从老馆借出还到新馆去。"

资料来源:吕爽,谭军华,刘小玲. 创新思维[M]. 北京:清华大学出版社,2022:94.

思考题:

很多时候,按照非常规的思维去思考,很多问题往往会有更好的解决方案或处理办法。请问,创新有哪些具体方法?创新有哪些规律?

3.3 创新思维能力培养

在生活中,有时候,越想把某件事情干好,就越跳不出传统思维的圈子,找不到突破口,事情就越干不好。如何打破常规思维,发展创造性的思维,是 21 世纪知识经济时代中每一个人应该深思的问题。要打破传统思维的惯性,只有在学习和工作中不断地加以实践、训练。常见的创新思维训练方法有以下五种。

第一,每日一设想。这是一种创新思维训练,要求以目标为导向,或者把以问题为导向和以目标为导向相结合,坚持每天一个设想,三周以后,创新思维的习惯就能初步养成。它可以帮助你更好地理解创新思维,更好地发掘自己的创造力。

第二,想象截留法。想象包括了梦想、联想、幻想等,想象力是一切创造的原动力,有时候,一个好想法在大脑中转瞬即逝,应该马上拿起笔把它记下来,然后再去评估它的价值。

第三,角色互换法。就是站在对方立场上去思考的一种方法,为什么人们常常被小说、电视剧的故事情节及主人公的行为所感动呢?是因为人们无意中把自己放进了故事中,把自己假想为主人公了。如果你是销售员,请你假想一下如果自己是顾客，会有什么需求；如果你是老师，你可以把自己当成学生，想象一下自己渴望老师做些什么。

第四，相似构想法。就是用形体相似的东西来刺激自己产生构想的方法，生活中很多东西的发明创造都是从动物身上找到了灵感，所以平时要善于观察和思考，通过自然界的各种现象来激发各种构想与创意。

第五，逆向思考法。就是从相反的方向来思考问题，这种方法常常使问题获得创造性的解决。例如，一般企业都是按供应—生产—销售的流程来安排生产经营活动，丰田公司却把生产流程倒过来，从最后一道工序开始一直推到第一道工序，这样一来，下一道工序就是上一道工序的顾客，不可能接受不合格的产品。

当今世界一个明显的趋势就是以信息技术为核心的科技革命，高科技向现实生产力的转化越来越快，世界已进入了知识经济时代。在这样一个时代，社会财富向拥有知识和信息的国家和地区聚集，知识和信息成为经济增长的主导因素。也就是说，谁掌握了新知识、新信息，谁就掌握了发展的主动权。因此，综合国力的竞争主要表现为创新能力的竞争。这就要求人们抓住机遇、迎接挑战，通过思维创新来推动实践创新，从而实现跨越式的发展。

【思考练习】

一、质疑思维

1. 运用奥斯本检核表对手电筒进行创新。

2. 运用和田12动词对电扇进行创新。

3. 运用5W1H（6W2H）法分析一场火灾。

二、发散思维

运用因果发散法分析大城市交通堵塞的原因，并提出合理性建议。

三、收敛思维

四人骑车去郊游，从左到右依次是小刘、小赵、小马、小孙。请根据下列信息判断他们各自穿的什么衣服？哪一位的自行车是凤凰牌的？

1. 小刘穿着蓝T恤；

2. 穿着红T恤的人骑了一辆阿米尼；

3. 小孙有一辆捷安特牌自行车；

4. 小马旁边骑车的人身着绿T恤；

5. 小赵旁边的那个人有一辆凤凰自行车；

6. 捷安特车主旁边的那个人身穿白T恤；

7. 永久牌车主与捷安特车主之间的距离最远。

四、联想思维

1. 综合运用联想思维的多种形式，对以下产品进行创新：眼镜、电风扇、雨伞、学习桌。

2. 提高联想速度训练：给定两个词或两个物，然后通过联想，在最短的时间里由一个词或物想到另一个词或物，如天空—菜市场。

联想链：天空（对比联想）—地面（接近联想）—湖、海（接近联想）—鱼（连锁联想）—渔民（接近联想）—菜市场。

根据下列信息进行强制联想，建立信息之间的联想链：

木头—自行车　　鼠标—太阳　　电冰箱—书包

3. 综合运用各种联想方式形成联想链，对下列事物进行联想创新：如鸡—鸭（相似联想）—鸭蛋（相关联想）—腌蛋（因果联想）—超市（连锁联想）。

树叶、课本、食品添加剂、高考。

五、逆向思维

炎炎夏季，楼房的顶层受太阳暴晒而变得非常热。请运用缺点逆用法对此问题化害为利。

六、组合思维

1. 列举出5个同类组合的物品。

2. 列举出5个异类组合的物品。

3. 列举出5个重组组合的物品。

七、想象、直觉、灵感思维

1. 尽可能多地写出或说出什么东西与○形相似，例如，盘山公路、唱片的纹路、卷尺。

2. 曾经有一个国王，为了测试大臣的智力，他拿了模样完全相同的三个小金人来做实验。国王让侍从取来三根草，用第一根从小金人的耳捅入，从口中取出来；用第二根捅入另外一个小金人的右耳，再从左耳出来；用第三根捅入第三个小金人的右耳，再深入其中。这时，国王让大臣们说出三个小金人各有什么特点？其中一位大臣很快明白了国王这一番举动的用意，并禀报了国王。你能猜出国王这番举动是何用意吗？

【本章小结】

本章通过列举各类创新案例，详尽地阐述了奥斯本检核表法、"和田十二法"、5W1H（6W2H）法等创新思维的七种方法。在国家创新驱动发展战略的背景下，创新思维被视为推动科技进步、产业升级和社会变革的关键力量，对于大学生而言，掌握创新思维不仅是个人能力提升的需求，更是响应国家发展需求、实现自我价值的必然选择。本章强调，创新思维的培养不仅是个人发展的需要，更是国家创新驱动发展战略的重要支撑，对于确保我国在国际竞争中保持优势地位，实现可持续发展目标具有重要意义。

【思考练习】

1. 请用自己的语言阐述创新思维的本质是什么，并举例说明。

2. 你觉得你具备质疑思维和逆向思维吗？为什么？

3. 你所在的大学或组织中，实施了哪些创新思维能力培养的方法？

中篇　创业点燃梦想

第 4 章 创 业 概 述

【学习目标】

1. 深刻理解何为创业。
2. 明晰创业的内涵与特征是什么。
3. 了解创业的主要内容有哪些。
4. 理解创业的作用和意义何在。
5. 通过深入的学习和理解，不仅仅在理论的层面上，而且在精神层面上，正确、理性认识创业，从而对创业具有更加具象的认知。

【案例导入】

AR 虚拟试妆助力美妆零售门店全域运营

广东汕头市某公司于 2015 年成立，是一家聚焦于女性消费市场的智能化、数字化应用开发的国家高新技术企业，打造了基于美妆 AR 智能虚拟体验、AI 智能检测为场景，线上、线下融合数字化运营为基因的智能美妆全域零售渠道平台。基于多年新零售商业沉淀，该企业打造了一套美妆行业数字化基础设施，融合了"引客增长""人脸识别""AR 虚拟体验及 AI 智能检测""智能商品/服务推荐""社交分享及云店营销""数据沉淀及挖掘"等技术，为商家提供"引流+转化+复购+洞察"一站式数字化赋能方案，帮助传统商家快速实现"经营数字化、体验智能化、消费者数字化"。整个创新项目基于汕头市某企业自研开发的"美妆产业路由器超级中台架构"，以"重塑服务场景及流程"为核心，以"全域零售平台系统"为抓手，以"数字化能力"为驱动，通过实际商业场景的试点与反馈，反哺整个全域零售运营体系优化升级，提升服务体系的运作效率与服务效果，提升消费者满意度，让所有参与生态的商家都能共赢获益。帮助中国泛美行业上百万传统零售门店快速提升数字化经营能力，盘活私域会员资产，提升门店经营业绩。

全域零售系统赋能美妆店铺线上线下融合。该企业基于人工智能、虚拟现实、大数据先进信息技术，构建了一套自成体系的美妆数字化智能产品生态矩阵，涵盖 AR 智能试妆镜、AI 智能测肤镜、纹绣、彩瞳等一系列的智能硬件、云商城及数据平台，为商家开展消费者全域运营提供支持。一是融合"智能体验、全域运营、导购分销、数字营销"多种能力的新渠道模式，帮助传统门店快速构建"从在店到离店""从线上到线下""门店+网店"24H 全天候的服务能力，突破时空增长界限。

二是自带网红属性的 AR 虚拟试妆、AI 皮肤检测、AR 虚拟纹绣吸引更多新客进店，增加导购销售机会。三是顾客体验，即会员店内、离店、平台自助下单均可视化，助力商家挖掘顾客兴趣点，提升精准服务能力。该企业累计申报"AR 智能试妆软件""一种虚拟试妆设备""一种虚拟试妆方法及装置"等知识产权近 40 项，形成了以"智能虚拟试妆"为独特优势的知识产权保护体系。

创新"数字化连锁渠道 + 中央全域运营"模式。全域零售平台，以技术创新应用帮助传统商家打破原有经营范畴，获得跨界增长。应用门店借助智能美妆全域零售平台及中央运营赋能体系，轻松变身区域网红店，客流量较日常提升 57%，业绩提升约 34%，实现多维度的门店数字化能力提升。该企业已累计为欧莱雅、资生堂等全球近 300 个知名美妆品牌提供智能美妆解决方案及技术服务，其智能美妆技术服务出口至美国、澳大利亚、意大利、泰国等地。

带领美妆行业数字化转型与业态创新。一是服务传统企业数字化升级的刚性需求。智能美妆全域零售平台应用实施过程带动了相关传统行业的数字化升级转型，简单易懂的一站式商户赋能方案大大降低了传统门店参与发展数字经济的门槛。二是创造就业机会。项目采用加盟合作，除拉动全国各地新增服务团队外，也开发对个人的入驻合作，保守估计近两年平台将新增店长数十万名，为更多的个体创造灵活就业岗位。三是推动跨界融合。该平台可广泛应用到"服装美甲、美发、饰品"等泛美业门店，甚至可应用到"社区综合服务店、跨境旅游服务门店"等跨界商业空间，任何有女性消费群体的门店都可以导入美妆全域零售平台，利用现有的门店空间，通过跨界合作快速获得数字化经营能力提升，获得增量业务渠道，形成多赢的局面。未来，该企业的美妆全域零售平台将持续赋能中国上百万传统门店以及数以百万计的个体专业技师，共同服务中国超 1 亿女性消费者。

资料来源：中华人民共和国商务部．中国电子商务报告 2022 [M]．北京：中国商务出版社，2023．

思考题：

1. 习近平总书记指出，加快科技创新是推动高质量发展的需要，结合该案例，你认为该公司创业成功的核心因素是什么？
2. 该案例对你未来开展创新创业实践有什么启发？

4.1 创业的内涵与特征

4.1.1 创业的内涵

创业作为经济建设的关键组成，其内涵在于不仅仅是提供产品或服务，而是以技术的创新和独特附加值来满足现实社会的需求，以吸引消费者、解决问题并提供新的体验。通过创业，能够紧跟时代的脉搏，积极响应不断变化的社会和市场需求。创业不仅仅是赚钱的手段，更是创造价值、影响变革和推动社会演进的工具。

对创业定义的一致看法包含以下几点：创业必须是一个创造性的过程；创业需要时间和努力；创业要承担必须存在的相应的财务、精神和社会风险；创业给予创业者丰厚的经济回报、个人满足感和独立性等。创业的本质是创造或认识新事物的商业行为，并主动付诸行动，将机会转化成可行的、有利可图的公司。具体而言，创业是以新产品、新市场、新生产过程或原材料、组织现有技术的新方法来进入现有市场进行企业经营活动，整个过程就是如何运用各种方法和技巧利用并开发资源，然后通过形成企业自身的经营资源实现突破。以上对创业的定义主要强调了创业活动的以下特点：创业创造出某种有价值的新事物，创造性地投资、兴办经济实体，并获得经济效益和社会效益的实践过程。也可以理解为，创业者从零开始，创办属于个人、家庭或团队的产业，让所创建的产业从小到大、从弱到强。

4.1.1.1　创业的基本定义

"创业"可以分为广义和狭义。广义上说，创业涵盖了各种不同领域和目标，包括商业、社会、文化、科技和环保等多个方面，个体或团队在这些方面创造、发展和管理新的企业、项目或创新，以追求经济或社会价值。广义创业不仅关注经济利益，还包括社会影响和文化创新，强调了创造价值和解决问题的多样途径。狭义的创业主要聚焦在经济利润追求的创业活动，通常指的是个体或团队创建新的商业企业，以获取盈利为主要目标。这种创业形式涉及创办初创企业、吸引风险投资、发展新的产品或服务，并承担经济风险。狭义创业是经济领域内的商业创新和企业经营活动的代表，侧重于创业者在市场竞争中的经济成功。

关于创业，希斯瑞克（R. D. Hisrieh）认为，创业是一个发现和捕捉机会、创造新商品、服务或实现潜在价值的过程，创业必须奉献时间和努力（心理和生理），承担相应的财务、精神和社会风险，获得金钱收入、个人满意度。该定义主要强调创业活动的以下特点。

①创业是为了创造新的有价值的东西。这是一个创造社会所需要的产品和服务的过程，也是承载和经营它们的必要组织实体企业。

②创业活动最显著的特点是机会导向。创业活动的发展往往是因为创业者发现了有价值的机会。简单地说，创业活动本质上是一个识别机会、综合利用机会、实现机会价值的过程。

③创业需要付出必要的时间和巨大的努力。完成整个创业过程、创造新的有价值的东西，需要很多时间，没有巨大的努力是不可能成功的。

④承担不可避免的风险。创业的风险可能有很多种形式，但总的来说，它存在于金融、精神和社会的各个方面。

⑤物质满足。作为一名创业者，最重要的收入可能是他的独立性和个人满意度。

4.1.1.2　创业的本质

创业的本质是一个创造价值与交换价值的过程，其中，创造价值的维度涵盖经济、社会和个人三个层面。经济价值的创造在创业中通常体现在产品或服务的市场认可和盈利能力。创业者通过提供有竞争力的产品或服务吸引客户，并实现销售和盈利，获得经济收益。经济价值的创造不仅仅关乎企业自身的盈利，还直接关系到整个商业生态系统的健康和可持续性。社会价值的创造涉及解决社会问题、提高人们生活质量和为社区作出积极贡献。创业者可以通过为可持续发展提供创新解决方案、提高生态友好型产品的普及率以及积极参与社会责任项目等满足社会需求，促进社会进步，实现共同的社会目标。个人价值的创造包括创业者个人成长和使命感的实现。创业者在创业过程中可能面临各种挑战，这促使他们学习新技能、适应不断变化的环境，并不断提升自己，从而实现更大的个人价值。此外，创业者也通过团队管理和领导力发挥积极作用，帮助团队成员实现个人潜力，推动更多人实现个人价值。这三个层面的价值创造是相互交织、互相支持的。经济价值的成功支撑了企业的可持续运作，社会价值的创造使企业融入社会并受到认可，个人价值的实现则为企业注入活力和创新力。在整个创业过程中，这三者之间的紧密结合为企业带来了全方位的成功和可持续发展。

与创造价值相伴随的是交换价值的过程。在经济价值交换层面，创业者通过向市场提供有价值的产品或服务，与客户建立起经济交换关系，以满足客户需求并获得市场份额。客户通过支付产品或服务的费用，实现了对创业者提供的经济价值的回报。这构成了买卖双方的经济交换，其中，双方都期望获得相对应的经济收益。在社会价值交换层面，创业者与社会价值之间的交换体现在其与社区、合作伙伴和其他利益相关方的互动中，包括参与社会责任项目、支持本地经济、关注环境问题等。社会对创业者的认可和支持，例如，赞誉、奖项、合作机会是社会价值的回报。同时，创业者通过积极参与社会事务，也能提升企业的社会声誉，进而加强自身与社会的连接。在个人价值交换层面，创业者与团队成员、合作伙伴之间进行深入的合作与互动，旨在最大化双方的个人潜力和价值。通过激励团队成员充分发挥专业能力，提供个人成长机会，并与合作伙伴共享知识和资源，创业者实现了对团队和合作伙伴个人价值的关注和放大。这种密切的个人化关系不仅推动了团队和业务的成功，还构建了一个共同成长的合作生态系统。这种价值交换并非单向的，而是构建在相互信任、合作和共同利益的基础上。创业者通过持续创造经济、社会和个人价值，不仅为自己创造成功，也为其他相关方创造了机会和价值，形成了一个良性的价值生态系统。

总体而言，价值创造与交换的过程构成了创业的本质，使其成为一个综合性的活动，不仅关乎经济利益，还牵涉社会责任和个人价值的实现。因此，创业者需要在不同层面的创造和交换中找到平衡，以实现全方位的成功和可持续的发展。

4.1.2 创业的特征

创业是一个多维度、充满活力的过程，具有多个特点，包括明确目的性、范围广泛性、风险性、主动性、创造性、利益性和持久性。这些特点相互交织，推动着创业者的决策和行动,塑造了企业和社会的未来,同时也对个人、社会和经济产生深远的影响。

4.1.2.1 明确目的性

创业的首要特点之一是其明确地目的性。创业者通常以明确的愿景和目标为驱动力,他们不仅追求个人成功,还有使命感,试图解决问题、满足市场需求或创造新的机会。这个特点使创业者从其他人中脱颖而出,因为他们有明确的理由和目标去追求。

首先,创业者能非常明确地在特定问题或需求的背后发现机会。他们对市场趋势和人们的需求进行深入分析,并识别出可以满足这些需求的机会。例如,亚马逊的创始人杰夫·贝索斯首先发现了在线书店的潜在机会,因为他认识到互联网的崭新潜力。这种明确的目的性推动他开始了亚马逊的创业旅程。其次,创业者通常以使命感为动力,他们的目的性不仅仅是为了赚钱,也会有更大的社会或环境使命。例如,Patagonia是一家专注于可持续生产的户外服装公司,其创始人伊夫·琼斯的明确目的是推动环保意识和行动,他坚信公司可以同时实现经济成功和保护地球的使命。此外,创业的明确目的性有助于吸引投资者和合作伙伴。当创业者能够清晰地表达他们的愿景和目标时,投资者更容易理解并支持他们的计划。例如,SpaceX的创始人埃隆·马斯克以明确的目标,即实现人类登陆火星,吸引了资金和合作伙伴的支持,并使这一雄心勃勃的项目成为现实。

创业的明确目的性是创业者成功的关键因素之一,它驱动创业者追求特定的目标和愿景,使他们能够在竞争激烈的市场中保持专注,吸引资源和支持,并完成这一使命。

4.1.2.2 范围广阔性

创业的又一个显著特点是其广泛的范围。创业者有机会在多个领域和行业中展开活动,创造多样化的商业机会,从技术创新到社会企业,从初创公司到大型企业。这种广泛性使创业成为一个具有多样性和充满挑战的领域,有助于推动社会和经济的创新。

创业的广泛范围体现在各种行业和领域的涵盖。创业者可以在科技、医疗保健、教育、娱乐、绿色能源等各个领域寻找商业机会。创业范围的广泛性允许创业者根据自己的兴趣和专业领域选择最合适的领域进行创业。创业的广泛性还反映在创新的形式上。创业可以采用不同的商业模式,例如,社交企业、非营利组织、初创公司、家庭企业等。这种多样性使创业者能够灵活地选择他们认为最适合他们目标和资源的方式。此外,创业的范围广泛性还涉及市场规模和国际化。创业者有机会将业务扩展到国际市场,进一步拓宽自身的业务范围。

创业的广泛范围意味着创业者可以在各种行业、领域和国际市场中寻找商机。这种多样性使创业成为一个具有挑战性和创新性的领域,创业者能够选择适合他们兴趣和目标的方式,为社会和经济的多样性作出贡献。

4.1.2.3 风险性

风险性是创业的一项重要特点。创业者通常需要承担多种风险,包括经济风险、市场风险和不确定性。这些风险是创业道路上的常态,但成功的创业者能够有效地管理和降低这些风险,以实现他们的愿景。

首先,创业伴随着经济风险。创业者通常需要投入大量的资本,包括自己的储蓄、借款或来自投资者的资金,用于启动业务、开发产品、推广市场等。然而,经济风险存在于初始投资可能无法回收,或者企业可能面临亏损的情况。其次,市场风险是创业过程中的常见挑战。市场竞争激烈,消费者需求不断变化,市场趋势不确定。创业者必须不断调整策略以适应市场变化,有时甚至需要重新定义他们的产品或服务。此外,不确定性是创业的一部分。创业者通常面临许多未知的因素,包括市场反应、竞争行为和技术变革,他们必须在这种不确定性下作出决策,这就需要一定的风险承担能力。

尽管风险性是创业的一部分,但成功的创业者能够采取措施来管理和降低风险。市场研究、制定风险管理策略、寻求投资和建立强大的团队,都是应对风险挑战的重要举措。风险性也能带来机会,因为创业者愿意冒险,他们有机会创造独特的价值和影响。总之,风险性是创业不可分割的一部分,但成功的创业者能够积极应对这些风险,采取措施来管理和降低风险,实现他们的创业目标。创业是一场冒险,但也是一场挑战。

4.1.2.4 主动性

主动性是创业的一个突出特点。创业者通常以积极的行动为驱动力,他们不等待机会降临,而是主动地寻找和创造机会。这种特点使他们能够创造独特的价值、推动创新和应对挑战。

具体而言,创业者通常具有探索和实践的精神。他们愿意尝试新的想法和方法,即使可能面临失败。另外,创业者通常采取主动措施来满足市场需求。他们密切关注市场趋势、顾客需求和竞争动态,然后根据这些信息制定战略,这种主动性使创业者能够快速响应市场机会。此外,创业者在制订计划和发展战略方面也表现出强烈的主动性。他们通常会设定明确的目标,制订详细的计划,然后采取行动,以实现这些目标。创业者经常积极主动采取创造性的方法来解决问题。他们主动寻找创新的解决方案,挑战传统,不断改进和进化,以适应不断变化的市场形势。

4.1.2.5 创造性

创造性是创业的核心特点之一。创业者通常不满足于现状,而是追求创新和创造价值。他们寻找新的方法、新的产品、新的服务,以满足市场需求和解决问题,推动着社会和经济的不断进步。

创业者的创造性表现在他们对问题的独特解决方案。他们常常思考如何解决特定的问题,寻找新的方法和角度。例如,爱彼迎(Airbnb)的创始人之一布莱恩·

切斯基和乔·吉比亚提出了共享经济的理念,他们创造了一个在线平台,允许人们分享他们的住宿空间,从而提供了一种全新的旅行方式。创业者在产品和服务创新方面表现出杰出的能力。他们致力于开发新产品或改进现有产品,以满足市场需求。例如,特斯拉(Tesla)的创始人埃隆·马斯克推动了电动汽车的发展,通过创新电池技术和自动驾驶系统,提供了一种更加环保和高度智能的出行方式。此外,创业者常常挑战传统观念,尝试新的商业模式。他们不仅仅是创造新的产品,还有创新的商业方法。举例来说,网飞(Netflix)通过流媒体服务彻底改变了娱乐行业,取代了传统电视和租赁DVD的模式,这是一种商业模式的创新。

创业者的创造性是创业的关键特点,它推动创新、创造新价值和改变市场规则。他们寻求独特的解决方案,开发新产品和服务,挑战传统,改进商业模式。

4.1.2.6 利益性

创业的另一个重要特点是其追求经济利益的本质。创业者通常以营利为主要目标,他们期望为自己和他们的企业创造经济回报。这种经济利益是创业活动的重要动力之一,有助于吸引投资、支持企业的增长和推动市场竞争。

创业者通常通过创业活动来谋求经济独立。他们希望建立自己的企业,创造财富,实现经济自由。这种经济利益驱动着许多创业者迈出创业的第一步。创业的经济利益还有助于吸引投资。创业者通常需要资金来启动和扩展业务,而投资者通常寻求获利的机会。创业者能够吸引风险投资、天使投资和银行贷款,以支持他们的业务发展。此外,经济利益也有助于企业的可持续发展。企业通常需要实现盈利,以维持运营、扩大规模和投资研发,这有助于创造就业机会、促进经济增长和提供产品和服务。最后,经济利益也推动了市场竞争。创业者通过创新和提供有竞争力的产品或服务,助推市场竞争,有助于提高效率、降低价格和提供更多选择给消费者。

综上所述,经济利益是创业的重要特点,推动了创业者的行动、吸引了投资、支持了企业的增长和推动了市场竞争。创业者追求经济利益,不仅使自己实现了经济独立和财富自由,还为社会提供了就业机会、促进了经济增长和改善了消费者体验。

4.1.2.7 持久性

创业的另一个显著特点是持久性,即创业者需要长期坚持不懈地努力,应对挑战和变化。持久性是创业成功的关键,因为创业道路上会有许多困难和阻碍,需要坚定的决心和持之以恒的精神。

创业者需要在面临初期的挑战和不确定性时保持坚韧。初创企业通常面临资金短缺、市场竞争激烈、产品开发困难等问题。然而,成功的创业者不会轻易退缩,他们坚持不懈地追求目标。持久性有助于创业者适应市场变化。市场趋势和竞争状况可能会发生变化,创业者需要不断调整策略和产品以适应这些变化。此外,创业者需要在公司成长和发展的过程中坚持不懈。企业的成长阶段通常伴随着新的挑战和机会,需要长期不断的努力和创新。持久性也有助于创业者实现长期愿景。创业者通常具有明确的目标和使命,他们追求更大的影响和成功,持久性使他们能够追求这些长期目标,不受短期困难的影响。

持久性是创业成功的不可或缺的一部分,帮助创业者在竞争激烈的市场中脱颖而出,实现商业和社会的影响。创业者需要在困难和挑战面前坚持下去,不断适应市场变化,实现公司的长期目标。

4.2 创业的主要内容

4.2.1 创业的类型

4.2.1.1 社会中创业类型的划分

(1) 基于创业初始条件的分类。芝加哥大学教授阿玛尔·毕海德(Amar Bhide)曾在哈佛商学院讲授创业课程,为了整理出清晰的授课计划,他带领学生对1996年进入美国 Inc.500(Inc 杂志评选出的成长速度最快的500家企业)的企业进行深入访谈,并于2000年出版了专著《新企业的起源与演变》。在该书中,他从不确定性和投资两个维度构建了一个投资、不确定性与利润的动态模型。毕海德教授强调创业并不单纯指创业者或创业团队创建新的企业,大企业同样有创业行为。在这个模型中,毕海德教授将原创性的创业概括为四种类型,分别是冒险型的创业、与风险投资融合的创业、大公司的内部创业、革命性的创业(见表4-1)。

表4-1　　　　　　　　　　　　不同创业类型的对比

类别	冒险型的创业	与风险投资融合的创业	大公司的内部创业	革命性的创业
创业的有利因素	创业的机会成本低、技术进步等因素使得创业机会增多	有竞争力的管理团队、清晰的创业计划	拥有大量的资金、创新绩效直接影响晋升、市场调研能力强、对RAD的大量投资	无与伦比的创业计划、财富与创业精神集于一身
创业的不利因素	缺乏信用、难以从外部筹措资金、缺乏技术管理和创业经验	经历避免不确定性,又追求短期快速回报、市场机会有限、资源的限制	缺乏对不确定性机会的识别和把握能力	大量的资金需求、大量的前期投资
资源获取	固定成本低、竞争不是很激烈	个人的信誉、股票及个人所得激励措施	良好的信誉和承诺、资源提供者的转移成本低	富有野心的创业计划
吸引顾客的途径	上门销售和服务、了解顾客的真正需求、全力满足顾客需要	目标市场清晰	信誉、广告宣传、关于质量服务等多方面的承诺	集中全力吸引少数大顾客

续表

类别	冒险型的创业	与风险投资融合的创业	大公司的内部创业	革命性的创业
成功基本因素	企业家及其团队的智慧、面对面的销售技巧	企业家团队的创业计划和专业化管理能力	组织能力、跨部门的协调及团队精神	创业者的超强能力、确保成功的创业计划
创业的特点	关注不确定性程度高、但投资需求少的市场机会	关注不确定性程度低的、发展前景广阔而且发展快速的市场、产品或技术	有丰厚利润的市场机会，会比不确定性程度大的市场利好	技术生产经营过程方面实现巨大创新、向顾客提供超额价值的产品和服务

（2）基于价值创造的分类。关于创业的类型，还有一种代表性的观点，即根据创业对市场和个人的影响程度，将创业分为四种基本类型，即复制型创业、模仿型创业、居家型创业和风险型创业。

①复制创业。这种创业模式是对现有商业模式的简单复制。举个例子，有人曾经是一家电商公司的部门主管，后来离职创办了一家类似于原家电公司的新家电公司，而且新成立公司的业务风格与离职前的公司基本一致。现实中这种复制型企业的例子很多，而且由于之前生产经营经验的积累，新组建的公司更容易成功。但这种类型的创业模式创新的贡献较低，创业精神的内涵也有所欠缺，因此不是创业管理研究的主流。

②模仿创业。模仿创业虽然很少能给客户带来新的价值，创新的成分也不算太高，但是对创业者本身的命运有很大的改变。比如制造企业经理辞职后，模仿别人组建新的网络公司。相对来说，这种创业不确定性大，学习过程长，创业失败的可能性更大。而具有创新精神的创业者，只要能得到专业化的系统培训，把握好市场进入的时机，就更容易成功。

③风险创业。冒险创业模式可能改变一个人的命运，搞一个全新的产品，未来的不确定性很大，而且因为是创造新价值的活动，失败的可能性也很大。但这种创业对那些充满创新精神的人来说，还是很有吸引力的，因为它的预期回报很高。但它需要创业者强大的个人能力、合适的启动时间、合理的启动方案、科学的启动管理，只有具备这些条件才能成功。

（3）基于创业效果的分类。戴维森（Davidsson）基于创业效果在组织层面和社会层面的产出对创业进行了分类。组织层面和社会层面都是负的创业行为属于失败创业，如破产了的污染企业；组织层面为负而社会层面为正的创业行为属于催化剂式创业，如万燕VCD的创业，虽然失败，但催化出中国一个巨大的新兴产业；组织层面为正而社会层面为负的创业行为属于重新分配式创业，如目前国内钢铁行业的低水平的重复建设；组织层面和社会层面都为正的创业行为属于成功创业，如星巴克开创了一个全新的休闲方式、戴尔带来了一种全新的经营模式等，都取得了企业、消费者和社会层面的多赢效果。社会应该赞赏成功的创业，而重新分配式的创业不可避免，同时，催化剂式的创业更需鼓励。

4.2.1.2 不同创业主体的创业类型划分

（1）基于创业主体主观意图分类。基于创业主体的出发点，创业可分为机会型创业和就业型创业。机会型创业的出发点不是为了谋生，而是为了抓住和利用市场机会。它的目标是新市场和大市场，因此，它可以创造新的需求或满足潜在的需求。机会创业者精神将推动新的产业发展，而不是加剧市场竞争。全世界的创业活动都是以机会主义创业为主，而中国的机会主义创业数量相对较少。就业型创业的目的是谋生，自觉或强行走上了创业的道路。这种创业多以尾巴型、模仿型为主，规模较小。项目多集中在服务业，不是创造新的需求，而是在现有市场中寻找创业机会。因为创业动机只是为了谋生，做大做强是很难的。就业型创业和机会型创业与主观选择有关，但并不完全由主观决定。创业者的环境和能力对创业动机类型的选择起着决定性的作用。因此，创造良好的创业环境，通过教育和培训提高人们的创业能力，将增加创业机会、生存机会和创业机会的数量，并不断增加新的市场。

（2）基于创业主体出发点分类。根据创业主体出发点的差异，创业活动可以分为个人自主创业和公司内部创业。个人自主创业主要是指与原组织实体无关的个人或团队的创业行为，而公司内部创业主要是指现有组织发起的组织创建、更新和创新活动。虽然在创业的本质上，公司内部创业和个人自主创业有很多共同点，但是由于初始资源禀赋不同、组织形式不同、战略目标不同等原因，其在创业风险承担、成果收获、创业环境、创业成长等方面也有很大差异。

①个人自主创业。个人自主创业是指创业者或团队从零开始创业。个人自主创业充满挑战，可以充分发挥自己的想象力和创造力，不必受到企业内部的人际关系的限制；有了一个可以充分表达和实现自我的平台；能多方面接触社会，接触各种人和事，在创建过程中有高度的自主能力，风险和收益都需要由创业者个人负责。

但个人自主创业的风险和困难相对较大，创业者往往在创业之初缺乏足够的资源、经验和支持，而导致项目的进展受阻。通过一些自主创业的案例分析发现，个人自主创业失败的原因主要表现在以下两个方面。

第一，创业者对自己提供的产品或服务以及进入的领域缺乏了解、准备不足、产品质量不稳定，导致自己在竞争中失败。

第二，创业者被突如其来的成功冲昏了头脑，变得过于自信，甚至刚愎自用，把偶然性当作必然性，进而作出脱离实际的战略决策，导致企业迅速扩张、经营失控、产品和服务质量下降、用户口碑出现问题而导致创业失败。

个人自主创业的形式多种多样，但简单总结后主要形式有以下三类。

第一，创新创业。创新创业是指创业者通过提供有创意的产品或服务来填补市场需求的缺口，以此为契机进行整个创业活动的过程。

第二，附属创业。附属创业大致有两种情况：一是成立小企业，与大企业合作，做企业整个价值链的一个环节或者承包大企业的外包业务。这种方式可以降低交易成本，降低单打独斗的风险，增强市场竞争力，有助于形成行业的整体竞争优势。二是特许品牌连锁和加盟。利用品牌优势和现有加盟体系内成熟的管理模式降低经营风险。

第三，效仿创业。根据自己的条件，选择合适的市场或进入门槛较低的行业，这样的创业者投入少，不需要过多创新，就能弥补市场的空白。但经过逐步积累，这类的创业者也是有机会可以跻身强者之列，并建立自己的品牌。

②公司内部创业。公司内部创业是成熟企业为获得持续增长和长期竞争优势，倡导创新并将其部分成果商业化而进行的一种以授权和资源保障为支撑的企业内创业。企业内部的创业者需要利用和整合内部资源创业，在组织内部培育和推动创新，以满足市场的需求，并在不断变化的商业环境中脱颖而出。内部创业的核心在于授权和资源保障，流程涵盖了从概念孵化、原型制作、测试和验证，到最终产品或服务的推出和市场推广。这个过程需要密切监督和管理，以确保项目朝着预定的目标前进，同时也要允许一定的灵活性和适应性，因为在创新中常常需要适应新的形势和变化。通过内部创业，公司在不断变化的市场中保持灵活性和创新性，有效地适应新趋势和技术进步，实现可持续增长，保持竞争力，并不断挖掘新的商机，实现长期的竞争优势。

（3）基于创业主体角色分类。按照创业主体的角色分类，创业可以分为大学生创业、无业创业和兼职创业。

①大学生创业。大学生创业是指在大学生涯中或毕业后，大学生选择自主创业，开展自己的商业活动或项目。现在越来越多的情况就是一些不愿意被自己专业约束或者被工作的条条框框限制的毕业生选择了创业，他们在创业过程中会接触和学习到远超自己专业知识的东西，在创业过程中也得到了历练和快速成长。这种创业方式涵盖了各种类型的企业，从初创公司和创意项目到咨询服务和技术初创企业。

大学生创业的趋势已经在全球范围内增长，这主要归因于以下几个因素：大学生通常充满创新和创造力，他们在大学期间学到的知识和技能可以帮助他们发现新的商业机会和解决问题的方法；现代大学生生活在数字时代，他们熟悉技术和数字化工具，这些工具有助于他们创建和推广业务，以及与全球市场互动；许多大学和学院提供了创业资源和支持，包括创业课程、孵化器、导师和资金，使学生更容易开创自己的企业；大学生创业者追求独立性和自主性，他们渴望在自己的规则下工作，并追求自己的愿景和目标。

②失业者创业。失业者创业指的是失业或处于职业转变状态的个人，难以找到适合自己技能和经验的工作，因此选择自主创业以避免长期失业或职业停滞。这种创业形式通常是因为个人找不到合适的工作或受到市场上职位不足的挑战，所以他们决定自己创造就业机会，成为自己的雇主。但失业者创业可能伴随着较高的风险，因为他们可能没有足够的资金或经验来支持他们的新企业。然而，这也可能是一种激励，促使他们更加努力地追求成功。

③兼职者创业。兼职者创业指的是那些在担任正式工作之外，以兼职或业余时间从事创业活动的个体或个体团队。这种形式的创业允许人们在保留主要工作的同时，追求商业梦想或创新点子。兼职创业者通常以自己的兴趣、技能和经验为基础，

开展各种类型的创业项目，从小规模的副业到全职创业的前奏。与全职创业相比，兼职者创业减少了经济和职业风险。因为他们依然有主要的薪水来源，可以用较低的成本和风险验证创业想法，也就更容易承受创业失败的风险。

4.2.1.3　其他创业类型划分

（1）基于创业项目分类。按照创业项目的分类，创业大致可以分为三种类型：传统技能型、高科技型和知识服务型。

①传统技能类型创业。传统技能类型创业指的是基于传统手艺、技术或工艺的创业活动。这种创业形式通常依赖于传统的技能和知识，包括手工艺、手工制作、工匠技艺、农业、手工业和其他传统行业。传统技能类型创业通常涉及制造、生产、加工或提供服务，侧重于继承和传承传统技能，并与现代商业实践相结合。

②高科技型创业。高科技型创业是指基于先进科技和创新的商业理念和技术，创建新企业或创办初创企业的活动。这种创业形式依赖于科学和工程技术，旨在开发新的高科技产品、服务或解决方案，以满足市场需求，并在技术领域获得竞争优势。同时，高科技型创业强调创新和研发，旨在开发先进的技术和解决方案，以改善现有产品或服务，或者创造全新的市场。高科技型创业通常发生在涉及信息技术、生物技术、新材料、清洁能源、人工智能、机器学习、物联网等领域。由于高科技创业通常需要大量资金和研发时间，可能伴随着高风险，但成功的高科技创业也具有巨大的回报潜力。

③知识服务型创业。知识服务型创业指的是创业者提供基于其专业知识、技能和经验的服务，以满足客户需求的一种创业类型。这种创业形式通常涉及高度专业化的领域，如咨询、培训、教育、健康护理、法律、金融、数字营销、科学研究等。知识服务型创业者在他们的领域内拥有专业知识，并将其转化为有价值的服务，根据客户的要求和问题提供个性化的解决方案，以满足客户的问题或需求。创业者通常是在特定领域内的专家，他们利用自己的专业知识来提供服务，解决客户的问题。

（2）基于创业风险分类。按照创业风险的分类，创业大致可以分为依赖型、尾随型、原创型和对抗型创业。

①依赖型创业。依赖型创业可以分为两种情况：一是依赖大企业或产业链生存。确定自己在产业链中的角色，为大企业提供配套服务，比如为某企业或某类企业制造零配件，或者制造印刷包装材料。二是特许经营权的使用，如麦当劳、肯德基，利用品牌效应和成熟的管理模式降低经营风险。

②尾随创业。尾随型创业就是模仿别人创业。他们创办的企业和商业项目并不新鲜。行业内已经有很多类似的企业。新企业跟别人学了之后，就"学别人"。尾随的第一个特点是，创业者不想在短时间内超越别人，只想保持下去。随着学习的深入，创业者会逐渐进入强者的行列。"尾随"的第二个特点是弥补市场缺口。

③原创性创业。原创创业可以表现在很多方面，归纳起来就是两个方面：一个是填补市场需求的缺口；二是填补市场需求形式的空白。前者经营项目独特，没有分支机构。从商品的原创到某项技术的原创。如果某公司生产的洗衣液比市面上的

更环保、去污力强,则认为该商品具有某项技术的独创性。原创也可以表现为一种服务。比如搬家服务,以前是不存在的。改革开放后,搬家服务形成了市场。谁先成立搬家公司,谁就有创业的独创性。当然,原创创业有一定的风险,因为消费者对新事物有一个接受的过程。原创创业也可以是旧内容新形式。比如产品送货上门,经营的商品没有变,只是服务方式扩大了,更有竞争力。

④对抗性创业。对抗性创业通常是在市场上已经存在竞争或问题的情况下开始的,指创业者创建新企业或进行创新,以应对现有市场上的问题、挑战或竞争对手。对抗性创业者的主要动力是寻找解决方案,以保护或改进他们的市场地位,应对可能的风险或者回应竞争压力。这种创业方式通常涉及创新、改进或重新定位企业,以适应快速变化的市场条件。

(3) 初次创业与连续创业。按照创业周期,创业可以分为初次创业和连续创业。

①初次创业。创业是一个从无到有的过程。创业者通过市场调研,分析自身的优势和劣势、外部环境的机遇和风险,权衡利弊,确定自己的创业类型,履行必要的法律程序,招聘员工,设立组织,设计管理模式,投入资金,营销渠道或服务,不断拓展市场,从亏损到盈利的过程就是最初的创业。同时,最初的创业也是一个学习的过程,创业者往往是边做边学。创业初期,失败率较高,风险来自多方面。在面临高风险而项目停滞的时候,如果坚持下去,企业可能会有机会活下来。所以要尽量缩短学习过程,善用团队,减少失误,坚持下去。

②连续创业。创业就是一个探索、成熟、衰退不断循环的过程,在成熟阶段要不断以再次创业的心态,进行产品或者服务的改良、升级或者创新。使自己的项目可以在衰退阶段一直都有替代品或者创新品,可以保证自己的创业项目具有可持续性。连续创业对于创业者的耐力,团队的凝聚力都有很大的挑战,需要创业者时刻保持高昂的激情,推动创业项目不断迭代发展。

通过对于创业类型的了解和掌握,学习多种创业方式可以帮助学生将这些知识应用到实际情况中,从而为进入职业生涯或创业生涯做好准备。就个人而言,不仅仅要了解自身的优劣势和个人状态,还要了解行业的发展、科技的发展等,以便能选择适合自身的创业类型。

4.2.2 创业的基本要素

创业的基本要素共同构成了创业过程的基础,它们相互关联,需要平衡和整合,以实现成功的创业。创业者通常需要具备多方面的技能和能力,同时也需要积极的创业精神和决心,以应对挑战并推动业务的发展。创业的基本要素包含以下部分。

(1) 创意和创新。党的二十大报告指出要强化企业科技创新主体地位,发挥科技型骨干企业引领支撑作用,营造有利于科技型中小微企业成长的良好环境。创意和创新是创业过程中的灵魂和引擎。在这个竞争激烈的商业环境中,创意和创新不仅是一项优势,更是企业生存和发展的关键因素,创业者通过独特的创意和创新能力，引领企业走向成功。这就要求创业者需要具备洞察力和前瞻性，能够发现市场中的机遇和未来的趋势，具体包括对行业的深刻理解、对消费者需求的敏锐洞察，以及对技术和社会变革的前瞻性认知，通过对以上因素的深入思考，创业者能够提炼出创新的想法，并将其转化为可行的业务机会。创业的创新不仅仅是产品或服务层面的，还可以涉及商业模式和组织管理等方面。创业者需要思考如何以独特的方式组织和运营企业，以提供更高效和更具创造性的解决方案。例如，通过引入共享经济模式、跨界合作或可持续经营理念，创业者能够在商业模式上实现创新。创意和创新也是不断迭代的过程。创业者在实践中会不断收集反馈，倾听市场的声音，并灵活调整创意和创新的方向，这种学习和适应的能力是创业者成功的重要组成部分，帮助他们在不断变化的市场中立于不败之地。

总体而言，创意和创新是创业者在企业早期阶段最为注重的方面。通过对市场、技术和社会的深刻理解，创业者能够孕育出独特而富有前瞻性的创意，而通过在实践中不断迭代和调整，他们能够将这些创意转化为真正有价值的创新，从而在竞争激烈的市场中脱颖而出，实现企业的成功与可持续发展。

（2）市场机会。市场机会的选择是创业过程中至关重要的一环，它直接关系到企业的生存和发展。创业者在面对众多潜在机会时，需要进行深入的市场研究和综合分析，以明智地选择最适合自己的市场机会。

首先，市场机会的选择需要创业者具备对行业和市场的深刻理解，包括对目标市场的结构、规模、增长趋势以及竞争格局的全面了解，通过细致入微的市场调查和分析，掌握关键的市场信息，识别出潜在的商业机会。其次，创业者需要关注市场的需求和趋势。了解客户的需求与趋势是选择市场机会的基础，创业者应该积极与潜在用户进行沟通，了解他们的期望和痛点，以便提供更贴近市场需求的解决方案。此外，创业者需要评估市场的竞争状况，了解竞争对手的实力、策略和市场份额，这些有助于创业者更好地定位自己的产品或服务，找到与竞争对手差异化的优势，以便更好地制定市场进攻策略，提高市场份额。市场机会的选择也需要考虑外部环境的因素，政策法规、经济状况、社会文化等因素都可能对市场产生重要影响。创业者应该时刻关注外部环境的变化，综合考虑风险和回报，灵活调整市场战略，在潜在回报和风险之间取得平衡，以适应不断变化的环境。

（3）商业计划。商业计划是创业者规划和实施创业过程的关键文件，它不仅是一份蓝图，更是一份全面指南，为企业的顺利运营提供了战略性的指引。商业计划在市场分析方面的作用至关重要。通过深入的市场研究和分析，创业者能够更全面地了解目标市场的特点、规模、趋势和机会，明确市场需求，精准定位目标客户，预测市场变化，为企业的产品或服务提供有针对性的解决方案。商业计划在竞争分析方面发挥关键作用。商业计划中的竞争分析有助于创业者更好地理解市场动态，通过对竞争对手的深入研究，创业者能够识别市场上的竞争格局、对手的优势和弱点，进而制定差异化的竞争策略，提前应对可能的竞争挑战。商业计划在财务预测方面也起到了决定性的作用。商业计划包括了预算、盈利预测、资金需求和现金流等财务信息，为企业的财务健康提供了全面的预测和计划。通过商业计划，创业者能够更好地规划企业的财务战略,确保企业在不同阶段都能够保持健康的财务状况。商业计划是战略规划的核心文档。它明确定义了企业的愿景、使命和目标,帮助创业者建立长远的战略方向,有助于企业在竞争激烈的市场中找到自己的位置,并制定实施战略。商业计划也能为企业运营策略提供详细的指导,有助于创业者建立高效的运营体系,确保企业能够在市场中持续竞争并适应变化的环境。其实,商业计划不仅是内部规划工具,也是吸引外部资源的有效工具。对于投资者和融资机构而言,商业计划是评估企业潜力和可行性的关键依据,一个清晰、翔实的商业计划有助于赢得投资者的信任,为企业融资提供有力的支持。

总体而言,商业计划是创业者规划和实现创业过程的战略性文件,它综合了市场分析、竞争分析、财务预测、战略规划和运营策略等多个方面。通过商业计划,创业者能够全面了解企业环境,明确战略方向,从而为企业的成功奠定坚实基础。

(4) 资本和资源。资本和资源的有效管理是创业者成功的关键之一,它直接影响着企业的启动、运营和可持续发展。在创业初期,创业者通常需要筹集足够的资本来启动业务,用于产品研发、市场推广、招聘团队等方面。创业者可以通过寻求天使投资、风险投资、银行贷款或其他融资途径来获取资金。设备和技术是创业过程中不可忽视的重要资源。创业者需要确保企业配备了必要的设备和技术,以支持生产和服务的高效运作。人力资源的有效管理也至关重要。良好的人力资源管理包括培训发展计划、激励机制和绩效评估,建立一个协同工作的团队是企业成功的基石。供应链的优化对于企业的运营至关重要。创业者需要建立健全的供应链体系,与供应商建立紧密的合作关系,确保原材料的及时供应、生产的高效进行和产品的及时交付。当然,创业者也需要注重持续的资源管理和优化。不断地监测和评估企业的资本和资源使用效果,及时调整和优化资源配置,具体包括对市场需求的敏感性、成本结构的合理性、团队协作的效果等方面的全面评估,确保企业在变化的环境中能够灵活应对。

(5) 团队和领导力。党的二十大报告指出要全面提高人才自主培养质量,着力造就拔尖创新人才,聚天下英才而用之。在创业过程中,广泛吸纳英才、建立初创团队在创业过程中至关重要,对于企业的成功发展起着决定性的作用。首先,构建一个多样化和高效的团队是创业者成功的基础。多样性的团队通常能够带来不同的观点、创意和经验,有助于解决复杂的问题和迎接多样化的挑战。创业者应该注重招聘具有不同专业背景、技能和文化背景的团队成员,以建立一个充满创造力和活力的工作环境。其次,团队培训也至关重要,创业者可以通过培训和发展来提升团队成员的能力,帮助团队成员更好地适应企业的文化和价值观,提高其专业技能和团队协作能力。再次,团队的管理是团队和领导力中的重要一环。创业者需要建立一种开放、透明和富有激励性的团队文化,包括清晰的沟通渠道、明确的目标设定、激励机制的建立,以及问题解决和决策的迅速执行。最后,领导力是确保团队成功的关键因素。创业者需要具备领导能力,包括制定战略、目标设定、决策制定、面对挑战和不确定性时的应变能力和团队激励等方面的技能。有效的领导力可以指导团队朝着共同的目标努力,应对市场竞争和业务挑战。

总的来说，团队和领导力是创业者成功的基石。通过构建多样性、高效的团队，注重培训和发展，有效管理和领导团队，创业者可以更好地应对市场挑战，推动企业的稳健发展。

（6）市场营销和销售。市场营销和销售是创业者在推动企业成功的过程中至关重要的两个环节，它们直接影响着产品或服务在市场上的知名度、认可度和销售业绩。具体来说，品牌建设是市场营销的核心之一。创业者需要明确企业的品牌定位、核心价值和独特卖点，以在竞争激烈的市场中脱颖而出。通过建设强有力的品牌形象，企业可以在消费者心中建立信任感，提高消费者的品牌忠诚度，并为销售奠定坚实基础。

市场营销还包括对销售渠道的选择和管理。创业者需要考虑将产品或服务推向市场的最佳途径，包括在线销售平台、实体店铺、分销商、合作伙伴关系等多种销售渠道的组合，并根据产品特性和目标市场的需求，灵活选择和管理销售渠道，以实现最佳的市场覆盖率和销售效果。

创业过程中，创业者需要不断监测和评估市场营销和销售策略的效果，收集并分析市场数据、销售数据以及客户反馈，及时调整市场营销策略，优化销售流程，提高企业的市场竞争力。

（7）管理和运营。管理和运营是确保企业稳健运作的基石，创业者需要在多个方面发挥领导作用，确保各个环节的协同合作，包括财务管理、供应链管理、人力资源管理、战略执行管理、危机和风险管理等多方面。

第一，财务管理是企业成功的关键，包括预算制定、资金流管理、会计记录和财务报告等方面。有效的财务管理有助于创业者实时掌握企业的财务状况，作出明智的经济决策，确保企业在经济不确定性的环境中稳健运营。第二，供应链管理是关系到产品或服务供应的重要环节，有效的供应链管理有助于降低库存成本、提高生产效率，并确保企业能够灵活应对市场需求的变化。创业需要建立高效的供应链体系，确保原材料的及时供应、生产的高效进行和产品的及时交付。第三，人力资源管理是构建强大组织的关键。创业者需要建立一个充满激情和高效协作的团队，制定人力资源管理相关制度与方案，包括培训和发展计划、员工激励和绩效评估等，以确保团队成员能够充分发挥其潜力，为企业的成功贡献力量。第四，战略执行是管理和运营中至关重要的一环。创业者需要将企业的战略转化为具体的行动计划，并有效地执行，包括设定明确的目标和指标、监测业务进展、及时调整战略，以确保企业朝着设定的方向稳步前进。第五，危机管理和风险防范也是管理和运营中不可忽视的方面。创业者需要建立健全的风险管理体系，及时识别和应对潜在风险，以确保企业在外部环境发生变化和突发事件发生时能够迅速适应。

总的来说，管理和运营的有效性是企业成功的关键。通过健全的财务管理、高效的供应链管理、人力资源的科学管理、战略执行的有力推动，创业者可以建立一个稳健、高效的运营体系，为企业的可持续发展打下坚实基础。

（8）风险管理。风险管理是创业过程中不可或缺的一环，它涵盖了多个方面，包括财务风险、市场风险、竞争风险、法律风险、执行风险等多方面，这就需要创业者在整个经营过程中采取积极的预防和应对措施,包括建立灵活的经营计划、制定多层次的风险管理策略、组建危机管理团队、建立预警系统等,及时调整经营策略,以最小化潜在损失。

第一,财务风险是创业者面临的首要风险之一。创业过程中,企业可能面临资金短缺、成本超支、市场波动等财务方面的问题,这就要求创业者要建立严谨的财务规划和预算,拥有足够的财务储备,确保对企业财务状况有清晰的了解,以抵御潜在的经济风险和紧急情况。第二,市场风险是由市场变化和竞争引起的。创业者应该保持对市场趋势的敏感性,不断进行市场调研和分析,及时了解目标市场的需求变化、竞争格局和新兴趋势,积极应对市场风险。第三,竞争风险涉及其他竞争对手的威胁。创业者需要深入了解竞争对手的策略、优势和劣势,制定差异化的竞争策略,建立自身的核心竞争力,通过技术创新、服务优势或者价格竞争等手段减轻竞争带来的压力。第四,法律风险涉及法规变化、合同纠纷、知识产权问题等。创业者需要及时且充分了解相关法规和政策,确保企业的经营活动合法合规。第五,执行风险涉及组织内部流程和人员的执行能力。创业者需要建立健全的组织架构和高效的执行流程来确保企业整体执行效能。

(9) 学习和适应。学习和适应是创业者成功的关键要素,它们构成了持续发展和不断创新的基础。第一,创业者需要保持持续学习的心态。市场和商业环境在不断演变,技术、消费习惯、竞争态势等因素都可能发生变化。因此,创业者需要主动寻求新知识,通过参与行业研讨会、阅读行业报告、参与培训等方式,及时了解行业最新趋势和前沿技术,保持对行业动态的敏感性。第二,创业者应该善于接受反馈。顾客、员工和合作伙伴的反馈是宝贵的信息源,有助于创业者更好地了解市场需求和改进产品或服务,积极主动地收集、分析和应用这些反馈,可以帮助企业更好地满足客户期望,提高产品或服务的质量,进而提升市场竞争力。第三,灵活性和适应性是创业者成功的关键特质。面对市场的不确定性和变化,创业者需要具备调整战略的能力,能够及时适应市场变化,灵活调整业务模式和战略方向。第四,与行业内的同行和专业人士建立良好的网络关系也是学习和适应的一部分。通过与其他创业者、行业专家、导师等建立紧密联系,创业者可以分享经验、获取指导,并从他人的成功和失败中吸取教训,提高决策水平。第五,学习和适应也包括对自身进行不断的反思和提升。创业者应该关注个人的领导力和管理能力,了解自己的优势和劣势,定期进行自我评估,拓展自己的技能和知识储备,以更好地应对复杂多变的商业环境。

4.2.3 创业的过程

4.2.3.1 创意和商机识别

创意和商机识别是创业开端的关键步骤,涉及发现和理解新的商业创意和机会,以便开始一个新的企业或改进现有业务。

创意是创业的起点，可以来源于各种渠道，如个人兴趣、行业知识、市场观察、问题解决和技术趋势等，并最终形成新产品、新服务、新技术、新业务模式或改进现有产品和服务的方法。一旦有了创意，下一步是进行市场研究，以确定其潜在的商机。市场研究涉及分析目标市场，包括了解市场规模、增长趋势、竞争情况和目标客户群等。在识别商机和市场分析之后，需要判断创意的可行性，包括技术可行性、市场可行性和财务可行性。最终通过创建原型或运营试点项目来验证创意的可行性，以便进一步规划和推进创业项目。这个过程需要不断地学习和适应，以确保创意能够成功转化为商机。

4.2.3.2 商业计划制订

商业计划的制订是创业过程中至关重要的步骤，它是创业者将创意转化为可行的商业框架和指南。商业计划的制订需要系统性的研究和策划，涵盖了企业管理的各个方面。它不仅是用于内部指导和决策的工具，还可以用来吸引潜在投资者、合作伙伴和融资渠道。创业者需要不断关注计划的实施，适应市场变化，并根据需要进行修订，以确保企业在竞争激烈的市场中获得成功。

开始制订商业计划时，一是要明确企业的愿景和使命。愿景陈述概括了企业的长期目标和愿景，使命陈述描述了企业的核心价值观和目的。二是要确定清晰、具体和可衡量的短期和长期目标。这些目标可以涉及销售额、市场份额、盈利、市场扩张等方面。三是要进行市场研究，详细了解目标市场的规模、增长趋势、竞争格局和目标客户群。此外，分析市场需求、趋势和机会，研究竞争对手，了解他们的业务模式、定价策略、市场份额和强项有助于创业者确定如何在市场中与竞争对手竞争。四是要明确产品定位，具体包括其特点、功能、优势和独特卖点，指明产品或服务是如何满足市场需求的。五是制定市场进入战略，包括目标客户群、市场定位、销售渠道、定价策略和促销计划，确定如何吸引和保留客户。六是明确管理和组织，介绍创始人或关键管理层的经验和背景，描述企业的组织结构，包括团队成员及其职责。七是阐明资金规划，估算启动资金需求，包括起始成本、运营资金和未来发展资金，并且考虑融资选项，如自筹资金、投资者、贷款等。八是制订财务计划，包括预测销售收入、费用、盈利和现金流，创建资产负债表和利润与损失表。九是风险分析，识别潜在风险和问题，并提出应对计划，包括市场风险、竞争风险、财务风险等。十是制定时间表和里程碑，明确项目开展的阶段和关键里程碑。十一是制订执行计划，包括每项任务的分配、责任人和截止日期，确保计划能够得到有效执行。十二是评估和修订，定期审查计划，根据市场反馈和实际表现进行必要的修订。商业计划是一个动态文件，需要不断评估和修订。

4.2.3.3 法律合规性与经营注册

在创业过程中，法律合规性与经营注册是不可忽视的重要部分，涉及企业的法律结构、合规性和注册手续。忽视合规性可能导致法律问题和罚款，甚至可能威胁企业的生存。因此，创业者应该谨慎对待法律合规性与经营注册事务，寻求专业法律顾问的建议，以确保企业在法律框架内合法合规地运营。

创业者需要考虑各种法律结构的优缺点，包括税务影响、责任、所有权结构和注册要求，以选择合适的法律结构。常见的法律结构包括：一是个体经营，即创业者个人拥有并经营企业，适用于个体经营或小规模业务。二是合伙企业，即两个或更多合伙人共同拥有和经营企业。三是有限责任公司，即由50个以下的股东出资设立，每个股东以其所认缴的出资额为限对公司承担有限责任，公司以其全部资产对公司债务承担全部责任的经济组织。四是股份有限公司，即公司资本为股份所组成的公司，股东以其认购的股份为限对公司承担责任的企业法人。

确定了法律结构后，创业者需要将企业注册在相关政府机构，获取税号和许可证。如果企业涉及知识产权，如专利、商标或著作权，创业者需要考虑知识产权保护。这部分可能需要专门的法律顾问，以确保知识产权的合法保护。在经营过程中，创业者必须遵守各种法律和法规，包括劳动法、消费者保护法、环境法和其他适用的法律。并且需考虑购买商业责任保险、财产保险和职业责任保险等常见的商业保险，以保护企业免受潜在风险和法律索赔的影响。此外，创业者需要定期审查法律文件和合规性，以确保企业在法律和法规发生变化时仍然合法合规。

4.2.3.4 资金筹集或融资

资金筹集或融资是创业过程中的关键步骤，它涉及获取资金以支持企业的启动、运营和扩展，是创业过程中的一项战略性举措，它有助于支持企业的成长和发展。创业者应仔细考虑不同融资选项，准备充分，与潜在投资者进行有效谈判，并在融资后管理资金以实现商业目标。在创业过程中，创业者可以选择不同的资金来源渠道，包括但不限于：第一，个人储蓄以及家庭和朋友的支持，即使用个人储蓄或从家庭和朋友那里融资。第二，天使投资者，即寻找愿意提供初始资金的天使投资者。第三，风险投资，即吸引风险投资公司的投资，通常用于扩大企业规模。第四，银行贷款，即获得商业贷款来支持企业运营。第五，众筹，即通过众筹平台吸引普通人的小额投资。

在寻求融资之前，创业者通常需要准备一份详细的商业计划，以展示企业的潜力和盈利能力。接着是投资谈判，可能涉及资本结构、股权分配、投资金额、估值等。与潜在投资者进行谈判是融资过程的关键部分，创业者需要充分展示企业的价值和投资回报。投资者通常会进行尽职调查，以了解企业的风险和机会。在这个过程中，创业者需要提供必要的信息，并与投资者合作，以解决投资者的任何问题。融资完成后，创业者需要建立财务系统来跟踪和报告资金的使用情况，有效地管理和使用融资资金，以支持企业的运营需求。同时还需要预判融资后的风险，制定风险管理策略和应急计划，确保资金用于实现商业目标。此外，保持积极的投资关系是关键，创业者需要定期与投资者沟通，分享企业进展和计划，并向投资者定期提供报告。

4.2.3.5 产品或服务开发

产品或服务开发是创业过程中至关重要的一部分,涉及将创意转化为实际的产品或服务,以满足市场需求。产品或服务开发是一个多阶段的过程,它需要细致的规划、质量控制和不断的市场反馈。在这个过程中,创业者需要确保他们的产品或服务能够满足客户需求,并与竞争对手保持竞争力。成功的产品或服务开发将有助于企业实现长期成长。

在产品或服务开发过程中,创业者首先需要明确定义产品或服务的需求,包括了解目标市场的问题、痛点和需求,以便开发针对这些需求的解决方案。根据需求分析,创业者开始生成创意和概念,以满足市场需求,具体包括产品特点、功能和服务范围的初步设想。在产品或服务开发的早期阶段,市场研究仍然至关重要。创业者需要继续了解市场动态、竞争格局和潜在客户反馈。如果产品或服务涉及技术,创业者需要进行技术开发。此外,创业者还需要设计产品的外观和功能,并选择供应商或制造商来生产产品,包括标识、包装和用户界面等方面。在生产或服务提供过程中,质量控制至关重要。所以,在产品开发的各个阶段,创业者需要进行测试,并获取用户或客户的反馈。这有助于识别和解决问题,并确保产品或服务满足市场需求。一旦产品或服务准备就绪,创业者可以将其上市或进行发布,实施市场推广和销售策略,以吸引客户、提高知名度和实现销售目标。产品或服务的开发不是一次性的,创业者需要持续改进和更新,以满足不断变化的市场需求和技术趋势。在产品或服务开发过程中,管理开发成本至关重要,以确保产品或服务的可行性;如果产品或服务涉及知识产权,如专利、商标或著作权,还需要考虑知识产权保护,以避免侵权。

4.2.3.6 市场推广和销售

市场推广和销售是创业过程中至关重要的一部分,它涉及将产品或服务引入市场、吸引客户、建立品牌知名度并实现销售目标。市场推广和销售是不断演进的过程,创业者需要灵活应对市场的变化和竞争压力,以确保企业能够满足客户需求并实现销售目标。

首先,创业者需要明确定义目标市场,包括潜在客户的特征、需求和行为。这有助于有针对性地制定推广和销售策略。其次,创业者需要制定综合的市场推广策略,包括广告、促销、社交媒体、内容营销、公关和事件营销等。品牌知名度对于市场推广至关重要,创业者需要建立强大的品牌形象,包括标识、品牌声誉和价值主张。此外,还需建立销售团队,提供销售培训和工具,以提高销售团队的效率。确定适当的销售渠道,具体包括直销、批发、零售、在线销售和合作伙伴等渠道,多渠道销售有助于扩大市场覆盖面,并且使用销售数据和分析工具,了解销售趋势和客户行为,以制定更加智能的销售策略。基于销售数据收集并分析市场反馈,包括客户反馈和市场数据,以不断优化市场推广和销售策略,寻找新的市场机会和扩展战略,包括地理扩张、新产品或服务的推出和目标客户群的扩大等。

4.2.3.7 运营和管理

运营和管理是确保企业有效运行的关键部分，包括管理资源、流程和团队，以实现业务目标。运营和管理是企业的核心功能，它们直接影响企业的效率、盈利能力和可持续发展。创业者需要灵活应对不断变化的市场环境，采取有效的管理措施。

开始时，创业者需要制订详细的运营计划，明确目标、策略和关键绩效指标。计划应包括财务、市场、人力资源和生产方面的内容。在运营过程中，不断优化业务流程，以提高效率和降低成本；实施质量控制标准，确保产品或服务的一致性和高质量；注重团队建设，重视招聘、培训和管理，建立积极的企业文化；建立强有力的供应商和合作伙伴关系；不断完善技术和信息系统。运营和管理是一项贯彻始终的重要工作，创业者需要制订和执行长期战略计划，以指导企业的长期发展；定期进行业务考核，评估运营效率，根据结果调整企业战略；建立和维护客户关系管理系统，注重客户互动、需求和反馈；注重风险管理，识别和管理潜在风险，包括市场风险、财务风险、法律风险和战略风险等。

4.2.3.8 成长和扩张

成长和扩张是创业过程中的关键阶段，涉及将企业从初始阶段发展成一个更大规模和更有影响力的实体。成长和扩张是创业过程中最令人兴奋的部分，但也伴随着挑战。创业者需要有可行的战略、坚实的执行计划和强大的资源管理能力，以实现成功的成长和扩张。

企业的成长和扩张可以通过多种渠道，包括但不限于以下几种：一是扩大目标市场，既可以是地理扩张，也可以是针对不同客户群体。二是产品或服务多样化，即添加新的产品或服务线，以满足不同市场需求或提供附加值。三是合并与收购，即考虑并购其他企业或与竞争对手合并，以实现规模扩大、市场份额增加或获取关键资源。四是新渠道开发，即探索新的销售和分销渠道，如在线销售、合作伙伴关系、特许经营或批发销售。五是国际市场拓展，即考虑进入国际市场，出口产品或服务，或建立国际合作伙伴关系。六是开拓战略合作伙伴关系，即寻找战略合作伙伴，共同开发新市场或整合资源，有助于扩大市场份额和提高竞争力。

在企业扩张过程中，众多因素需要综合纳入考虑：一是品牌建设，即持续投资品牌建设、提高品牌知名度和市场份额、建立强大的品牌声誉可以支持企业成长和扩张。二是人力资源管理，即扩张需要更多的人力资源，因此，管理团队、招聘和培训新员工至关重要，并且要确保员工能够胜任新任务。三是财务管理，即确保财务稳健，以支持企业成长和扩张，包括预算控制、现金流管理和寻找额外的资金来源。四是技术和系统升级，即随着企业的扩张，可能需要升级技术和信息系统，以支持更大规模的运营和数据管理。五是市场营销和销售策略调整，即调整市场营销和销售策略，以适应扩大的目标市场，包括不同的定价策略和促销活动等。六是持续加强创新，即鼓励创新和不断改进产品、服务和业务模式，以满足市场需求并保持竞争力。七是风险管理，即伴随企业成长和扩张，企业风险也增加。因此，实施有效的风险管理策略是关键,以减少潜在风险。八是战略规划,即制定长期战略规划,明确未来发展目标和愿景。

4.2.3.9 风险管理

风险管理是创业过程中至关重要的一部分,它涉及识别、评估和应对可能对企业产生负面影响的各种风险。风险管理是创业过程中的一项战略性举措,有助于减少不确定性,保护企业利益,并确保业务的稳健发展。创业者需要制定综合的风险管理计划,并积极应对潜在风险,以降低风险对企业的不利影响。

风险管理的第一步是明确定义可能影响企业的各种风险。这些风险可以分为多个类别,包括市场风险、财务风险、操作风险、法律风险、战略风险等。一旦识别了潜在风险,创业者需要评估它们出现的概率和带来影响。基于评估结果,确定风险的优先级。有些风险可能是高优先级,需要立即解决,而其他风险可能是低优先级,可以放在后面处理。然后需制定风险管理策略,明确如何处理各种风险。策略可以包括风险规避(减少风险发生的概率)、风险缓解(减轻风险的影响)、风险转移(将风险分担给他人)和风险接受(在风险发生时承担风险)等。

此外,企业可以购买适当的保险来降低风险。商业保险可以覆盖财产损失、责任事故、盗窃和其他风险;制订应急计划,以应对风险事件的发生;定期对风险管理策略的效果进行评估,并进行必要的调整,以便不断改进风险管理实践;实施风险监测措施,以及时识别风险事件。注重风险分散,降低对特定风险的依赖性,具体包括市场风险、法律风险、供应链风险、财务风险、人力资源风险、信息技术风险等。第一,市场风险:随时关注市场动态,持续进行市场监测以帮助提前发现潜在市场风险,使企业适应市场变化和竞争压力。第二,法律风险:确保所有合同和法律文件都具有保护企业免受潜在法律风险的条款。第三,供应链风险:管理供应链风险,以确保稳定的原材料供应和产品交付,其中涉及多源供应、库存管理和供应商评估等。第四,财务风险:保持稳健的财务规划,以应对财务风险,包括现金流管理、债务管理和财务储备建设等。第五,人力资源风险:包括员工离职、技能短缺和劳工法律问题。其中,员工培训、员工激励和法律合规是关键因素。第六,信息技术风险:采取适当的网络安全措施和备份策略,保护信息技术系统和数据免受网络攻击、数据泄漏和系统故障的风险。

4.2.3.10 退出战略

退出战略是创业者在经营企业一段时间后,决定如何退出或转让其业务的计划。退出战略可以有多种形式,取决于创业者的目标和情况。退出战略是创业旅程中的重要一环,它需要慎重考虑、精心规划和专业支持。不同的退出方式会有不同的影响,因此,创业者需要选择最适合他们的方式,并确保计划顺利实施。无论选择哪种退出战略,成功地退出应有助于实现创业者的目标和为企业带来可持续的发展。

退出战略包含以下具体步骤与关键点:第一,明确目标,即创业者需要明确他们的退出目标,具体包括获得最大的财务回报、将企业传给下一代、寻求合并或收购机会，或是实现其他战略目标等。第二，时间表，即制定退出时间表——计划何时退出或完成转让。这需要考虑业务的成熟度、市场条件和个人情况。第三，估值，即评估企业的价值，确定期望的出售价格或价值。第四，准备企业，即在退出前，创业者需要确保企业处于最佳状态，包括清理财务记录、解决未解决的法律问题、确保员工顺利过渡等。第五，选择退出途径，即创业者可以选择不同的退出途径，包括但不限于以下几种：出售企业，即将企业整体或部分出售给其他企业或个人；上市，即将企业公开上市，允许公众购买股票；私有股权出售，即将股权出售给私募股权公司或投资者；传承，即将企业传给家族成员或内部管理层；合并，即将企业与其他公司合并，共同经营；清盘，即关闭业务，出售资产并分配收益。第六，寻找买家或投资者，即如果选择股权出售，创业者需要积极寻找潜在的买家或投资者。第七，协商交易，即与潜在买家或投资者进行交易谈判，确定最终出售价格、条件和交易结构。第八，合同签署一旦达成协议，创业者需要签署正式的出售合同或协议。这些合同应包括所有相关条款和条件。第九，完成交易，即完成出售或交易，包括支付款项、转让股权或业务资产，以及确保交易的法律合规性。

4.3 创业的作用和意义

4.3.1 创业拉动经济效益提升

创业是推动经济增长的引擎之一，它通过多方面的途径对经济产生积极的影响。新创企业对经济增长的贡献不仅仅表现在创造新的企业，还包括了促进创新、创造就业机会、激发市场竞争、提高生产力、创造财富、吸引投资以及引领产业发展等方面。

首先，创业通过引入创新推动经济增长。创业者通常以解决问题、填补市场需求或提供创新的产品和服务为目标。他们的创新精神激发了新的商业模式、新技术和新产品的出现，这些创新可以为市场带来新的动力，满足不断变化的消费者需求。创新不仅提高了产品和服务的质量，还促进了经济的多元化和可持续发展。其次，创业创造了就业机会，有助于降低失业率，提高就业机会，改善社会经济状况。新创企业通常需要雇佣员工来支持其运营，从而增加了劳动力市场的需求，这有助于减少失业率，提高家庭的经济安全性，创造社会福祉。创业还能激发市场竞争，迫使现有企业提高效率、提供更好的产品和服务以满足市场需求。市场竞争有助于推动企业不断改进和创新，从而提高了整个市场的质量和活力，同时有助于降低垄断风险，促进市场的公平竞争。此外，创业在一定程度上能提高生产力，帮助企业更高效地利用资源。创新的商业模式和技术应用通常可以改进生产过程，减少浪费，提高效率，这有助于企业更好地满足市场需求，提高产出，并在国内和国际市场上保持竞争力。创业最直观的经济效益在于创造财富，包括企业价值和个人财富。成功的创业者通常积累了相当可观的财富,这些财富可以再投资到经济中,促进更多的投资和发展。此外,创业还吸引了投资,提高了风险投资和资本市场的活跃度,这有助于支持新的企业和产业的成长。创业引领产业的发展。新创企业通常引领了新兴产业和领域的发展,如科技、生物技术、清洁能源和数字经济。这些产业通常具有高附加值和创造性的潜力,对国家和全球经济的增长产生了深远的影响。从更广泛的层面上讲,打入国际市场的创业企业有助于提高国家的国际竞争力。有创新精神的企业在国际市场上脱颖而出,帮助国家在全球经济中取得竞争优势。成功的创业者将他们的业务扩展到国际市场,促进了出口和国际贸易,从而增加了国家的经济国际竞争力。

总的来说,创业是经济增长的一个强大引擎,它能通过多方面对经济产生积极的影响。

4.3.2 创业促进市场发展

创业是市场发展的动力之一,对市场的推动作用极为深远。创业者和新创企业通过多种途径影响市场的增长、创新和竞争,对经济体系产生积极的影响。

首先,创业通常与创新紧密相连。创业家常常是行业内的前沿者,他们发现了现有市场中的缺口或者提出解决方案,可能涉及产品、服务、技术或商业模式的改进或者革新。通过开拓新的市场边界来促进市场的发展。创业家们寻找新的商机,进入尚未开发的市场或者重新定义现有市场。他们可能通过创造新的需求、扩大市场规模或者提供差异化的产品或服务来拓展市场的边界,从而为市场注入新的活力。这种创新可以驱动市场的发展,激发新的商业机会,推动市场的演变。其次,创业的出现会带来市场的竞争,促使现有企业提高效率、降低成本、改进产品或服务质量。竞争的激烈程度也会鼓励企业更加注重顾客需求,提供更好的体验和服务,从而推动市场的发展。并且竞争促使创业企业成长,企业的成长还会带动相关产业链的发展,形成更加完善的产业生态系统。此外,创业活动还会创造大量的就业机会,吸引各个领域的人才加入创业团队或者成立自己的企业,这不仅提高了就业率,还促进了经济的增长。创业往往涌现于新兴产业和领域,通过创业,新的产业得以形成和发展。比如,在科技领域,创业公司经常是推动技术进步和应用的先锋,从而催生出新的产业,如人工智能、区块链、生物技术等,这些新兴产业的崛起为市场带来了新的增长点和动力。创业活动常常围绕着满足消费者需求和创造价值展开。创业家们致力于了解消费者的需求和偏好,并提供创新的产品或服务来满足这些需求,从而创造更多的消费者价值,这种价值创造不仅推动了市场的发展,还加强了消费者对市场的信心和认可。创业活动促进了资本市场的活跃。创业项目吸引了投资者的关注,激发了投资者的兴趣,推动了资本的流动和配置,投资者的参与为创业提供了资金支持,帮助创业项目实现快速发展,从而推动了市场的发展。创业促进国际市场经济发展。随着全球化进程的加速推进,创业活动也呈现出了跨国和跨境的特点。创业家们不再局限于国内市场,而是积极探索国际市场。这种全球化竞争加剧了市场的竞争程度，促使企业不断提升自身竞争力，推动了市场的发展和全球经济的融合。创业活动也在一定程度上推动新的商业生态系统的形成。创业家们通过合作和共享资源，建立起复杂而有机的商业网络。这种新的商业生态系统为创业提供了更多的机会和支持，推动了创业项目的快速成长和市场的发展。

综上所述，创业通过创新、拉动竞争、带动就业、促进新兴产业的崛起、满足消费者需求、推动资本市场活跃、加速国际市场竞争等方式，促进了市场的发展。创业家们的创新精神和竞争力推动了市场的演变，为经济增长和社会进步注入了新动力。

4.3.3 创业推动科技创新发展

党的二十大报告明确了到2035年我国发展总体目标和未来五年目标任务。就科技发展而言，到2035年，我国经济实力、科技实力、综合国力大幅跃升，实现高水平科技自立自强，进入创新型国家前列，建成科技强国；未来五年，科技自立自强能力显著提升。实施科技强国战略是实现高质量发展的核心举措，创业对科技发展的促进作用是深远而广泛的，它不仅可以推动科技的创新和应用，还可以改变科技生态系统的格局，对社会、经济和科技的多个领域产生深刻的影响。

第一，创业可以在一定程度上推动科技创新。创业者通常具备强烈的创新意识，他们努力寻找新的商业机会、解决现实问题或填补市场需求。此外，创业者在尝试解决挑战时，通常会涉足新的技术领域，促使科技研究不断前进。例如，互联网创业就激发了云计算、大数据分析和人工智能等领域的快速发展，这些技术创新对各行各业产生了深远的影响。第二，创业可以带动科技的应用。创业者将创新应用于解决实际问题和满足市场需求，将新技术转化为实际的产品和服务，推动了科技的广泛应用。例如，移动应用的兴起和智能手机的普及都是创业者将移动技术应用于娱乐、社交、教育和健康领域的产物。第三，创业可以促进科技的扩散。新创企业通常在新兴市场或特定领域取得成功，然后扩展到其他地区和领域，鼓励其他企业采用新技术，以此提高了整个行业的技术水平。第四，创业可以吸引科技领域的人才。新创企业吸引科技专业人士参与创新项目，这在一定程度上有助于培养和吸引更多的科技人才，为科技发展提供人力资源。第五，创业项目通常吸引风险投资和资本市场的关注。这些投资可为科技项目提供资金支持，有助于加速科技的研发和应用。从更大的层面上讲，创业也可推动科技的国际合作，推动科技发展的跨界合作。总之，创业对科技的促进作用是多方面的，它不仅推动了科技的创新和应用，还改变了科技生态系统的格局，为科技发展提供了资金、资源和人才支持，推动科技国际化发展等。

4.3.4 创业带动教育革新

创业在教育领域的促进作用是多方面而深刻的，它对教育体系的创新和改革产生了深远的影响，推动了教育的现代化和个性化发展。

具体而言，创业可以激发教育创业精神。创新企业家通过创业项目鼓励教育工作者和学生积极参与创新和创业，提供支持和资源，帮助人们将教育创意变为现实，从而培养了更多有创新精神的教育者和学生，使教育体系变得更加开放、灵活。创业推动教育生态系统的多样性。创业教育的普及化有助于丰富教育领域的生态系统，将创业融入教育，进一步引发经济、产业、管理等多方面的教育融合，推动教育向实践化、丰富化、多样化等方面发展。此外，创业在一定程度上可以引发教育技术与资源革新。创业者在教育技术领域不断尝试和推动创新，开发各种教育科技工具和平台，倡导教育资源的共享和开放式课程的发展，如开发在线学习平台、教育应用程序、虚拟实验室、在线教材、视频课程、教学工具等。这些技术工具改变了教学和学习方式，提供了更多互动、可视化和自主学习的机会，有助于提高全球范围内的教育可及性，降低了教育成本，使知识和教育资源更加普遍并且分布均匀，这会在一定程度上引发教育技术的不断革新。

4.3.5　创业促进个人综合发展

党的二十大报告指出，要坚持科技是第一生产力、人才是第一资源、创新是第一动力，深入实施科教兴国战略、人才强国战略、创新驱动发展战略。充分强调了人才强国战略，明确了人才的重要性。创业对个人综合成长的促进作用是多方面而深刻的，它不仅塑造了创业者的性格、技能和思维方式，还对其职业和个人生活产生深远的影响。

第一，创业可以锻炼创业者的领导能力。创业者通常需要领导团队，制定战略、作出决策和解决问题。这个过程能锻炼其领导能力，培养决断力和领导技能，发扬领导者的特质。第二，创业培养创业者的创新思维。创业者通常试图解决问题、填补市场需求或提供创新的产品和服务。在这个过程中，创新思维扮演着至关重要的作用，创业者需要不断探索新的解决方案和机会，最终培养出创造性思维和解决问题的能力。第三，创业能提升创业者的人际关系和团队合作能力。创业者通常需要与合作伙伴、员工、投资者和客户建立紧密的人际关系。他们必须有效地与各种利益相关者沟通和协作，这有助于培养其团队合作技能。第四，创业强调了创业者的问题解决能力。创业者通常会面临各种问题和挑战，如市场竞争、融资困难和运营挑战。解决这些问题则锻炼了他们的问题解决和决策能力，使他们更具适应力。第五，创业培养创业者的财务管理和商业洞察力。创业者通常需要管理公司的财务、制定预算和决策投资，了解市场趋势、竞争格局和商业机会。这个过程有助于培养他们的商业洞察力和财务管理能力，使他们更好地管理资源和实现可持续增长。第六，创业者通常需要不断学习和自我提升。创业领域的知识和技能在不断变化，创业者必须不断学习和适应，积极追求知识和技能的提升，才能适应瞬息万变的市场。

【本章小结】

本章深入研究了创业的多个方面，从其内涵与特征、类型、基本要素、过程到作用与意义。创业被定义为一个将创新转化为商业机会的过程，创业者在其中扮演着勇敢冒险、追求独立和创造价值的关键角色。在创业的分类中，强调了创业的多样性，其涵盖了公司内部创业、兼职者创业、失业者创业、大学生创业等多种类型，展示了创业在不同背景和场景中的灵活性。创业的基本要素包括了创业者的角色、市场机会、商业计划、资本与资源、团队与领导力等，共同构建了一个成功创业的综合框架。创业的过程则涵盖了创意与商机识别、商业计划制订、法律与注册、融资、产品或服务开发、市场推广与销售、运营与管理、成长与扩张、风险管理以及退出战略等多个阶段。每个阶段都是机遇与挑战并存，需要创业者具备学习、适应和创新的能力。综合而言，创业的作用和意义重大，不仅推动了经济的增长，还在市场、科技、教育和个人发展等多个领域发挥积极的作用。创业是一场富有挑战的冒险，是一段充满创造力和变革力的过程，只有通过持续不断的学习、灵活的适应能力和不屈不挠的创新，创业者才能在竞争激烈的环境中脱颖而出，实现个人与社会的共同繁荣。

【思考练习】

1. 创业的基本要素包含哪些？
2. 设想你有一个项目构思，你将如何主导实施创业？
3. 结合创业对个人的作用与意义谈谈创业如何促进大学生创新创业教育？

【拓展阅读】

5G智慧洗护工厂建立全国100公里洗护圈

山东某洗衣电子商务公司成立于2016年12月19日，拥有C2F洗护平台。该平台有别于传统干洗门店的单一模式（客户现场送衣取衣、卫生条件简陋、设备低端、洗护无规范、售后无保障等），采用的是"微信下单→顺丰上门取送→智慧工厂洗护"的C2F洗衣模式。从2017年到2020年，该平台已完成4次洗护工厂的升级改造。5G智慧洗护工厂在案例中央洗护工厂的基础上进行升级，是集医护级、层流级、净污分离为一体的"2区3通道"新一代智慧洗护工厂，厂内从功能布局、洗护流程、全面消毒、智能化工序、RFID应用等方面进行了提升，不断优化产业技术创新，实现全流程智慧化管理。通过智能工厂实现对衣物洗护的细节化监控，实现高标准、高要求、高品质的洗护。并同中国移动运营商达成合作，就5G工厂应用、工业内网、智能物联等方面展开全面布局，整合衣物大数据，规范衣物洗涤护理标准、服务流程，支撑传统基础设施转型升级，让传统门店洗衣升级成为5G智慧洗护工厂，打造更专业的洗护团队和售后服务，逐步建立特色洗护模式。

构建5G、物联网和协同办公系统，推动洗衣智能化、个性化。案例面向工厂的智能化升级需求，依托5G技术，通过网关连接工厂设备，为设备连接提供高性能、高速率、高可靠、低时延5G网络，实时将工厂现场数据传输到后端运维管理平台，构建连接工厂内外的人和机器为中心的全方位信息系统，实现工厂维护全面升级，个性化生产服务。搭建桌面云系统，研发5G批注系统和智能终端监看系统，打造协同办公平台，提升云端协同能力。采用自主研发的高性能桌面图形压缩算法和HSKRC传输协议，可调整远程屏幕分辨率，最大化或原始等各类分辨率自由切换；智能撮合型UDP和TCP切换体系，让智能终端监看系统的网络穿透率达到95%以上，1024位SSL传输加密。利用5G网络为用户的交流开发"批注"系统，使用户在线交流沟通中通过"批注"系统进行实时的操作办公，双方可同时看到批注或更改内容，保障双方的顺畅性和准确性。

建立全国100公里洗护圈，提供高品质洗护服务。5G洗衣时代，山东某企业案例不仅促进了洗护工厂从集约化、自动化向绿色化、智能化快速演进，还以更高标准为洗护行业发展树立了标杆，规范衣物洗涤护理标准、服务流程，打造新一代洗护标准。助推洗护行业颠覆传统，为行业创新发展提供驱动力，全面推动洗护行业的现代化服务升级和新旧动能转换。未来，山东某洗衣电子商务公司计划实现全国范围内"分布式十全品类"洗护服务，完成至少每个省或直辖市1座共60座中央洗护工厂建设运营，加大科研投入，创新发展，逐步实现衣物入厂到出厂全程智慧化管控，设备、人员及水电气进行精细化管理，建立全国100公里洗护圈。在"新基建"的号召下，案例将不断加强工业互联网升级、5G产业升级、服务标准升级，深耕洗护全产业链，努力推动洗护行业高质量快速发展，为消费者提供高品质便利化洗衣服务。

资料来源：中华人民共和国商务部．中国电子商务报告2022［M］．北京．中国商务出版社，2023．

第 5 章 创 业 过 程

【学习目标】
1. 了解创业项目从生成到实施的过程，基本掌握识别创业机会的具体方法。
2. 理解创业资源整合的重要性，基本掌握创业资源整合的具体方法。
3. 基本掌握创业团队构建、商业模式打造的具体方法。
4. 培养系统性的思考能力、全局性的思维模式和启发性的创业意识。

【案例导入】

人生可以逆转——从打杂小弟到千亿富豪

郑裕彤，全球华人十大富豪之一，珠宝大王，是香港新世界发展有限公司及周大福珠宝金行有限公司荣誉主席、恒生银行有限公司独立非执行董事、信德集团有限公司非执行董事及利福国际集团有限公司非执行主席，同时被誉为香港地产界"四大天王"之一。2008年，郑裕彤和李国能、胡鸿烈、陈瑞球一同获颁最高荣誉大紫荆勋章。从有富豪榜以来，郑裕彤就一直排名前茅。他从一个中学未毕业的打杂小弟到千亿级的超级富豪，创立"周大福""新世界"两大龙头企业。

（1）学习和思考，是创新创业的根本。

郑裕彤从在一家金铺做打杂小弟开始学做事情，这个金铺就是周大福的前身——周大福金店。金铺老板周至元则在后来成为他的岳父。只用两三年，郑裕彤就熟悉了店内店外的经营，十七八岁时就能代行老板的职责，二十岁，他前往香港成立了周大福分号，做起了真正的掌柜。在通常人眼中，郑裕彤做掌柜，显得有些"不务正业"。他常常只在店里待四五个小时，就让伙计负责看店，自己跑到外面，直到关门打烊才回来。而且，到澳门之前他就已经养成这样的习惯了，岳父还一度责备他，怪他偷懒。但这却是郑裕彤做好掌柜的一个成功法宝。他说："我不喜欢一直坐在店里，我喜欢到外面去了解生意。老板不要总坐在家里埋头苦干，要到外面去看。我就是去看市场，去看别的店铺。做得好的，要看人家成功的因素是什么，做得不好的，要看他们为什么会做不好，从其他人的经验中去学习，我们要怎样做得更好。"这种爱到外面了解、学习，然后思考、总结的习惯，让郑裕彤看到很多人看不到的机会。1955年，郑裕彤看到珠宝业很有前途，于是让周大福也开始经营珠宝。香港市场竞争激烈，他从市场普遍卖99金，而且还有商家还把94、95的黄金都当成99金来卖的局面中，看到做9999金的机会，并且首创了这个后来成为黄金业行业标准的公司标准。看到外资公司怎样搞管理，他也学习过来。他看到钻石是个新生意，毅然经营起钻石业务，后来成为南非最大的钻石厂商。进入地产业、酒店业后，他也是一路看别人、做自己，始终未曾停止过学习。

(2) 放眼长远，做大事者不能急功近利。

郑裕彤创立的新世界是香港四大地产商之一，而且一度是香港发展势头最猛的地产企业。他看准了需求——香港的地方小，人口却越来越多，即使短期有波动，只要撑得住，从长远看，做地产一定不会有错。所以，他敢于大手笔地把地买下来盖房。看对了香港地产业的黄金时代，重拳出击，而且从长计议，用时间换空间，这也是郑裕彤获得成功的重要原因。在地产业，除了小打小闹，所有大项目，郑裕彤都是放眼长远，每个项目一做都是几年或十几年，很多物业更是只租不售。即使遇到经济萧条，他也等得起、熬得住。"我不喜欢立刻就能赚钱，赚得越快的钱，风险越大。我做每一件事都是从长远去看，看透了才去做，不是急功近利的。"郑裕彤解释，"以香港会展中心为例，我做的时候，别人说我很大胆，其实我已经看透中国最终一定要收回香港，我对香港的前途、对国家的前途有信心。"放眼长远、投资长期事业的策略，令郑裕彤把时间化为制胜筹码，在经济长期向好的大趋势下，他成为享有香港与内地经济发展红利的大赢家。

资料来源：祝春亭. 郑裕彤传：鲨胆大亨 [M]. 武汉：湖北人民出版社，2020.

思考题：

1. 郑裕彤的创业故事，对你有什么启发？
2. 选择创业方向应该考虑哪些因素？
3. 党的二十大报告中强调"必须坚持守正创新，必须坚持问题导向"，请问郑裕彤的创业故事是如何体现"守正创新"和"问题导向"的？

5.1　创业机会的识别与把握

5.1.1　创业机会的概念、特征和分类

(1) 创业机会的概念。创业机会是指产品或者服务能够具有自身的吸引力、价值特性，并且能够为购买用户或者使用用户创造附加价值的商业机会。创业机会往往表现为通过技术迭代、服务迭代、原材料迭代、组织形式迭代等方式，实现利润收益的模式。

(2) 创业机会的特征。创业机会具备以下特征：一是普遍性，哪里有市场和生意，哪里就客观存在创业机会。创业机会普遍存在于各种商业活动中。二是偶发性，对于一个企业来说，创业机会的发现和捕捉具有很大的不确定性，任何创业机会都有"意料之外"的因素。三是随机性，创业机会存在于一定的时空范围之内，随着产生创业机会的客观条件的变化，创业机会就会相应的消逝和流失。

(3) 常见的创业机会分类。

①已有市场机会和潜在市场机会。现有的市场机会是市场机会中那些明显未被满足的市场需求。往往发现者多，进入者多，竞争必然激烈。潜在市场机会是那些隐藏在现有需求背后的未被满足的市场需求，难以发现和识别，往往蕴含着巨大的商机。

②行业市场机会和边际市场机会。市场机会是指某个行业的市场机会。其发现和识别的难度系数较小，但由于竞争激烈，成功的概率较低。边际市场机会是不同行业交叉组合中出现的市场机会。它处于一个真空地带，行业之间有"鸿沟"，很难发现。它需要丰富的想象力和大胆的开拓精神。一旦开发出来，成功的概率也很高。

③当前市场机会和未来市场机会。当前市场机会是在当前环境变化中出现的机会，而未来市场机会是通过市场研究和预测分析，在未来某一时期实现的机会。如果创业者提前预测到机会一定会出现，就可以在这样的市场机会到来之前做好准备，从而获得领先优势。

④整体市场机会和局部市场机会。全方位的市场机会是指在广泛的市场中未被满足的需求。通过在大市场中寻找和发掘局部的或细分的市场机会，利用一切机会填补空白，创业者可以将优势资源集中到目标市场上，这有利于增强主动性，减少盲目性，增加成功的可能性。本地市场机会是在本地范围或细分市场中未被满足的需求。

5.1.2 识别创业机会

如何识别创业机会，是创业者应当具备的能力之一，在确定市场用户的需求之后，在市场中积极寻找对应的切入机会，也就是用户群体以及对应的销售渠道。专注于满足客户需求，同时给客户带来增值效应。

(1) 创业机会识别策略。创业者在识别创业机会时要把握"时"与"势"，选择创业要善于识别和把握市场中的机会点，一个好的切入点或者市场缺口代表着创业之路的正确方向，沿着正确的方向不断调整战略积极前行。

①研究行业变化。变化中常常蕴藏着无限商机，许多创业机会产生于不断变化的市场环境。环境变化将带来产业结构的调整、消费结构的升级、思想观念的转变、政府政策的变化、居民收入水平的提高。人们透过这些变化，就会发现新的机会。机会本身就代表着改变，任何的变化都会给各行各业带来很好的机会，通过这些变化发现新的前景。变化包括但又不限于产业结构的变化、科技进步、传播创新、政府管制调整、经济信息化与服务、价值观和生活方式的改变、人口结构变化。随着科技的发展，高科技领域的发展是时下的热门话题，党的二十大报告中指出要强化企业科技创新主体地位，发挥科技型骨干企业引领支撑作用，营造有利于科技型中小微企业成长的良好环境。科技行业蕴藏着巨大的能量，世界产业发展的历史告诉我们，几乎每一个新兴产业的形成和发展，都是技术创新的结果。产业的变更或产品的替代，既满足了顾客需求，同时也带来了前所未有的创业机会。但机会并不仅限于高科技领域。交通、金融、医疗、餐饮、流通等低技术领域的创新发展也有机会。

②洞察客户痛点。机会不可能从所有客户身上找到，因为共同的需求很容易理解，基本上很难找到突破口。创业机会存在于为顾客创造价值的产品或服务中，而顾客的需求是有差异的。创业者要善于找出顾客的特殊需求，盯住顾客的个性需求并认真研究其需求特征，这样就可能发现和把握商机。如果我们时不时关注一些人的日常生活和工作，就会发现一些机会。所以在寻找机会的时候，要学会对客户进行分层，仔细研究不同层次用户的需求特点，通过对于需求的分析，寻找创业的机会和方向。提供便利性的服务也是创业方向。那些对每个人来说"令人苦恼的事情"和"麻烦的事情"，人们总是渴望解决它。如果因此能提供一个解决方案，实际上因此也会找到一个机会。

③聚焦资源优势。利用创业资源的"手中鸟"原则，该原则由任教于美国弗吉尼亚大学达顿商学院萨拉斯教授（Saras）提出，指的是创业机会是从目前手上所拥有的资源出发并展开行动，是资源驱动，而非目标驱动。"客人已经等着上菜了，你没有菜单，也不可能等所有的食材和配料都备齐了才开始干，你只能用土豆去创造。"现成的客户资源优势、团队优势等都可以成为你的资源，聚焦在"手中鸟"的资源优势，要充分发挥其作用和价值。

④关注时代变化。现代生活节奏越来越快，越来越多的人已经接受了"时间就是生命""时间就是金钱"的价值观。快节奏的生活方式必然会产生新的市场需求。用钱买时间是现代都市人的优先选择，比如，外卖、同城配送等，创业者看到这一点，就可以做满足人们快节奏生活需求的生意。

⑤获取价值信息。获取别人难以获取的有价值的信息、拥有超强的信息处理能力，共同构成了创业者找到创业机会的前提。

（2）筛选创业机会。相对合适的创业机会有如下特点：三至五年内需求前景稳定，行业发展变动小；关键资源与创业者无明显区隔，利于获取；通过不断的技术创新和迭代可以快速获取市场份额；与行业相关的创新点创新机会较多；相对性的创业风险较小，在创业者的可承受范围内。优质的创业机会有利于聚合相关资源和人才，创业团队和投资人对创业前景寄予很高的期望，创业者对未来创业机会所能带来的丰厚利润充满信心。然而，创业并非一帆风顺，风险或者失败才是创业的主旋律。为了规避此类情况，创业者需要用更为客观的方式进行评估。

①市场标准评价法，分为以下六点：

一是定位。在评估创业机会时，创业机会可能创造的市场价值可以通过市场定位是否清晰、客户需求分析是否明确、客户接触渠道是否畅通、产品是否持续衍生来判断。创业给客户带来的价值越高，成功的概率就越大。

二是结构。本书从进入壁垒、供应商、客户和经销商的议价能力、替代产品的威胁和市场的激烈竞争五个方面分析了创业机会的市场结构，表明了企业在未来市场中的地位和竞争对手可能反击的程度。

三是规模。如果市场大，进入门槛相对较低，市场竞争的激烈程度会略有降低。如果想进入一个非常成熟的市场，那么利润空间会很小，不值得再进入；如果是成长型市场，只要时机合适，必然有盈利空间。

四是渗透率。对于一个市场潜力巨大的创业机会，市场渗透率的评估将非常重要。最佳的入市时机也就是市场需求即将大幅增加的时候。

五是份额占比。一般来说，要想成为市场领导者，至少要有20%的市场份额。如果市场份额低于5%，这个新企业的市场竞争力不高，自然会影响其未来上市的价值。尤其是在具有赢者通吃特征的高科技行业，新企业必须有能力成为市场前几名，才更有投资价值。

六是成本结构。从材料和人工成本的比重、变动成本和固定成本的比重、经济规模的产出，可以判断企业创造附加值的程度以及未来可能的利润空间。

②效益标准评价法，分为以下四点：

一是净利润率。一般来说，有吸引力的创业机会需要能够产生至少15%的税后净利润。如果税后预期净利润低于5%，那么这就不是一个好的投资机会。

二是盈亏期。两年内应该达到合理的盈亏平衡时间。如果三年内达不到，恐怕就不是值得的创业机会。也有一些特殊行业、特殊情况的存在，有些创业机会（比如京东）确实需要很长时间的培养，通过前期的投入，创造进入壁垒，保证后期的持续盈利。这种情况下，前期投资可以视为运营投入，这样可以接受很长一段时间的盈亏平衡。

三是投资回报率。考虑到创业面临的各种风险，合理的投资回报率应该在25%以上，15%以下的投资回报率不值得考虑。

四是资金缺口。投资者普遍欢迎资本需求低的创业机会。事实上，高资本投入不利于创业成功，甚至带来稀释投资回报的负面效应。一般情况下，越是知识密集型的创业机会，对资金的需求越低，投资回报率越高。创业初期，一般不建议融资太多。通过盈余积累来提升资金量，相对较低的资本量有助于提高每股收益，从而进一步提高未来上市的价格。

（3）创业机会的发现与构建（见图5-1）。创业者不仅要善于发现机会，更需要正确把握，大胆行动，将机会转化为现实的成果。构建创业机会能够让创业者看清形势，为接下来的行动打好基础。

①创业机会的构建。创业机会的构建是指创业者在综合信息并进行有效分析后，确定创业方向的一个过程，但是在发现创业机会的同时也要注意"意识陷阱"的存在，对于相关构建信息还要经过全面、细致的分析之后再做重复构建。

②创业机会的构建过程。创业机会的构建过程是一个完整的、复杂的信息加工的过程，在整个过程中创业者不仅仅是通过自己的信息加工分辨能力，还要综合行业领袖以及优秀企业的综合表现，进而分析得出最终的确定性结果，整个过程都需要在环境因素、政策因素、人员因素、市场因素、资金因素等综合因素的有效复盘下作出决定。

③创业机会的信息处理。信息处理往往会陷入主观意识的怪圈，创业者在进行信息处理的阶段，更加有效地、综合地去判断信息的价值以及信息背后代表的逻辑才是对于信息处理的最客观的判断。信息处理的卓越能力取决于创业者自身的智力结构、经验结构以及敏锐的洞察力。

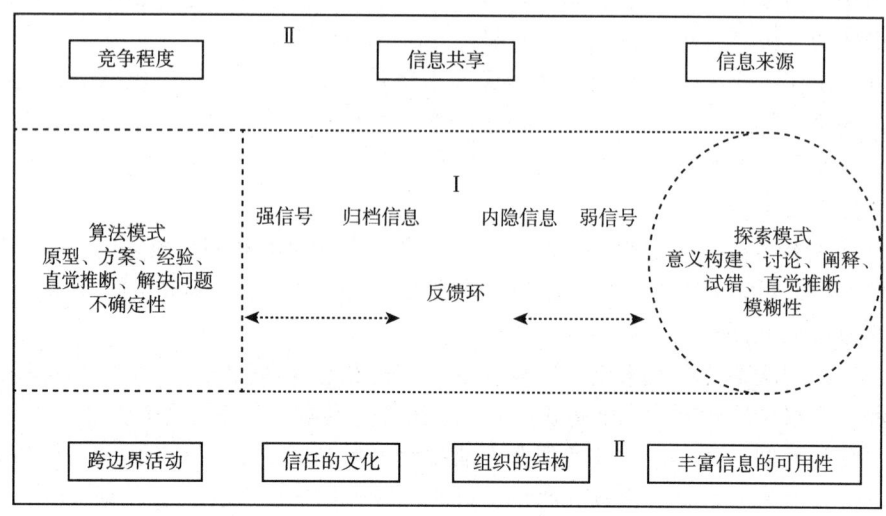

图 5-1 创业机会的发现与构建

5.2 整合创业资源

如果一个人能发现特定资源的价值，或者善于获取资源，创业机会就会无处不在。否则，它将永远不会出现或存在。资源和创业者的关系，就像颜料、画笔和艺术家之间的关系。创业机会对创业者来说毫无意义，除非获得创业所需的资源。机会识别的本质是创业者能否获得足够的资源来支持可能的创业活动。

柯兹纳（Kirzner，1979）和卡森（Casson，1982）也认为，创业机会的存在本质上是一些创业者能够发现特定资源的价值，而另一些创业者不能。就整个创业过程而言，创业机会的提出来源于创业者凭借自身的资源和财富对机会价值的认可。

比如同样的产品或盈利模式，有的人会采取行动创收，有的人往往会让机会溜走。对于后者来说，其往往缺乏必要的创业资源。所以从这个角度来说，创业就是把创业机会的识别和创业资源的获取结合起来。本章将和大家探讨什么是创业资源、创业需要的资源类型、分析现有资源、识别资源缺口和关键资源，以及如何寻找合适的途径和机会获取合适的资源。

5.2.1 什么是创业资源

5.2.1.1 创业资源的概念

俗话说"巧妇难为无米之炊"。同样，没有资源，创业者只能寄希望于机会。资源是任何主体在向社会提供产品或服务的过程中所拥有或能够控制以实现自身目标的各种要素及要素组合（Bamey 1991；Bamey 2001 年）。林强（2003）和林彪

（2005）曾给出创业资源的学术定义。他们认为，创业者资源是企业建立和成长过程中所需要的各种生产要素和支持条件。布森尼兹（Busenitzb，2001）认为创业本身也是一种资源的重新整合。简单来说，"创业资源"就是创业者需要的一些创业条件。

5.2.1.2 创业资源的类型

分类方法可以帮助我们进一步了解创业资源。

（1）直接资源和间接资源。林强、宋琳、姜岩富等（2003，2005，2006）认为，根据资源要素在企业战略规划过程中的参与程度，创业者资源可以分为间接资源和直接资源。财务资源、管理资源、市场资源和人力资源是直接参与企业战略规划的资源要素，可以定义为直接资源。政策、信息资源和科技资源比直接参与创业战略的制定和实施对创业成长的影响更大。因此，创业战略的规划是一种间接职能，它们可以被定义为间接资源。根据上面的分析，创业资源的概念模型如图5-2所示。

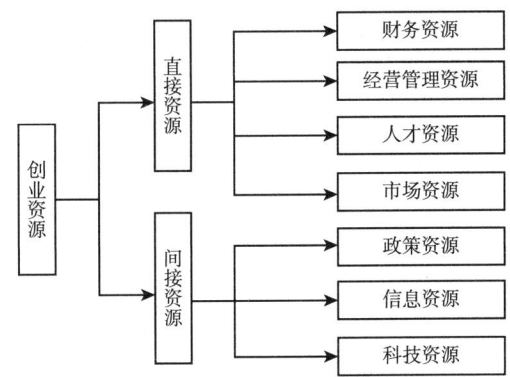

图5-2 创业资源细分概念模型

财力：启动资金、经营资金、周转资金、亏损预期内的资金储备是否充足。

管理资源：用户在哪里、如何寻找、对于变化要如何处理、业务运营的有效性和及时性如何保障。这些因素都是突出管理资源的价值所在。

人才：对应的项目、对应的职能是否有能力相匹配的人员来对接，并保证执行过程稳定有效。

市场资源：营销网络和客户资源、行业经验资源、人脉关系，即是什么让你进入这个行业？这个行业有什么特点？盈利模式是什么？你有最低限度的业务往来吗？市场客户在哪里？销售渠道有哪些？

资源：是否有匹配的准入政策、鼓励政策、扶持政策或优惠政策等来推动人们创业，使其成为创业前期的"助推器"或"孵化器"。

信息资源：决策依据是什么？决策所需信息如何获取？创业资源的信息如何真实、有效、及时地获得并加以分析和利用？

科技资源：创业型企业凭借什么在市场上竞争？它向社会提供了什么样的产品

和服务？大学生创业造就了今天的惠普公司、英特尔公司等高科技企业，创造了硅谷神话，为美国创造了巨大的社会财富，这首先依靠的就是核心技术。

（2）巴尼分类：人力技术资源、财务资源、生产经营资源。根据巴尼（Barney）的分类，创业期的资源按其重要性可分为以下几类：组织资源、人力资源和物质资源。因为新创建的企业，组织资源无疑是三大类中较弱的一部分；人力资源是创业期最关键的因素，创业者及其团队的洞察力、知识、能力、经验和社会关系影响着整个创业过程的开始和成功。同时，在企业创建时期，专门的知识和技能往往掌握在少数人手中，比如创业者。因此，此时的技术资源实际上与人力资源紧密结合，上述两种资源可能成为企业竞争优势的重要来源。在物质资源中，初创期的资源主要是财力和少量厂房及设备。

因此，再次总结了细分的风险投资资源，其主要包括以下几点。

①创业者及其团队掌握的能力、经验、社会关系和核心技术在内的人力资源；

②金融资源是以货币形式存在的资源，其他生产经营资源包括工厂、设施、原材料等。

（3）核心资源和非核心资源。根据资源基础理论，风险投资资源可以分为核心资源和非核心资源。风险投资资源应用体系的基本思路是识别核心资源，立足核心资源，充分发挥非核心资源的辐射作用，实现风险投资资源的优化组合。根据风险投资资源的分类，可以解释如下。

核心资源主要包括技术、管理和人力资源。这些资源关系到创业公司的核心竞争优势，不同于其他公司，它们是几个阶段的主线，如识别、选择和利用创业机会。基于这些因素，有必要扩大创业企业的发展。对于企业来说，人力资源主要是知识财富，是公司创新的源泉。高素质人才的获取和发展是现代企业可持续发展的关键。管理资源也可以理解为创业者的资源。创业者的素质对创业型企业的发展起着至关重要的作用。

非核心资源主要包括奖金、场所和环境资源。如何有效吸收资金资源，保持稳定的资金周转率、实现预期的盈利目标，是企业成功的瓶颈。良好的场地资源可以大大降低运营成本、提供便捷的生产经营环境、在短时间内积累更多物美价廉的用户或供应商。环境资源作为一种周边资源，影响着初创企业的发展。比如信息资源可以为创业者提供丰富的场地资金、管理团队等关键资源，文化资源可以促进管理资源的可持续发展。

（4）自有资源和外部资源。以上所有资源不属于自有资源，也不属于外部资源。

自有资源来源于内部机会的积累，是创业者可以用来创业的资源。比如创业者有自筹资金、自有技术、自有创业机会信息、自建销售网络、可控物质资源或管理能力等。有时候，即使是创业者的创业机会也是他们唯一拥有的创业资源。

外部资源可以包括朋友、亲戚、商业伙伴或其他投资者、投资者的资金，或借来的人、空间、设备或其他原材料（有时由客户或供应商免费或廉价提供），或作为提供未来服务、机会等的交换，有些甚至可能是社会组织或政府资助的管理援助项目。外部资源多来自外部机会发现，在创业初期起决定性作用。创业者在创业之初面临的一个重要问题就是资源的短缺和资源的供给。一方面，企业的创新和成长必须消耗大量资源；另一方面，企业本身还比较弱小，无法实现资源的自我积累和增值。因此，企业只有识别机会，从外部获取充足的创业资源，才能实现快速成长，这也是创业资源区别于一般企业资源的独特之处。对于创业者来说，利用外部资源是非常重要的，尤其是在企业的创立和早期成长阶段。而最关键的是有权使用资源、有权控制或影响资源的调配。

人们对自身资源的所有权将在很大程度上影响甚至决定自身获取外部资源的结果。"打铁还需自身硬"，创业者的决心需要致力于自身资源的拓展和升级。拥有自己的资源（尤其是技术和人力资源）可以帮助人们具有获得和使用外部资源的优势。

（5）最低资源和差别资源。即最小资源和差别资源。一般来说，人们不可能拥有上面提到的所有资源，但要进入创业阶段必须满足两个条件：一是拥有进入一个行业的最起码的资源；二是拥有不同的资源。任何一个条件不满足，创业成功的可能性都很小。对于准备创业的人来说，要书面列出进入这个行业最起码的资源是什么？我已经拥有了什么？如何得到自己还没有的东西？进入这个行业有哪些不同的资源？我已经拥有了什么？如何得到自己还没有的东西？

5.2.2 创业资源的重要性

5.2.2.1 创业资源和创业过程的关系

创业资源的重要性可以从创业资源与创业过程的关系中总结得出。

创业过程分为两个部分，企业成立前的机会识别和企业成立后的成长过程。机会识别与创业资源密切相关。直观地看，机会识别就是分析、考察、评估可能的潜在创业机会。

在现有的研究中，机会的定义是直接从机会创造市场价值的角度给出的。例如，柯兹纳（Krizner, 1973）认为机会代表了通过整合资源和满足市场需求来实现市场价值的可能性。休伯特（Hulbert, 1996）认为机会实际上是一种迫切需要满足的市场需求。这种潜在的市场需求是如此的强烈，以至于创业者意识到这种需求是相当有利可图的。阿迪奇威利（Ardichvili, 2003 年）有一个更直接的定义。从创业者试图寻找早期客户的角度来看，他认为机会其实就是创业者找到的价值灵魂。可见，机会识别的本质是创业者能否获得足够的资源来支持可能的创业活动。机会识别的主观色彩浓厚。由于性格特征不同，不同的人在如何识别机会上有各种不同。既然机会识别与人的主观特质密切相关，而人的特质很大程度上是先天的，那么人们是不是没有办法提高创业者精神？但如果从资源的角度来看，创业机会的识别在于创业资源的获取，这需要通过具体的技术和思维方式进行分析，从这个角度来说，通过创业教育、创业实践等，人们可以通过后天的方法来提高这些能力。

林强（2006）等认为，创业资源在创业成长中起着重要的支持作用。在创业的过程中，创业者要关注的是如何有效地吸收更多的创业资源，并进一步将其整合为企业的竞争优势。资源的有效利用对企业意义重大（Timmons 1999），因为获得的资源会逐渐流失。资源对创业过程的促进是通过创业战略的制定和实施来实现的。对于任何一个企业来说，战略定位不清晰、核心资源不明确是其发展的主要障碍。因此，有效的资源整合可以帮助创业者重新认识企业的竞争优势，制定可行的创业战略，为新创企业的成长奠定良好的基础。一方面，战略的制定和实施需要一定的资源支持。只有有了充足的资源，才能在此基础上制定和实施战略。因此，新创企业拥有的创业资源越丰富，创业战略就越有保障。另一方面，创业资源也可以适当修正企业的战略方向，帮助新企业选择正确的创业战略。因此，企业获得的创业资源越多，越有利于创业战略的实施。

5.2.2.2 技术和人力资源是最重要的资源

党的二十大报告提出，必须坚持科技是第一生产力、人才是第一资源、创新是第一动力，深入实施科教兴国战略、人才强国战略、创新驱动发展战略，开辟发展新领域、新赛道，不断塑造发展新动能、新优势。创业战略亦是如此，其中，创业团队自身的人力资源是创业期最关键的因素。创业者及其团队的洞察力、知识、能力、经验和社会关系影响着整个创业过程的开始和成功；同时，在企业创建时期，专门的知识和技能往往掌握在少数人手中，比如创业者。因此，此时的技术资源实际上与人力资源紧密结合，上述两种资源可能成为企业竞争优势的重要来源。不少大学生认为创业者或创业团队在创业初期最缺乏的是资金，但现实情况中，有了技术和人力这些核心资源，就有了获取财力的好方法，资金因素并不是最重要的制约因素，资金可以通过团队的能力和技能获得；反之，则不行。

（1）技术资源是创业前最关键的资源。目前大学生的技术意识还不够强。从中国大学生创新创业大赛征集到的创意方案来看，其大多偏向于商业服务，拥有核心实用技术的很少。大学生应该关注当前社会发展的方向。真正的创业者，一是有核心技术，二是有一流的团队，现阶段的社会很难靠一个商业创意去融资。而技术资源可以回答这个问题：我们能提供什么样的产品或服务？它能满足或实现什么样的需求？谁会需要我们的产品或服务？

有研究者指出，在创业初期，技术资源是最关键的创业资源之一，原因有三：第一，创业技术是决定创业产品市场竞争力和盈利能力的根本因素；第二，创业技术的核心决定了其所需风险资本的大小，对于技术上没有根本性创新的初创企业，只要风险投资保持小规模，就能维持企业的正常运转；第三，从创业阶段来看，由于企业规模较小，其对管理和人才的需求没有成长期那么高。企业是否掌握了创业所需的核心技术、是否拥有技术的所有权，决定了创业的成本和新创企业能否在市场上取得成功。依靠高科技的创业更是如此。美国的微软和苹果，初期的风险投资只有几千美元，创业者也就那么几个。他们之所以成功，是因为他们独特的创业技术。所以创业企业成功的关键是找到成功的创业技术。

很多时候，有了核心技术，就有了获得资金支持的资本。奇点临近成立于2021

年，是一家以全天候智能眼镜为核心方向的科技创新企业，致力于以纵向一体化的模式，从硬件、软件、算法全链路底层技术入手，用不断创新的技术和解决方案打造解放双手、一镜走天下的革命性智能眼镜产品。随着元宇宙概念的火爆及 AR 技术的发展，智能眼镜又一次站上风口。奇点临近提出眼镜"智能化+纵向一体化"，实现终端特性的顶层设计与操作系统、算法、应用等底层协同，从技术根源上解决问题，在满足用户日常佩戴的基础上，提供智能化的体验。作为一家以全天候智能眼镜为核心方向的科技创新企业，AR 硬件企业完成了超 1 亿元人民币的天使轮融资。

（2）创业企业一旦成立，人力资源就成为企业持续经营的最重要的资源。人力资源不仅指创业者及其群体的专长、知识和激情，还包括创业者及其群体所拥有的能力、经验、意识、社会关系和市场信息。美国苹果电脑公司创始人史蒂夫·贾比尔（Steve Jabber）曾说过："创业时，雇用的前 10 个人将决定公司的成败，每个人都是这个公司的十分之一。如果 10 个人里有 3 个人不那么优秀，那为什么要让你公司里 30% 的人不够优秀呢？小公司比大公司更依赖人才。"

看了很多大学生创业的故事后发现，大学生创业最难的不是资金，而是意识、知识、信息、技能的缺失。创业越深入，这些不足就越容易出现。企业一旦成立，创业者团队的管理能力和经验至关重要。很多中国大学生轰轰烈烈地创业，但真正成功的却很少，相当一部分甚至在三个月内就宣布解散。

创业不是一件很容易的事情。创业初期，创业者什么都要亲力亲为，包括对外筹集各种资源，协调各种关系，开发客户，应对各种变化，还有内部调配资源、管理运营。总的来说，由于教育方式等各种原因，大学生一直在象牙塔里，难免眼高手低。创业之初，很多大学生不知道如何待人接物、如何做人、如何与生意伙伴交往，以及一些商业运作中的基本常识（如盖章、签约、开户、税务等）。因为他们缺乏社会经验，任何一个小小的困难，都可能成为压垮他们理想和抱负的"最后一根稻草"。

（3）整合资源的能力远胜于拥有所有创业资源。无论资源准备得多么充分，人们也不可能预见创业后的所有问题。任何一个创业者在想出了所有问题的答案之后，就有可能不去创业。讨论资源的重要性，目的不是给有抱负的创业者泼冷水，也不是建议大家等待"什么都有"。

很多人第一次创业的时候，资源都很短缺。大量的例子也表明，创业者在创业之初所能获得的资源几乎微不足道。做小生意不需要太多资本。创业者做到一定规模后，与之相比，企业的初期资本可以忽略不计。这一规律不仅在知识经济时代，而且在资源经济时代都能得到体现。比如 1946 年伊布卡（Ibuka）和盛田昭夫创立东京通信工业公司（索尼的前身）时，初始资本只有 500 美元；惠普的创始人威廉·休利特和阿维德·帕卡德在创业之初身无分文，他们从弗雷德·特曼教授那里借了 538 美元，租了一辆汽车，成立了惠普公司。苹果电脑公司于 1976 年由史蒂夫·沃兹尼亚克和史蒂夫·乔布斯在他们自己的车库里创立；马特的创始人山姆·沃尔顿（Sam Walton）于 1962 年从一家小商店起家，现已发展到拥有全球 4 000 多家连锁店。中国刘氏家族创办的希望集团从 1 000 元起家，如今已发展成为中国最大的民营企业之一。香港上市公司金利来的创始人,创业资金只有6 000港币。

按照熊彼特的说法,"创业者的职能是实现新的组合"。因此,创业资源的优化配置是创业者实现成功创业必须认真考虑的问题。贾里洛(Jarillo,1989)也通过实证分析得出结论,"创业者精神的本质在于利用外部资源的能力和意愿"。现在美国用"创业者"来指在没有太多资源的情况下,决心创新、探索和实现潜在机会价值的创业者。在这个问题上,人们或许还能从阿玛尔·巴蒂的话中得到启示——"大多数准创始人面临的最大挑战不是筹集资金,而是在没有资金的情况下把事情做好的智慧和魄力"。可以说,创业成功不需要100%拥有所有资源,整合资源的能力远胜于拥有所有创业资源。

事实上,所有成功的创业者在成长的各个阶段都会尽可能少地使用资源来推动新企业的发展。同时,对他们来说,资源的归属不是关键,而是对他人资源的控制和影响。这种态度的好处是可以减少创业者创业所需的资金量,在选择经营还是放弃企业时处于更有利的地位。灵活性的提高是以放弃资源所有权为代价的,降低了沉没成本和固定成本,用丰厚的利润抵销了可变成本的增加,从而大大降低创业者在把握商机过程中的风险。

星巴克的崛起之路也是典型的案例,其在1971年成立,在全球已有将近21 300家分店,遍布全球。资源整合体现产品价值的拓宽,星巴克在一项调查中发现,自己的2 000万顾客中,90%都是互联网用户。星巴克决定在菜单上添加一项"新内容"——高速无线互联网服务。它与惠普以及T-Mobile联手,共同致力于为消费者带来无线、高速的体验。在拥有T-Mobile HotSpotSM高速无线网络的星巴克咖啡店中,顾客只需一个支持无线网络功能的笔记本电脑或者PoeketPC,就可以实现在互联网上畅游。惠普出现以后,星巴克提供的就是全能的超值服务,看似毫无瓜葛的两者,一旦合作,将会改变很多,它们的合作足迹将使餐饮业的e化成为可能。三家优秀企业共同为星巴克的顾客定义了一个价值包——人们边喝着香浓的咖啡,边在互联网上体验畅游的感觉。

5.2.3 获取创业资源

5.2.3.1 获取技术资源的途径

获取技术资源的途径以及获取起步项目所依赖技术的途径方式有以下几种。

(1)培养技术人才,通过内部培训和技能提升、邀请技术专家或技术专利持有人加入团队,共享技术资源和人才。

(2)通过技术市场的分析,判断技术资源的周期,如果前景明确,则收购已有的技术资源;创业企业也可以与其他企业或研究机构进行技术合作研发,共同开展新产品或新技术的研发工作,通过技术合作研发,创业企业可以借助合作伙伴的技术实力和资源,加快产品研发进程,降低研发成本,同时还能获得合作伙伴的技术支持和市场渠道。

（3）通过技术成果的分析和市场化的考察，提前购买前瞻性的技术，并推进技术成果转移，加速其商业化。

（4）学术界合作是创业企业获取技术资源的重要途径之一。通过与学术界的合作，创业企业可以获得专业的技术支持和研发资源，提高自身的技术实力和创新能力。时刻关注高校实验室、教师或学生的研发成果，定期到国家专利局查阅各类专利申请，养成关注科技信息、浏览各类科技报告、关注科技成果的习惯。政府机构、同行创业者或同行企业、专业信息机构、图书馆、高校研究机构、新闻媒体、会议和互联网等都是人们获取这些信息的渠道。人们可以根据自己的实际情况和各种途径的特点，选择一种或多种途径，尽可能地获取有效的、自身需要的信息。

5.2.3.2 获取人力资源的途径

这里的人力资源不是指创业公司成立后要招聘的员工，而是创业者及其团队所拥有的知识、技能、经验、人际关系、商业网络等。

如何快速拥有创业团队自身所需的人力资源，向别人学习是最快的方法。但是优秀的人一般不会主动来找你，所以需要主动、大胆地向学校内外优秀的人求教。善于寻找最优秀的人，比如高素质的股东、律师、银行从业者、会计师等专业人士，让他们在早期阶段参与公司的活动，甚至加入自己的创业团队。人们可以把学校、政府、企业中值得拜访、对事业有帮助的优秀人士列一个清单，想办法找到他们的联系方式，然后大胆地给他们打电话或者发邮件，去拜访他们或者和他们一起吃饭。但在正式拜访前要做好充分的准备，优秀的人一定是愿意帮助愿意上进的优秀年轻人的，要对自己充满信心。

获取经验也是重要的步骤之一，不同时期可以积累不同的经验，提前了解创业阶段，有助于掌握积累经验的节奏。一般而言，创业分为三个阶段，即体验创业、学习创业和实践创业。

第一阶段是体验创业。现阶段不会成立任何公司，也不会投入任何资本，主要是因地制宜做一些商业活动。比如卖二手书、代跑腿、提供学生喜欢的方便食品、买卖一些学生用品赚取差价、利用同一种商品在不同地区的差价进行一些"倒卖活动"等。从中可以学到一些商业精神和很多商业游戏规则，发现自己在处理社会问题上的不足。

第二阶段是学习创业。很多人在第一阶段就停止体验活动，但也有同学可能在此基础上受到启发，发现其中可能有的商机，于是会在此基础上进一步寻找商机，例如，几个志同道合的同学参加一个创业大赛，或者模拟一个公司的运作。在这个过程中，人们不仅可以赚到一些钱，增加对市场的了解，还可以锻炼自己的组织能力。因为经常需要组织3~5人的小团队（团队人数不要太多，2、3人都可以，最多不超过5人），进行市场调研、管理和策划，了解和学习未来商业社会的各种游戏规则，学习如何适应团队的合作运营模式，学习如何解决商业市场中的难题，学习如何开发自己的商业潜力，学习一些财务、管理、营销的基础知识。也可以考虑进入企业做一些暑期兼职工作等，学习行业知识，建立客户资源渠道，学习企业运营的经验，学习市场开拓的方法，通过工作经验了解盈利模式。为了创业积累经验，大学期间或毕业之际应该选择什么样的公司去工作？是世界500强这样的大公司还是小公司？在这一点上，迪士尼公司总裁加里·威尔逊·沃尔特（Gary Wilson Walter）的观点是："在小公司的高层工作，可以让你开阔视野，为你提供更多的创业机会。小公司承受不了人浮于事的压力。我知道当我没有足够的现金支付工资时是什么样的，当我支付20%的贷款利息时是什么样的。我涉猎广泛，这为我在大公司制定商业策略打下了很好的基础。"

第三阶段是实际创业。前两个阶段的磨合，让人们拥有了与自身最匹配的创业团队。而打好基础才能保证自己能够发挥出自身最大的资源优势。有了好的项目，大学生只要学会公司运作的必要规则，全面了解准备创业市场的情况，就可以开始创业了。

5.2.3.3 获取外部资金资源的途径

对于初创企业来说，没有有效的质押物很难获得银行贷款，没有建立起企业信誉也很难获得投资，所以在获取外部资金资源之前，创业企业首先要做好资金需求的商业计划，包括资金的用途和规模、财务预测等；其次寻求合适的投资者或投资机构，建立关系网络，研究投资方的投资偏好和领域，寻求引荐等；再次要准备项目的演示和谈判，向投资方展示创业企业的特点和优势，回答投资方的问题和疑虑；最后仔细审查和签署投资协议，并对外部资金来源进行有效管理和利用。

外部资金的来源主要有天使投资、风险投资、创业孵化器支持、众筹、贷款等几大途径。对于初创企业来说，外部资金可以通过以下常见的五种方式获得：

（1）依靠亲友集资，双方形成债权债务关系。

（2）个人抵押、个人银行贷款或企业贷款。

（3）寻求政府某项计划的资金支持。

（4）所有权融资，包括吸引有资本的新创业者加入创业团队，吸引现有企业作为股东投资新企业、参与创业活动，吸引创业孵化器或风险投资者的股权资本投资。

（5）做好创业团队内部规划和建设，吸引部分大学生创业基金甚至风险投资基金的关注。在获取外部资源之前，有一句投资界和创业圈引用甚多的话——"先用自己的钱创业。你自己的钱都不先投，凭什么让别人替你投钱？"创业不仅是一项需要激情的事业，更是一项需要理性的事业。永远不要认为知识或专长可以跨越社会经验和必要的商业学习过程。提升创业团队自身的能力，不仅是决心的问题，更是方法正确、规划得当的问题。正如史蒂夫·贾伯——美国苹果电脑公司创始人曾说过："你必须对你的想法充满热情，并愿意为此承担风险。如果你只是想拥有一家小公司，还是算了吧。"

5.2.3.4 写出一份有说服力的商业计划书

通过创业计划获得支持，是大学生最能掌握和最需要掌握的能力。

（1）认真、详细地制作商业计划。详细的商业计划是创业的重要资源。然而，许多创业者往往觉得撰写商业计划书是一项极其困难的工作。他们经常花上好几个月的时间来苦恼如何在纸上清楚地表达他们的商业想法。在这个过程中苦苦挣扎的创业者经常会问，为了筹集创业所需的资金，是否有必要有一份完整的商业计划书。于是各种各样的建议越来越多。有些建议告诉创业者，他们只需要写一份 10~15 页的商业计划书大纲，甚至是 3~5 页的商业计划书大纲，因为风险投资人没有时间看冗余繁长的文案。

然而，一个更重要的问题是商业计划书有什么价值。准备计划的过程主要是帮助创业者和他的管理团队设计成功的蓝图，而不是仅仅为了迎合投资人是否有时间或者是否真的投资人只看 3~5 页的商业计划书大纲。3~5 页的商业计划书大纲都无法让自己厘清创业项目逻辑，又如何让投资人欣赏呢？

商业计划书应该侧重于两个方面：

①创业项目代表的投资机会是否具有真正的优势？

②创业项目是如何深耕项目背后的商业机会的？

当创业者从商业计划书的第 1 页写到第 40 页时，创业团队在不断理清自己的想法，寻找管理团队中需要弥补的不足，对所需的资金和人力资源有了更好的了解。

如果没有商业计划编制带来的这一分析过程，创业者将很难处理有经验的投资者向其企业提出的相关问题。投资人不想听到"这个问题我也不太清楚，下次告诉你答案"。撰写商业计划的过程也可以提高创业者会见投资者的信心。展示自信也是给投资者留下好印象的重要一环。

况且，企业计划是企业未来成功的关键。如果创业者成功筹集到资金就会发现商业计划书只是你的第一次，以后你要准备很多年度计划、季度计划以及各种财务预测。

（2）如何写商业计划书。在一年一度的大学生创业计划大赛中，虽然涌现出一些值得投资的计划，但也暴露出很多问题：很多创业者无法准确清晰地表达自己的想法，缺乏个性化的信息传递，有些计划甚至不知所措；相当一部分创业计划缺乏对目标市场和竞争对手的了解，分析中使用的数据经不起推敲，缺乏说服力，缺乏可操作性。这些说明创业者对创业所需的各种资源缺乏准确的了解，也反映了大学生在创业方面的知识匮乏。

商业计划书应该写得清晰简洁，涉及的关键假设可以详细解释。具体来说，商业计划必须明确回答以下基本问题：

第一，清楚地描述你的产品或服务的名称、特点和核心优势。

第二，你的市场在哪里？展示你的产品或服务的客户群、特点和规模，或者同类产品服务和竞争对手的市场状况以及你所拥有的差异和优势。

第三，你打算和谁一起做这件事？说明你的团队构成、技能构成、基础资源、核心资源。

第四，你打算做什么？说明你将使用什么技术来生产产品或提供服务以及你将使用什么营销方法来寻找你的客户和销售你的产品。

第五，罗列创业第一年可能遇到的经营状况、准备第一年的现金流量表和损益表、预估第一年可能遇到的各种困难和风险。

其中，最后一项尤为重要，这一点往往被创业者忽略。投资人是不可能为那些只为未来描绘美好蓝图，却对创业后马上可能遇到的风险缺乏意识的人进行投资的。任何投资者都会知道，没有100%无风险的项目。不能认识和不敢正视风险的创业者，当然不知道如何处理风险和规避风险。

如果难以独立完成项目计划，创业者也可以通过以下方式完成商业计划书：

①邀请一个企业顾问帮助准备商业计划。

②购买专门用于撰写商业计划书的软件或阅读相关书籍。

③购买他人已有的商业计划书，但要注意理性筛选并完善计划。

④构思自己的创意，委托专业机构调研，准备商业计划书。

⑤让你信任的、有敏锐商业判断力的人（员工/同事/朋友/家人等）从风险投资人的角度判断提案、听取建议。

如果选择第一种方法，一定要和咨询师一起写。一个专业的商业计划书作者可以用风险投资家接受的形式表达想法，从而省去整理信息的麻烦。但必须有一个成功项目的想法，第三方不会像自己一样了解相关行业。商业计划代表你和你的创业团队，故最好尽可能把你的想法写在纸上，然后寻求别人的帮助。

一些为撰写商业计划书而设计的软件是非常合理和实用的。他们可以帮助你组织你的计划和建立你的财务预测。但是，他们不能帮你规划你的公司。你必须为自己的项目考虑、为自己的企业制定战略计划。软件可以帮助你开始写你的提案，但是在写的过程中你可能还需要第一种方法和第二种方法。

（3）充分利用现有的创业资源。大学生创业存在一些信息不对称问题。很多创业资源还没有被大学生认识和了解，更不用说使用了。目前大学系统已经聚集了大量可以帮助大学生创业的资源。愿意创业的大学生要关注身边的这些资源并充分利用。这样不仅能更好地提高自己在创业中判断、分析和把握机会的能力，还可能因此孕育出好的机会。

（4）积极参加创业教育与指导。几乎所有高校都有创业课程、创业者协会、科技与发明协会，以及讨论或实践创业的学生社团、沙龙、论坛和讲座。这些队伍里有规章制度，有固定的活动时间。学生可以与志同道合的朋友交谈，有时他们甚至有机会向成功的创业者请教。创新创业这个课题，不仅学校里有老师教，校外也有创业者讲，多采用大班授课、小班演练、案例分析、创业大赛、专家辅导、实战模拟等一系列创新教育方法和手段，帮助学生对创业要素、创业流程、创业者涉及的问题有更加透彻和全面的了解。

一些高校还组织企业、高校、科研院所、政府职能部门的相关人士作为大学生创业导师、客座教授等，通过创业讲座、政策咨询、业务指导等方式，为学生创业团队提供意见和解答，提供项目论证、创业咨询、决策参考等服务，甚至挖掘有潜力的创业项目进行后续辅导。

一些地方的团委、青联整理编写了青年创业服务指南，搭建了信息咨询平台，通过制作、发布专业创业服务网站引导青年积极创业。

5.2.4 创业资源整合

5.2.4.1 资源基础理论

基础资源理论从企业内部寻找企业成长的动力,用资源和能力解释企业差异的原因。基本假设是企业拥有不同的有形和无形资源,这些资源可以转化为独特的能力;资源不可移动,难以在企业间复制;内部能力、资源和知识的积累是获取超额利润和保持竞争优势的关键。

资源基础理论将企业描述为一群资源异质性的群体,因此,创业可以视为整合资源异质性的过程。因此,资源的分类有助于理解资源整合的过程。创业资源有很多种。结合各种研究成果,创业资源按资源性质可分为六种资源,即人力资源、社会资源、财务资源、物质资源、技术资源和组织资源。

5.2.4.2 资源配置理论

资源配置理论突破了资源基础观的静态观点,强调协调和组合资源的竞争优势,将资源再配置的竞争优势转化为创新产出。根据资源配置理论,企业竞争优势的来源除了自身资源的异质性外,还取决于自身资源的配置和组合,即通过科学合理的资源配置,发挥资源的最大价值。

从过程的角度来看,资源安排主要包括三个部分:资源结构、资源绑定和资源利用。结构化资源是指通过获取外部资源,内部积累资源,剥离非生产性资源,对资源进行重组。资源捆绑包括稳定、丰富和开发组合资源等活动,以实现资源优化;资源利用是通过对现有资源的开发和能力转化,提高、丰富和扩展现有能力,创造新的能力,构建新的资源组合,增强企业的竞争优势。

5.2.4.3 资源拼凑

资源拼凑除了补足短板以外,还包括以下意义:一是通过加入一些新元素,改变结构,达到有效结合;二是新加入的元素往往是手头已有的东西,也许不是最好的,但可以通过一些技巧或方法组合起来,形成一种创新行为,并带来意想不到的惊喜。

资源拼凑首先要利用现有资源。擅长将创意东拼西凑的人,往往都会从手中资源出发,这些资源可以是物质,也可以是技术,甚至可以是想法。其次拼凑的另一个重要特征是将现有资源重新整合用于其他目的。整合手中现有资源,快速应对新情况,已经成为创业的利器。创业者一定要有一双善于发现的眼睛,了解手中资源的各种属性,创造性地整合它们,开发新的机会,解决新的问题。这种整合大多不是事先精心策划的,而是具体情况具体分析,"摸着石头过河"的产物。最后,资源拼凑需要突破固有的观念,无视正常情况下人们对资源和产品的常规认识,坚持尝试突破。这种方法常常与资源利用中的次优方案联系在一起。它可能是不合适的、不完整的、低效的、缓慢的，但在某种程度上，它是人们唯一能作出的理性选择。这种方案的输出是混乱的、不完善的，甚至是半成品，可能看起来不精练，有很多缺陷、障碍和无用的组件，但是，可以改进。

资源拼凑有两种表现形式：

（1）全方位东拼西凑：是指创业者在物质资源、人力资源、技术资源、制度规范、客户市场等诸多方面长期采用东拼西凑的方式，但在企业现金流稳定后仍未停止东拼西凑的行为。

（2）选择性拼凑：指创业者在拼凑行为上有一定的选择性，有所为，有所不为。在应用领域，他们往往只选择一两个领域进行拼凑，以避免全面拼凑的自我强化循环；在申请时间上，他们只在创业资源紧缺的前期使用东拼西凑，随着企业的发展，逐渐减少东拼西凑，甚至最后完全放弃。

5.3　组建创业团队

创业团队成员的贡献是互补的，而团队成员之间的工作在很大程度上是可以互换的。

5.3.1　打造一支精锐团队

5.3.1.1　创业团队的类型

一般来说，创业团队可以分为三种：星状创业团队、网状创业团队和由网络团队演变而来的虚拟星状创业团队。这与网络拓扑非常相似。

（1）星状创业团队：一般团队中有一个核心领导，起主导作用。在这种团队形成之前，核心领导通常会有创业的想法，然后按照自己的想法组织创业团队。因此，在团队组建之前，核心领导已经仔细思考过团队的构成，并根据自己的想法挑选了相应的人加入团队。这些加入创业团队的成员可能与之前的核心领导者相对熟悉或陌生，但其他团队成员更多时候是企业中的支持者。

这一创业团队有几个明显的特点：

①组织结构紧密，向心力强。组织中领导人物的行为对其他个体有很大的影响力。

②决策程序相对简单，组织效率高。

③容易形成权利过度集中的局面，从而增加决策失误的风险。

④当其他团队成员与领导者发生冲突时，由于核心领导者的特殊权威，在冲突发生时，其他团队成员往往处于被动地位。当冲突严重时，他们通常会选择离开团队，这对组织的影响很大。

（2）网状创业团队：这个创业团队的成员在创业前一般都有着比较亲密的关

系，如同学、亲友、同事、朋友等。在交流过程中，共同认可某个创业想法，达成创业共识后一起创业。创业团队组建时，没有明确的核心人物，大家根据自身特点自发进行组织角色定位。所以在企业初期，每个成员基本上扮演的都是合作者或者合伙人的角色。

这个创业团队有以下几个明显的特点。

①团队没有明显的核心，整体结构比较松散。

②组织决策时，一般采取集体决策，通过大量的沟通和讨论达成共识。所以组织的决策效率比较低。

③由于团队成员在团队中的职位相似，很容易在组织中形成多个领导的局面。

④团队成员之间发生冲突时，通常会采取平等协商、积极解决的态度来消除冲突。团队成员不会轻易离开。但是，一旦团队成员之间的冲突升级，部分团队成员退出团队，就很容易导致整个团队的解体。

（3）虚拟星状创业团队：这类创业团队由网络创业团队演变而来，基本上是前两者的中间形态。一个团队中有一个核心成员，但核心成员地位的确立是团队成员协商的结果。所以从某种意义上来说，核心成员是整个团队的代言人，而不是领军人物。他在团队中的行为必须充分考虑其他团队成员的意见，缺乏领导权威。

5.3.1.2 创业团队成员的选择和组织设计

要想创业成功，无论是上面提到的哪种创业团队，在创业之前都必须对成员进行精挑细选。只有适合创业企业的成员才会被吸收到创业团队中来管理和运营企业。不适合的人不应该被拉入创业团队，否则会给企业的管理和发展带来巨大的潜在危害。

无论上述哪种创业团队，在团队初步组建时，成员都必须注意以下问题。

（1）团队成立的目的。根据马斯洛的需求层次理论可以知道，人的需求大致可以分为五个层次：生理需求、安全需求、社交需求、尊重需求和自我实现需求。成员在哪个层次的需求基础上加入团队，对他们在组织中的行为起着决定性的作用。

（2）团队成员的知识结构。在一个创业团队中，成员的知识结构越合理，创业成功的可能性就越大。纯技术人员组成的公司容易形成以技术为王、产品为导向的局面，从而使产品研发与市场脱节；全部由营销和销售人员组成的创业团队，缺乏对技术的理解和敏感度，很容易迷失。因此，在选择创业团队成员时，必须充分重视人员的知识结构，如技术、管理、营销、销售等，并充分发挥个人知识和经验的优势。

（3）团队成员的性格、个性、兴趣。大多数网络创业团队在组建时并不注重成员的个体特征。创业初期，大家荣辱与共，以饱满的创业热情去工作。在这种情况下，团队成员的性格差异和处理问题的不同态度很容易被掩盖，从而表现出不同的行为。一旦企业发展到一定阶段，性格冲突引发的矛盾就会激化，使创业团队出现裂痕，甚至分裂团队。

（4）团队成员的价值观。在一个创业团队中，成员的价值观和道德品质决定了未来企业文化的形成。甚至可以说，企业文化最初的源头是创始人自身价值观和道德品质的体现。一个人很难改变自己的价值观，所以在创业团队组建之前，通过深入的沟通和充分的了解，由价值观相近、个人素质高的人组成的团队会更容易取得成功。

团队成员决定之后，企业的组织架构就可以基本确定了。组织结构的设计，说到底就是个人层面需要与组织目标相协调、发挥个人价值、实现群体绩效的问题。为了避免未来创业团队的组织行为因利润分配和企业决策而产生分歧，在创业团队组建之初，就需要对公司的发展目标、业务领域、出资与退出原则、利润分配方式、解决分歧的原则等进行规定。必须通过公司章程或协议确定。尤其重要的是，创业团队要有一个好的"分赃制度"，既充分照顾现有团队成员的利益，又要考虑吸收新成员或员工时的股份再分配制度。

【拓展阅读】

腾讯马化腾和他的创业团队

1998年11月，马化腾与他的同学张志东"合资"注册了深圳腾讯计算机系统有限公司。在此之后他又吸纳了3位股东：曾李青、许晨晔、陈一丹。马化腾在创立腾讯之初就和4个伙伴约定各展所长、各管一摊。马化腾从一开始对股份构成进行了理性设计，这是能让团队保持稳定合作的重要基础，对此他功不可没。

从股份构成上来看，马化腾占47.5%，张志东占20%，曾李青占12.5%，其他两人各占10%。马化腾47.5%的股份比例要比其他人的总和少一些，这样就不会形成垄断、独裁的局面。

保持稳定的另一个关键因素在于团队之间的合理组合。马化腾注重用户体验，愿意从普通用户的角度去看产品。张志东思维活跃，沉迷于技术。马化腾的长处是能把很多事情简单化，而张志东则注重把每件事情做得完美化。许晨晔非常随和且有自己的观点，但不轻易表达，是有名的"好好先生"。陈一丹十分严谨，同时又非常张扬，他能在不同的状态下激起大家的激情。与温和的马化腾、爱好技术的张志东相比，曾李青大开大合的性格，也比马化腾更具备攻击性，更像拿主意的人。

像马化腾这样，既包容又拉拢，选择性格不同、各有特长的人组成创业团队，并在成功开拓局面后团队还能依旧保持着长期默契合作，这是腾讯成功并保持稳定的重要基石。而马化腾的成功之处，就在于其从开始就很好地设计了创业团队的责、权、利的分配。能力越大，责任越大；权力越大，收益也就越大。

资料来源：陈彬. 大学生创新创业［M］. 长沙：湖南科学技术出版社，2023：85-86.

5.3.1.3 个体角色认知对创业团队的影响

个体角色认知是指一个人寻找有意义的自我定位，即寻求知道自己是谁、要去哪里。

影响个体角色认知的因素有很多,包括教育、经历、社会角色期望、其他团队成员的角色期望等。有了良好的角色认知,创业团队成员就能尽快在组织中找到合适的职位,发挥自己在知识和经验上的优势。如果个人角色认知与团队整体角色定位出现较大偏差,个人很容易扮演不恰当的角色,找不到自己的位置。因此,在创业团队的组建中,需要通过成员之间的良好沟通来明确各自的定位,并在实际工作中不断调整和适应变化。

总之,在创业团队的组织设计中可以充分利用相关的组织行为学原理进行分析,这对创业活动具有重要的指导意义。

5.3.1.4 精锐创业团队特征

1989年,管理学者弗兰克·拉夫斯托(Frank LaFasto)出版了一本在管理学界非常著名的畅销书 *Teamwork: What Must Go Right/What Can Go Wrong*(中文译名《团队合作:对错之间》)。当时,拉夫斯托是卡迪那健康公司组织绩效部高级副总裁,在帮助组织建立与维持成功团队和协作流程方面具有丰富经验。

书中指出,一个高效的团队,应该具有以下八项特性。

(1)清楚而令人振奋的目标(a clear and elevating goal)。高绩效团队应有清楚易懂的目标,而且这些目标可以使成员相信最后一定能得到很有价值的成果。

(2)以结果为导向的团队结构(results-driven structure)。这一结构包含清楚的角色与责任、有效的沟通系统、侦测个人绩效及提供回馈的方法、强调以事实为基础的判断。

(3)有能力胜任的成员(competent members)。团队要成功,最重要的因素是慎选团队成员,而团队成员应具有两项必备的能力,其中,技术能力(technical competencies)是任何团队最起码的能力要求,而个人能力(personal competencies)则是个人沟通、陈述及解决问题的能力。

(4)一致的共识(unified commitment)。成员对于团队所要追求的共同目标要能达成共识,并贡献出自己的热忱及努力。

(5)合作的气氛(collaborative climate)。成功团队的本质就是团队之间的合作。要塑造良好的工作气氛,应该具备诚实、开放、尊重及言行一致等基本条件。

(6)卓越的标准(standards of excellence)。团队绩效必须有一明确而有意义的标准,当然团队的绩效是靠成员的集体努力,因为有达到高标准的压力,才能造就卓越的团队。

(7)外界的支持与认同(external support and recognition)。团队需要靠外界来提供资源及协助,同时对团队的成就予以认同。

(8)有效的领导(principled leadership)。合格的领导者对团队合作会产生积极的效果,有效的领导者能使团队成员共同为组织的愿景及目标努力,同时也能使其为组织的变革制定规划及设立议程。

5.3.2 创业团队构建的风险成因

5.3.2.1 盲目照搬成功的组建模式

创业团队的形成基本可以分为三种模式：关系驱动、要素驱动和价值驱动。关系驱动是指以创业领袖为核心的人际关系圈成员组成团队。因为经历、友情、共同的兴趣，团队成员互相发现商机，一起创业。要素驱动是指创业团队成员要贡献创业所需的创造力、资源和运营技能。因为这些要素是完全互补的，团队成员处于相对平等的地位。价值驱动是指创业成员将创业视为实现自我价值的手段。他们有强烈的使命感和强烈的成功冲动。不同形成模式的适用条件不尽相同。如果一味地照搬，形成某种风气，会给企业带来很大的风险。目前应用最广泛的模式是关系驱动模式，这种模式更适合中国文化的特点，其团队稳定性相对较高。但是，关系的紧密程度往往成为团队发展的瓶颈。驱动模式更符合西方文化的特点，目前的互联网创业团队大多属于这种模式。如果成员之间磨合顺利，可以缩短企业成功所需的时间，但如果磨合不顺利，就容易出现解散的风险。价值驱动模式下的团队成员虽然是为了追求自我实现而组合在一起，但一旦产生分歧，那就没有妥协的余地。

5.3.2.2 团队成员选择具有随意性和偶然性

创业团队就是要把个体的力量融入到集体的攻击力中，并保持这种攻击力的持久性。英国学者贝尔宾曾经考察了 1 000 多个团队，研究理想创业团队的构成，他最后提出了"九个角色"理论，即一个成功的团队必须包括九个角色不同的人。这九个角色分别是提出创新想法并作出决策的创新者；把思想和语言变成行动的人；对目标进行分类并分配角色、责任和义务的协调者；决策的推动者；信息提供者；分析问题和意见并评估他人贡献的主管；给予个人支持和帮助他人的有凝聚力的人；强调任务时效性并完成任务的完美主义者；具有专业技能和知识的专家。

但在成立初期，由于规模和人数的限制，创业团队成员考虑不全面，过于随意和偶然，甚至只是因为碰巧聊到创业就一拍即合，所以不可能九个角色都有，然后又没有及时补充，或者团队中承担某个角色的人才太多，并且团队成员的角色和优势被重复，这些都会引发各种矛盾，最终导致整个创业团队的解散。

5.3.2.3 缺乏明确和一致的团队目标

心理学家马斯洛指出，优秀的团队有共同的愿景和目标。凝聚人心的愿景和经营理念是团队合作的基础。目标是共同愿景在客观环境中的具化，可以为团队成员指明方向，是团队运作的核心驱动力。

事实上，在创业初期，创业团队的目标一般都不是很清晰，可能只是一个模糊的发展方向。有些人甚至不明白自己为什么会走上创业的道路。而且，即使创业型领导者的目标很明确，也不能保证其他成员能够正确、准确地理解团队目标的含义。

随着创业进程的推进和外部环境的变化,团队成员可能会发现原来确定的目标和现实有差距,必须对目标进行适当的调整。这时,如果团队成员的意见难以调和,或者个人目标与组织目标有较大出入,团队就会面临解散的风险。联想的柳传志强调以市场为导向,而倪光南则强调以技术为导向。他们在经营理念和创业目标方面的分歧,导致了曾被誉为"中关村最佳合伙人"的联想创业组合的分裂,给当时的联想企业带来了巨大的冲击。

5.3.2.4　激励机制尤其是利润分配方式不完善

有效的激励是企业长期保持团队士气的关键。如果没有有效的激励,团队或组织的生命就难以长久。有效激励的关键是给予团队成员合理的"利益补偿"。有调查表示,目前影响中国创业团队分手的前两个主要原因是团队冲突和利润分配。矛盾的背后,或多或少都有利益的影响,由此可见,利益分配对于创业团队的可持续长期发展有着重要的作用。

事实上,在团队组建初期,由于企业未来的不确定性,各成员在创业企业中的角色和贡献无法准确平衡,因此,团队无法给出明确的利润分配方案,可能会简单采取平均主义的方式。这样,随着企业的发展、利润的增加,团队成员之间就会在利润分配上产生纠纷,导致创业团队解散。

5.3.3　创业团队发展的思考

5.3.3.1　团队之道

道指的是目标,或者说是一个美好的愿景,这是让团队成员拥有最好的和共享的价值观的道。正是因为团队成员志同道合,所以每个人知道应该怎么做。成员从不等待任务分配,但他们都在积极思考。创业初期,需要的是所有人目标一致,都朝着前进的方向努力奔跑。道会把所有人紧紧地锁在一起,并把分散的个体凝聚成一股强大的力量。也许个人的能力还不够强、经验还不够丰富,但每一个个体能全心全意为团队做贡献,这才是创业团队最需要的。团结就是力量,凝聚就是希望。

5.3.3.2　团队之义

创业很难。可能在这期间,团队成员只能勉强温饱,拿不到工资,没有物质生活可言。但正是在这样的情况下,人与人之间的情感才是最真实的表达。成员们互相理解,互相鼓励。创业者精神燃烧着团队成员前进的激情。创业就是用善良感染和留住人。一个优秀的团队,绝对是一个有情有义的团队。

5.3.3.3　团队之魂

创业初期,一个团队可以有几个关键人物。但是,一个团队只能有一个灵魂。目标确定后,团队成员会无条件服从。这样的团队是一个意志坚定、执行力很强的团队。所有的决策都可能失败，但团队绝不会因为目标不一致而分崩离析。团队内部意见不合是创业失败的一个很重要的原因。

一个团队的灵魂必须有很高的修养，能力不是唯一的。情、义、信、志是成功的基础。胸怀的广度决定团队的实力，思想的深度决定事业的高度。

5.3.3.4 团队之质

创业需要耐心、宽容、激情、勇气和决断力。一个人的创业经历使得他会有更好的心理素质去面对未来的不确定性和不稳定性，不会因为一点点苦难而退缩。创业需要极大的包容心，尤其是核心成员。不仅要包容所有的艰辛，还要敞开胸怀接纳团队成员。创业需要极大的耐心，选择创业，就选择了不一样的人生。

5.3.3.5 团队之势

一个优秀的团队，内在有优秀的本质，外在也需要一定的光环。为什么人们会去了解一家公司或一个网站？可能一开始他们并没有直接接触，而是了解到这个网站和公司周边的一些信息，所以感兴趣。从营销的角度来说，品牌文化并不是完全通过服务本身来传递的，而是在于每一个细节。公众最关心的因素是什么，是人。一个优秀的团队需要展示自己的特色，甚至发挥自己的特色。造势不是贬义，而是一种策略。成功与说和做同样重要。

5.4 打造商业模式

5.4.1 商业模式

管理学大师彼得·德鲁克说："当今企业之间的竞争，不是产品之间的竞争，而是商业模式之间的竞争。"这句话充分说明了商业模式的重要性。

5.4.1.1 商业模式的定义

商业模式的概念早在20世纪50年代就有人提出，随着社会的发展，到20世纪90年代，商业模式才真正得到重视。那么，应该如何定义商业模式呢？

商业模式是企业整合资源和能力进行战略规划，以充分开发创业机会，并实现利润目标的内在逻辑。商业模式并不是简单的企业盈利方法，而是一整套完整、系统、高效、具有独特核心竞争力的企业运行系统。

5.4.1.2 商业模式的基本要素

商业模式由四个密切相关的要素构成，这四个要素相互作用时能够创造价值并传递价值，目前来说最重要的是创造价值。

（1）客户价值主张（customer value proposition，CVP）。凡是成功的公司都能够找到某种为客户创造价值的方法，即帮助客户完成某项重要工作的方法。在此，"工作"的含义是指在特定情境下需要解决的一个根本性问题。只有了解了工作的含义以及工作的各个维度（包括如何完成工作的整个过程），才可以为客户设计解决方案。客户工作的重要性越高，客户对现有方案的满意度越低，你的解决方案比其他可选方案越好（当然还有价格越低），你的客户价值主张就越是卓越。提出客户价值主张的最佳时机是其他可选产品和服务的设计都未考虑到真正的工作需求，而你此时却可以设计出真正完成这一工作的解决方案。

（2）盈利模式（profit formula）。盈利模式是对公司如何既为客户提供价值，又为自己创造价值的详细计划，包括以下构成要素。

收益模式：价格×数量。

成本结构：直接成本、间接成本、规模效益。成本结构主要取决于商业模式所需要的关键资源的成本。

利润模式：在已知预期数量和成本结构的情况下，为实现预期利润所要求每笔交易贡献的收益。

利用资源的速度：为了实现预期营业收入和利润，需要相应的库存周转率、固定资产及其他资产的周转率，并且还要从总体上考虑应该如何利用好资源。人们往往把"盈利模式"和"商业模式"概念混为一谈。事实上，盈利模式只是商业模式的一部分。

（3）关键资源（key resources）。是指向目标客户群体传递价值主张所需的人员、技术、产品、厂房、设备和品牌，这里关注的是那些可以为客户和公司创造价值的关键要素，以及这些要素间的相互作用方式（每个公司都有一般资源，但这些资源无法创造出差异化竞争优势）。

（4）关键流程（key processes）。成功企业都有一系列的运营流程和管理流程，以确保其价值传递方式具备可重复性和扩展性，这些流程包括培训、产品研发、生产、预算、规划、销售和服务等日常周期性工作。此外，关键流程还包括公司的规则、绩效指标和规范等。

上述四个要素是每个企业的构成要素。客户价值主张和盈利模式分别明确了客户价值和公司价值，关键资源和关键流程则描述了如何实现客户价值和公司价值。四个要素中的任何一个发生重大变化，都会对其他部分和整体产生影响。成功企业都会设立一个相对稳定的体系，将这些要素以持续一致、互为补充的方式联系在一起。

5.4.2 商业模式画布

5.4.2.1 商业模式画布的来源

商业模式设计是一个复杂系统的过程，对于想要创业的大学生来说，是含有一个便捷的、易于理解的、视觉化的工具可以使用呢？这里的商业模式画布是一个很好的选择。

商业画布是指一种能够视觉化呈现的，能够帮助创业者催生创意、梳理商业逻辑、合理解决问题的思维工具。商业模式画布来源于亚历山大·奥斯特瓦德（Alexander Osterwalder）、伊夫·皮尼厄（Yves Pigneur）的《商业模式新生代》一书。书中提出的商业模式画布是一种用视觉化的方式来描述、评估以及改变商业模式的通用语言。因其实用性和操作的便捷性而受到广大创业实践者的推崇。

5.4.2.2 商业模式画布的九大模块

商业模式画布（见图5-3）由九个基本模块构成，涵盖了一个商业体的四个主要部分：客户、产品或服务、基础设施以及金融能力。九大模块分别是目标用户（TU）、价值主张（VP）、渠道（CH）、用户关系（CR）、收入来源（R$）、核心资源（KR）、关键业务（KA）、重要合作（KP）、成本结构（C$）。

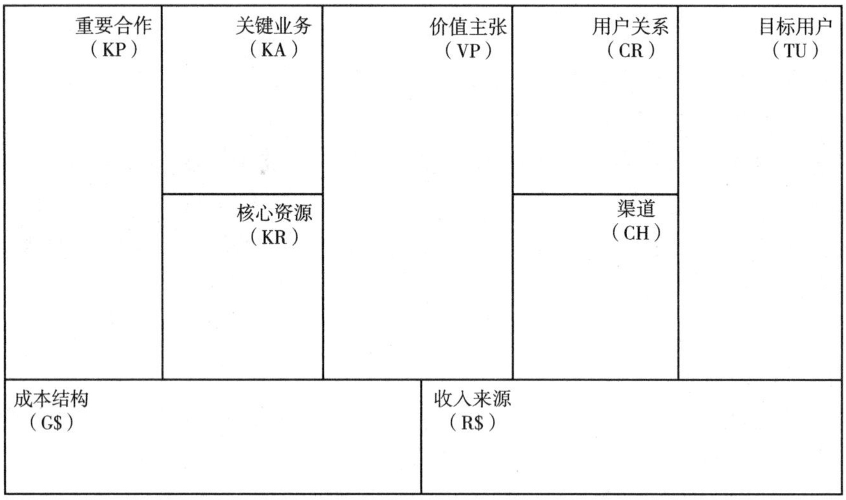

重要合作（KP）	关键业务（KA）	价值主张（VP）	用户关系（CR）	目标用户（TU）
	核心资源（KR）		渠道（CH）	
成本结构（G$）			收入来源（R$）	

图5-3　商业模式画布示意图

（1）目标用户（TU）。

我们要问自己第一个问题：我们的目标用户是谁？

目标可以指一群人或一个企业。不同的用户群体有不同的特征，特征大致如下：需求不同、获取渠道不同、关系不同、消费意愿和动机不同。

确定好用户特征，接下来就是看目标用户所代表的市场。用户和市场密不可分，什么样的用户决定什么样的市场。市场类型可分为大众市场、利基市场、细分市场、多元化市场、多边平台市场。

①大众市场。从名字可以看出，其针对的是大部分人的市场，是由属于不同年龄层、不同生活方式和不同爱好的用户组成。

②利基市场。假设有甲和乙两个企业，乙方的生存很大程度上依赖于甲方的订

单,符合这种关系的市场是在较大的细分市场中具有相似兴趣或需求的一小部分用户所占有的市场空间。大多数成功的创业型企业一开始并不在大市场开展业务,而是通过识别较大市场中新兴的或未被发现的利基市场而开展业务。

③细分市场。同时满足目标用户群体不同的需求。以阿里云为例。阿里云不仅可以满足大型企业的海量数据存储和分析需求,还可以满足创业公司服务器的需求。

④多元化市场。同时服务两个不同需求的用户群体。C2C平台就是最典型的例子,它既能满足用户的购物需求,也能满足想开店做生意的用户的需求。

⑤多边平台市场。连接两个或多个相互依赖的用户组。支付宝和微信支付就是典型的例子,它们既需要大量开通支付业务的用户,也需要支持支付方式的商户。

了解目标用户和市场是非常关键的第一步。通过详细的市场调研可以充分了解用户需求、市场机会和竞争格局(见图5-4)。

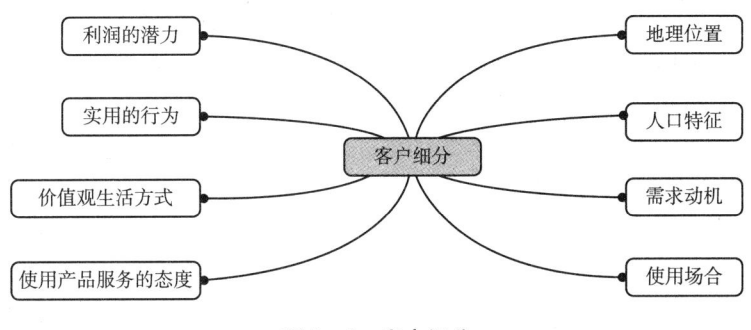

图5-4 客户细分

麦当劳有美国国内市场和国际市场。国内外都有不同的饮食习惯和文化属性。麦当劳的地域细分主要是分析不同地区的差异。例如,美国东部和西部的人喝的咖啡味道不同。通过将市场细分为不同的地理单元来开展经营活动,从而因地制宜。

麦当劳刚进入中国市场的时候,传播了很多美国的文化和生活理念,并尝试用美式的牛肉汉堡征服中国人。但是,很多中国人爱吃鸡肉。相比其他洋快餐,鸡肉产品更符合中国人的口味,也更容易被中国人接受。针对这种情况,麦当劳改变了原来的策略,推出了鸡肉产品。在全世界只卖牛肉制品的麦当劳也开始卖鸡肉制品了。这种改变针对的虽然只是地理因素,但成功加速了麦当劳在中国市场的发展。

(2)价值主张(VP)。

用户会用什么?用户选择使用一款产品的动机很简单,这款产品要么是解决了痛点,要么是满足了痒点。实现形式可能是全新的产品,也可能是基于同类产品的迭代优化。价值主张一般体现在设计、创新、性能、品牌地位、可获得性等方面(见图5-5)。

从书籍和产品研究中总结出以下价值类型:颠覆性创新、高性能、个性化定制、专注做好事情、优秀的设计、价格优势、降低成本、抑制风险、连接性、便利性和易用性。

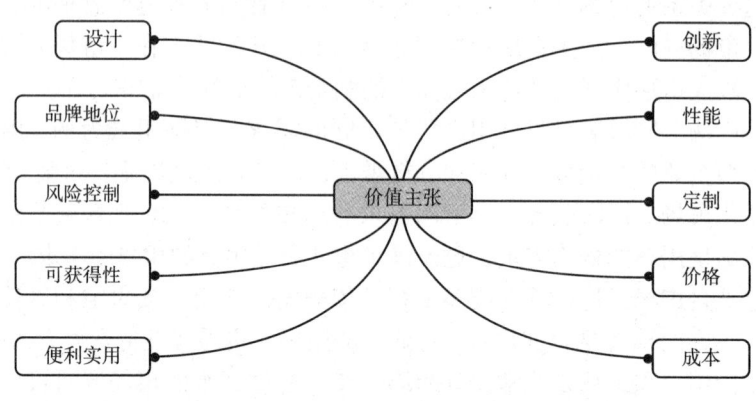

图 5-5 价值主张

①颠覆性创新。颠覆性创新是指引进新技术、新产品或新服务，以促进变革并在市场竞争中获得优势。比如为用户提供前所未有的产品，如乔布斯带来的 iPhone，颠覆了诺基亚和摩托罗拉主导的手机市场。

②高性能。产品的功能都差不多，甚至没有大的区别，那么如何才能打动用户呢？只有靠高性能才能打败竞争对手。

③个性化。个性化即允许用户根据自己的需求自由定制产品，个性化也是近年来被提及最多的模式。

④专注做好事情。是指把事情做到极致，哪怕这个事情很小，用户需要也可以做。

⑤优秀的设计。优秀的设计有一种对美的执念，从一个页面的视觉设计到一部手机的工业设计，设计永远是一个不可忽视的因素。

⑥价格优势。价格永远是用户不可忽视的因素。

⑦降低成本。帮助用户节省金钱、时间、思考等成本。

⑧抑制风险。帮助用户规避可能损害其利益的风险。

⑨连接性。把两个平时很难联系到一起的人或事拉到一起，简单来说就是平台或者渠道产品。

⑩便利性和易用性。把复杂的事情变得简单。语音通话就是一个很好的例子，让沟通变得简单。

优步做得很好的一件事是它独特的价值主张：简单和方便。"轻点就好，车会为你服务""你的司机知道你要去的确切位置""不用付现金"优步没有非常直白地表达其价值主张，但它巧妙地突出了传统出租车的所有缺陷，并表明他们的服务非常好。其官网主页上的广告完美地传达了"简单"和"方便"的概念，这是优步服务为何如此吸引人的核心因素。

（3）渠道（CH）。

产品需要渠道来获得用户和收入。先说如何获取用户。互联网产品要想获得用户，一般就是流量。无论是来自搜索引擎、公众平台、应用商店、线下资源、人工或自动客服等，都是渠道。至于如何获取用户、服务用户，则要以目标为导向。

渠道少或者没有的时候怎么办？这将由后面的合作和用户关系来补充。

商业模式画布的前三个部分可以理解为跨越产品概念和产品发布两个阶段，然后进入发布后阶段，其更侧重于产品运营和盈利。

娃哈哈是单一渠道向多元化渠道战略成功转型的典范。娃哈哈针对不同的零售场景开发了不同的渠道模式：针对机关、学校、大型企业等集团客户，厂家直接上门销售；对于大型零售店和大型连锁超市，采用直供；对于一般的超市、酒店、餐厅以及大量的小店来说，是经销商密集辐射。这种"复合"结构既能有效覆盖，又能分层、分级管理，有利于在每一个零售场景中获得竞争优势。

（4）用户关系（CR）。

互联网发展到今天，尤其是当今的移动互联网时代，用户之间的关系变得越来越密切。商业模式中用户与互联网发展的关系是同步进化的。从早期用户对信息不对称被动接受，到现在的社交媒体时代，每个人都是信息的制造者。可以说企业与用户的距离越来越近。

用户关系是产品价值的肯定，同时也是渠道的补充，它会影响到核心资源和收入来源。用户关系的作用可以概括为：通过用户口碑的自然传播获得更多用户；维护用户关系，把用户变成核心用户；从用户那里获得持续的收入。

由于产品价值主张不同，需要建立和维护的用户关系类型也会不同。用户关系的类型可以分为客户服务助理、顾问助理、社区、用户网络、会员和参与创作。

①客户服务助理。客服体系是最常见的用户关系维护方式。客服代表企业通过电话、邮件、聊天工具等直接与用户沟通。

②顾问助理。和客服助理类似，但在与用户的关系方面，它会比客服助理更深入。

③社区。社区为用户提供了一个与用户和企业互动的平台，例如，现在的小米社区等。

④用户网络。利用用户自身的社交关系来促成潜在用户的引入，如通过微博、QQ、手机通讯录获取用户的联系人等。

⑤会员。利用付费或其他高阶条件筛选出对企业和产品有价值的用户。

⑥参与创作。属于比较开放的用户关系，可以分为两种：第一种是用户生成内容，如抖音、快手、视频号、优酷土豆、微拍等，完全依靠用户提供内容；第二种是让用户参与产品设计过程，这点小米最懂，例如，小米的口碑营销。

屈臣氏深入研究了目标消费群体的心理和消费趋势。其自有品牌产品从质量到包装都考虑了客户需求，同时降低了产品开发成本、创造了价格优势。

依靠自有品牌产品掌握丰富的上游生产资源，屈臣氏可以第一时间将顾客群体（终端消费市场）的信息反馈给上游生产企业，进而不断调整商品。从原材料的选择到包装、容量、定价，几乎每一个环节都以消费者的需求为出发点，所以其提供的商品就像是为目标客户量身定制的一样。

（5）收入来源（R$）。

用户的付费方式可以总结为：一是单次交易，即用户第一次下单购买某个产品；

二是复购交易，即用户购买同一产品，二次下单称为复购订单。

厘清支付方式后，再想想自己的产品适合哪一种。常见的收入方式有销售实物产品、使用权收费、收取租金、收取中介费、收取广告费用。

①销售实物产品。如果销售的产品是实物产品，那就要靠用户的单次交易来获得收入。

②使用权收费。产品的全部或部分功能只有在用户付费后才能使用，使用权收费适用于单次交易和复购交易。

③收取租金。通过产品长期或短期出租，收取用户租金。

④收取中介费。提供双方或多方之间的交易服务，在交易达成后收取一定佣金。支付类产品依靠卖家收取一定比例的服务费来获得收入。

⑤收取广告费用。这可以说是互联网企业中最常见的收入来源。

收入来源与要讨论的成本结构有关。收入来源是"质"，成本决定了"量"。收入来源问题解决了，则生存危机也解除了。

优酷、腾讯视频等系列视频网站的广告费用是其重要的收入来源。此外，每个视频网站都会设置VIP会员功能，用户可以付费开通该功能，从而享受更高的待遇和一些非免费的视频。这笔会员费也是网站的重要收入来源。

（6）核心资源（KR）。核心资源是整个商业模式的核心要素，是整个商业模式的核心之处，影响着产品价值、渠道、用户关系、收入来源和对抗竞争对手的资本。以下是核心资源的几个代表。

实物资产：固定资产、技术设备资产等。

知识产权：商标、专利、品牌、核心数据等。

人力资源：拥有核心技术的人才或实现产品价值必不可少的人或物。

金融资产：这里的钱不仅指现金储备，还包括股票或期权。

资格：指国家颁发的相关准入资质。

用户群：一个产品拥有的庞大且稳定的用户群也是其不可忽视的核心资源。

有背景、有实力的企业可以将上述核心资源快速整合到位，但对于除了好的想法和理想抱负之外一无所有的初创企业来说，则可以依靠合作获得核心资源。

不同的企业可能有不同的核心资源，但人力资源似乎是每个企业必不可少的重要资源。企业必须拥有相关行业的人才资源，才能为其创造价值，使其在自己的领域获得更好的发展。所以，在拥有其他资源的同时，也要抓住重要的人才资源。

（7）关键业务（KA）。"关键"是指产品价值的实际体现，换句话说，是指产品具体如何服务用户。一个商业模式可以有一个或多个关键业务，关键业务的数量取决于整体"盘子"的大小。

关键业务通常是最初驱使创业者制造产品的想法。随着时间的推移、市场的变化、用户需求的不断被挖掘，关键业务会逐渐发生变化。这种变化可能与原来的发展路线一致，也可能超出了预期。目前互联网行业有三种通用核心业务。

制造硬件产品：从小米开始，互联网公司进入了一个"互联网、硬件产品与服务"的时代，其不再仅仅供虚拟服务，制造"实物产品"不再是传统企业的重点业务。这个关键业务的特点是恒常性，无论是手机、路由器还是手环等，只要能满足用户的需求，互联网企业都会想办法涉及。

解决用户痛点：这也是大多数互联网公司的根本，做好解决用户痛点、满足用户需求的工作。但这种关键业务会随着用户需求的不断挖掘和企业自身的生存需求而变化。

搭建平台：平台本身就是一种商业模式，关键业务是连接和再连接。至于接什么，要看产品价值。确定了产品的重点业务后，不要随意改变方向。如果想做，则应该专注于关键业务。如果没有做好关键业务，就会给竞争对手赶超自己的机会。

但是有时候靠自己的努力也是很难做好的，这时候就需要合作了。

制造业业务通常包括农业生产，机械制造等。提供解决方案的业务，比如淘宝、京东、拼多多等通过构建消费平台的关键业务实现发展。

（8）重要合作（KP）。

①为什么要合作？任何合作背后都有利益。企业寻求合作的动机根植于优化自身商业模式、降低成本或风险、获取特定资源。

②优化自己的商业模式，这也是最常见的合作动机，通过合作优化自己的商业模式，满足市场的需求。总的来说，无论是互联网行业的合作还是并购，都是利用对方的渠道、核心资源和用户关系。

③降低成本或风险。先说降低成本，最好的例子就是外包，外包不仅是一个巨大的小众市场，也是合作的动力。把成本相对较高的次要业务外包出去，可以降低成本。再说风险降低，主要在于竞争关系，竞争关系的本意是为了共同利益，作为竞争对手相互合作。比如，2012年，腾讯、百度、搜狐联合成立了视频内容合作机构。

④获取特定资源，这在并购中很常见。有些企业为了进入一个市场，会收购已经在这个市场占有一席之地的企业或者手中有行业资质的企业。国内法律规定，一些特殊行业需要准入许可。

沃尔玛和宝洁在最初的合作中，双方都只强调"我赢"，宝洁只是利用沃尔玛的知名度来提高自己产品的销量；沃尔玛只是提前收取了宝洁的佣金，借助宝洁的品牌提高了店铺的知名度，但最终导致了双输的局面。

战略合作实施后，双方开始考虑给对方留下足够的利润空间，确保合作关系的持久深化。所以他们后期建立的合作关系实现了双赢，取得了显著的成效，双方都实现了利益最大化和可持续发展。这说明供应链企业合作共赢的目的是参与各方都能从合作中获得最大利益。最大化供应商、制造商、零售商，甚至客户和员工的整体利益。

（9）成本结构（C$）。成本结构是企业运行商业模式需要付出的固定成本，它决定了商业模式的类型。

商业模式的成本越少越好，成本驱动的商业模式具有这一特点，这是一个极端，另一个极端则是价值驱动。在这种商业模式中，成本并不那么重要。一般来说，普通商业模式的成本结构介于两者之间，例如，可变成本和范围经济。

①成本驱动。这种商业模式的产品价值偏低,企业在成本的执行上秉承开源节流的原则。

②价值驱动。为了实现产品价值,不计成本属于企业的高端战略规划。

③可变成本。随着时间或产量的变化,成本也会发生变化。比如3C产品的芯片很贵,但随着摩尔定律和厂商增产,单位成本会逐步降低。

④范围经济。最大化地体现渠道价值,进而实现渠道成本下降,从而通过现有渠道扩大业务范围,实现增收。

共享出行企业OFO的成本结构中固定成本包括员工工资、自行车购买支出和其他费用。可变成本是单车的维护成本,具体单车的维护和报废是不确定的,包括人为和非人为因素。OFO在一个城市投放变成在多个城市投放,投放规模变大,成本必然增大。在现有市场上扩大规模,这就是所谓的范围成本。

【本章小结】

创业不可能一帆风顺。创业既是一个不断探索市场的过程,也是一个调整和整合企业内部各种资源的过程,更是一个不断学习的过程。创业者是否具有及时发现经营管理中的失误,判断失误的性质,领悟正确的东西,及时、有效地纠正错误的意识、思维和能力往往决定着创业的成功,也是创业型企业发展速度、高度和稳定性的关键资源。

【思考练习】

1. 识别创业机会有哪些策略?
2. 创业资源有哪些分类?
3. 商业模式有哪些模块?
4. 大学生有哪些获取创业资源的途径?

【拓展阅读】

"呆萝卜"生鲜的失败案例

2006年刚从交大毕业的陈云,以数字医疗方面的科研项目为基础,创办了碧峰软件信息技术有限公司,获得上海市大学生科技创新基金30万元。但陈云坦言,"市场化的产品和实验室的产品有很大不同,大学生通常缺乏与市场对接的经验,这比缺乏资金更容易导致创业失败"。创业不仅需要持续的技术支持,还需要优秀的创业团队,而风险投资人真正看中的是创业所依赖的技术的潜力和优秀的创业团队。

获得了资金支持,但由于业务能力不足,肯定会导致创业公司的失败。成立于2015年10月的"呆萝卜",主打线上下单、门店自提的社区生鲜零售模式。在2018年及2019年6月其获得两轮融资,总金额约7亿元,投资方包括XVC、高瓴资本和五源资本。2021年10月,"呆萝卜"发布公告,由于安徽菜菜电子商务有限公司最终没能引入重整投资人,"呆萝卜"即日起停止运营。如何看待它的溃败呢?

(1) 网订店取,经营模式有一定的局限性。"呆萝卜"采用"线上订线下取,今日订明日取"的经营模式,这种模式其一是使得"网订店取"丧失了快捷性优势;其二,这种模式在节奏慢的低线城市是可以被接受的,但到大城市更难被接受,体验上不如生鲜即时送;其三,多数用户在购买生鲜的习惯是"所见即所得",快速满足采购当日新鲜蔬菜的需求,而能够接受隔日的受众的需求点只能是便宜、大量囤货。

(2) 轻率扩张,烧钱速度远高于营收增长速度。2018年之前,"呆萝卜"的门店仅设立在安徽合肥。获得第一笔融资后,"呆萝卜"便以门店合伙的方式开始了跨省扩张。截至2019年9月,呆萝卜进驻了安徽、江苏、河北、湖北四省共19座城市,门店数量近千家,客单价在25~30元之间,订单量在1 000万单每月。但之后又不断地关店。创始人李阳称,"呆萝卜"累计获得的7亿元融资均真实到账,且都投入到公司的发展使用,但由于公司对增长的预期太高且低估了生鲜的烧钱速度。

(3) 没有人愿意接手和盘活这个"烂摊子"。

公司于2020年1月23日进入破产重整程序,历经近21个月,试图扭亏为盈、重整旗鼓。但依然没有新的投资人愿意接手、盘活它,这是该公司破产倒闭的直接原因。

资料来源:案例由编者根据陈一良,《半年烧光6个亿!生鲜电商呆萝卜前途堪忧》(《中国经济周刊》,2019)整理改编形成。

分析:生鲜电商这几年一直是"你方唱罢我登场"的状态,2012年被认为是生鲜电商发展元年,2013~2014年随着资本的入场,生鲜电商得以高速发展,2015年生鲜电商B2B模式兴起,经历了2016年的低迷期,生鲜电商2017年迎洗牌期,2018年开始探索新零售。"呆萝卜"生鲜就是在如此浪潮之下产生的典型创业企业。虽然依靠行业的红利,"呆萝卜"在创业前期拥有了不少资源,但在创业企业继续发展维持的过程中,创业资源没有有效的整合和管理,直接导致了创业企业的失败。所以在创业的过程中,每一步创业资源的整合都是至关重要的。

第6章 企业创办与管理

【学习目标】
1. 了解创业企业的概念及企业管理过程。
2. 基本掌握申办企业的具体方法。
3. 理解创业企业面临的危险与机遇、创业风险的类型，基本掌握应对创业风险的具体策略。

【案例导入】

案例一

张磊是天津工业大学艺术设计专业的大学生，大学期间便利用专业之长探索创业之路。最初，张磊仅是找些设计的小活儿赚取生活费，积累人脉和经验。大三期间，张磊与两名同学合作投资2万元创办了"天津艺术设计工作室"，主要业务是平面设计和家庭装修设计。一年后，张磊带领工作室加盟"天津滨艺伟业装饰装修有限公司"，旨在提升工作室的设计水平和业内认可度。加盟期间，张磊的团队学到了更先进的设计技术，并实现了理论设计和实际施工的完美结合。两年后，张磊抓住国家和学校大力扶持大学生创业的契机，带领工作室入驻天津工业大学大学生创业园。学校不仅为入驻的创业单位提供免费的办公场地和工商注册地址，还安排创业导师提供创业咨询和辅导，帮助对接社会资源、分析市场。这些政策和措施，让张磊受益匪浅。半年后，张磊投资50万元注册成立"天津逸漫科技发展有限公司"并担任法人、总经理。公司坐落于天津工业大学艺缘活动中心大学生创业实践基地。公司已有全职员工30人、兼职员工15人，其中大部分为天津工业大学、天津理工大学学校的毕业生和在校学生。公司主营业务是艺术设计和移动互联网开发，在天津、北京、合肥等地均设有业务联络站。从和同学合伙创建工作室，到成立"逸漫科技"并真正拥有自己的公司，张磊一步一脚印地走出了一条光明的创业之路。

资料来源：案例改编于《中国大学生就业》2017年8月刊《发挥专业之长，成就创业之梦》案例。

案例二

叶伟是建筑装潢设计专业毕业的大学生，有一定的专业能力。大学毕业回家后，在一家室内装饰公司搞室内设计。由于整天加班加点处于紧张状态，心中常有一种失落感，于是萌生了自己创办一家室内装饰公司的想法。经过家庭同意，叶伟通过大学生创业担保贷款获得12万元启动资金，租了两间店面房，购了专业设备，聘用了两位设计人员，"伟业室内装饰公司"正式开张了。

开张第一天，一位姓顾的先生来到公司，要求设计施工两间三层别墅房。在第一笔业务上，叶伟与两位设计人员格外用心，所设计的室内效果图让顾先生非常满意，最终双方签订协议，按20万元预算限期一个半月内交房。叶伟在室内设计上是个能手，但在工程施工上却是个外行，为了组建装饰施工队，他把远在外地从事砌筑工的姨父请了回来，由姨父负责整个施工过程。姨父把乡下打家具的木工、村上的水电工都叫了过来，按叶伟编排的施工计划，摸索着施工。基本工程结束后，请来了油漆工进行了粉刷和油漆。一个半月过后，顾先生接房，支付了另一半的工程款。第二天晚上，顾先生打来了电话，要求按协议双倍赔偿损失。叶伟马上赶到顾先生家查问情况，却被眼前的现状惊住了。原来，由于水电工不专业，所有电线没有按家电负荷拉专用线，加之安装水管不细心，导致整座楼电路跳闸停电，三楼自来水管道漏水，墙体、地板积水，吊装石膏板整片往下掉。经与顾先生协商，由叶伟赔偿25万元，聘请专业施工队，拆除室内全部装修重新装饰。创业刚刚起步，叶伟就摔倒在了起跑线上。

看这两个案例，同样是大学生创业，结果却天壤之别。其中的原因真的很值得探究。

案例一，张磊利用专业特长，从兼职到开工作室，再从工作室到加盟，再从加盟到自己成立公司，每一步都在不断学习和积累经验的基础上成长。推动其成功的另外一个关键因素，就是对于创业资源的运用能力，积极利用大学生创业政策，从而获得成功。

案例二，是一个反面案例，其失败的创业历程与案例一恰恰相反，叶伟凭借自己的专业特长创办室内装饰公司的行为不容置疑。失败的关键在于他没有对创业过程进行全方位的考虑，对管理缺乏了解。光有专业知识，缺少管理常识而盲目创业，在创业过程中对"管理出效益""细节决定成败"的警言体会不深、不透，缺乏风险意识，必然会处处碰壁，以失败而告终。

由此可见，大学生创业是机遇，同时也是挑战。对于随时存在的风险，要时刻保持清醒的头脑，懂得面对，积极防范。

资料来源：案例来自《中国就业》2012年8月刊《创业失败案例·浅析》。

6.1 申办创业企业

6.1.1 创业企业设立流程

一般来说，初创企业的成立过程大致总结为三步：一是选择，即选择合适的企业组织形式；二是起名，即设计新创企业和企业产品的名称；三是登记，具体包括企业名称登记、工商登记、税务登记等登记事项。

6.1.1.1 企业组织形式的选择

(1) 个体工商户。

①概念：个体工商户是指生产资料归劳动者个人所有，以自己的劳动为基础，劳动成果归劳动者个人所有和支配的市场经营者。

②个体工商户的设立条件：有经营能力的城镇待业人员、农村村民以及国家政策允许的其他人员；申请人必须具备与经营项目相应的资金、经营场地、经营能力及业务技术。

③个体工商户的优势：对注册资金实行申报制，没有最低限额基本要求；注册手续简单，费用低、税收负担轻。

④个体工商户的劣势：信誉较低，很难获得银行大额贷款；经营规模小，发展速度慢；管理不规范，有的个体工商户甚至对经营所得和工资所得都不加以区分。

(2) 个人独资企业。

①概念：个人独资企业是最为简单的企业组织形式，是指依照《个人独资企业法》在中国境内设立的、由一个自然人投资、财产为投资人个人所有、投资人以其个人财产对企业债务承担无限责任的经营实体。

②个人独资企业的设立条件：投资人为一个自然人；有合法的企业名称；有投资人申报的出资；有固定的生产经营场所和必要的生产经营条件；有必要的从业人员。

③个人独资企业与个体工商户的区别。

出资人不同：个人独资企业只能由个人出资设立，而个体工商户既可以由一个自然人设立，也可以由家庭出资设立。

承担责任的财产范围不同：个人独资企业投资人以其个人财产对企业债务承担无限责任，只有在企业设立登记时明确以家庭共有财产作为个人出资的，才依法以家庭共有财产对企业债务承担无限责任。而个体工商户的债务如属个人经营的，以个人财产承担；如属家庭经营的，以家庭财产承担。

适用的法律不同：个人独资企业依照《个人独资企业法》设立，个体工商户按照《中华人民共和国民法典》和《城乡个体工商户管理暂行条例》等规定设立。

法律地位不同：个人独资企业属于企业，符合企业的特质；个体工商户不采用企业形式，一般认为其属于"个人"。

个人独资企业的优劣势如表6-1所示。

表6-1　　　　　　　　　　个人独资企业的优劣势

优势	劣势
易创立，费用低	扩大规模易受限
固定成本低	投资者风险较大

续表

优势	劣势
经营自主性强	企业连续性差
注册资金灵活	抗风险能力较差
破产操作简单	

(3) 合伙企业。合伙企业,是指按照《中华人民共和国合伙企业法》在中国境内设立的,由各合伙人订立合伙协议,共同出资、合伙经营、共享收益、共担风险,并对合伙企业债务承担无限连带责任的营利性组织。

①合伙企业的设立条件:合伙人应当为两个或两个以上的具有完全民事行为能力的人;合伙企业必须有书面合伙协议;有各合伙人实际缴付的出资;有合伙企业的名称、经营场所和从事合伙经营的其他必要条件。

②合伙企业的财产:合伙企业的财产由两个部分构成,一是合伙人的出资,二是合伙企业存续期间以合伙企业名义取得的收益。

③合伙企业事务的执行:根据《中华人民共和国合伙企业法》规定,各合伙人对执行合伙企业事务享有同等的权利,可以由全体合伙人共同执行合伙企业事务,也可以由合伙企业协议约定或者全体合伙人决定,委托一名或者数名合伙人执行合伙企业事务。

合伙企业的优劣势如表6-2所示。

表6-2　　　　　　　　　　　合伙企业的优劣势

优势	劣势
资金来源较广	债务为无限责任
多产权主体资源优势强	较容易发生内耗
经营压力分散	合伙人转让财产困难

(4) 公司企业——有限责任公司。

①公司的特点与分类。

有限责任公司:是指两个以上股东共同出资,股东以其出资额为限对公司承担责任,公司以其全部资产对公司的债务承担责任的企业法人。

股份有限公司:是指将公司全部资本分为等额股份,股东以其所持股份为限对公司承担责任,公司以其全部资产对公司的债务承担责任的企业法人。

②有限责任公司的设立条件:股东符合法定人数;股东出资达到法定资本最低限额;股东共同制定公司章程;有公司名称,并建立符合有限责任公司要求的组织机构;有公司住所。

有限责任公司的优劣势如表6-3所示。

表6-3　　　　　　　　　　　　有限责任公司的优劣势

优势	劣势
设立程序简单	缺乏社会监督
组织架构简单	债权人利益不透明
股东人数有50人的上限要求	信贷信誉较低
公示要求较为宽松	投资风险相对较高

（5）公司企业——股份有限公司。

股份有限公司指的是公司资本为股份所组成的公司，股东以其认购的股份为限对公司承担责任的企业法人。股份有限公司设立的门槛相当高，不太适合准备创业的大学生。

综上所述，企业选择不同法律组织形式具有不同的优缺点，具体如表6-4所示。

表6-4　　　　　　　　　　各类企业法律形态的特点

企业类型	成立条件	经营特征	利润分配和债务责任
个体工商户	业主是一个人或家庭，无资本数量限制	成立条件简单，业主只要有相应的经营资金和经营场所就可以了，个体工商户可以起字号	资产属于私人所有，自己既是所有者，又是劳动者和管理者，利润归个人或家庭所有，由个人经营的，以其个人资产对企业债务承担无限责任；由家庭经营的，以家庭财产承担无限责任
个人独资企业	业主是一个人，无资本数量限制	投资人是一个自然人，有合法的企业名称，有投资人申报的出资，有固定的生产经营场所和必要的生产经营条件，有必要的从业人员	财产为投资人个人所有，业主既是投资者，又是经营管理者，利润归个人所有，投资人以其个人资产对企业债务承担无限责任
合伙企业	业主两个人以上，无资本数量限制	有两个以上合伙人，并且都依法承担无限责任，有书面合伙协议，有合伙人的实际出资，有合伙企业的名称，有经营场所和从事合伙经营的必要条件	依照合伙协议，共同出资，合伙经营，共享收益，共担风险，合伙人按照合伙协议分配利润，并共同对企业债务承担无限连带责任
有限责任公司	由两个以上50个以下的股东组成，注册资本因不同经营内容立出法定下限	股东符合法定人数，股东出资达到法定资本最低限额，股东共同制定公司章程，有公司的名称，建立符合有限责任公司要求的组织机构，有固定的生产经营场所和必要的生产经营条件	公司设立股东会、董事会和监事会，并由董事会聘请职业经理管理公司，经营业务股东按出资比例分配利润，并以出资额为限承担有限公司

续表

企业类型	成立条件	经营特征	利润分配和债务责任
股份合作制企业	股东包括全体企业成员，无资本数量限制（有地方规定的例外）	无具体规定	企业成员入股，一般实行全员入股，建立资本金制度，职工既是参股人，又是劳动者，按股东按出资比例分配利润，并以出资额为限承担有限责任
中外合作经营企业	投资人至少包括一个中方投资者和一个外方投资者，无特殊的注册资本限制，属于有限责任公司形式，注册资本按有限责任公司的规定执行	申请设立合作企业，应当将中外合作者签订的协议、合同、章程等文件报请国务院对外经济贸易主管部门或者国务院授权的部门和地方政府审查批准，无具体人数和注册资本限制	企业设董事会或者联合管理机构，依照合作企业合同或者章程规定，决定合作企业的重大问题。中外合作者的一方担任董事长或主任，由另一方担任副董事长或副主任中外合作经营企业按照合作合同分配利润，并以其全部资产承担债务责任
中外合资经营企业	投资人至少包括一个中方投资者和一个外方投资者，属于有限责任公司形式，注册资本按有限责任公司的规定执行	申请设立合资企业，应当将中外合资者签订的协议、合同、章程等文件报请国务院对外经济贸易主管部门或者国务院授权的部门和地方政府审查批准，并符合有限责任公司的设立条件，外国合营者的投资比例一般不低于25%	合营企业设董事会，人数由投资各方协商，中外合资者的一方担任董事长，由另一方担任副董事长。正副总经理由合营各方分别担任股东，按出资比例分配利润，并以出资额为限承担有限责任

6.1.1.2　确定企业名称

根据最新的《企业名称登记管理规定》，企业只能登记一个企业名称，企业名称受法律保护。企业名称由行政区划名称、字号、行业或者经营特点、组织形式组成。跨省、自治区、直辖市经营的企业，其名称可以不含行政区划名称；跨行业综合经营的企业，其名称可以不含行业或者经营特点。

企业名称中的行政区划名称应当是企业所在地的县级以上地方行政区划名称。企业名称中的字号应当由两个以上汉字组成，县级以上地方行政区划名称、行业或者经营特点不得作为字号，另有含义的除外。企业名称中的行业或者经营特点应当根据企业的主营业务和国民经济行业分类标准标明，国民经济行业分类标准中没有规定的，可以参照行业习惯或者专业文献等表述。企业应当根据其组织结构或者责任形式，依法在企业名称中标明组织形式。

6.1.1.3　办理登记注册

企业工商注册流程的具体步骤大致如下。

第一步：企业核名。

注册公司的第一步就是确定自己公司的名字。公司名称结构为：字号、行业名、组成形式。在核名之前要准备好三五个名字，以免核名的时候准备好的名字跟别人的重复，那么核名就通不过了。

第二步：提交相关资料。

确定公司经营范围。开业资料主要包括房产租赁合同、房产证复印件、房产信息单、公司章程、股东会决议、指定委托人、名称核准信息单。

第三步：领取营业执照。

核名通过、资料审核通过之后就可以领取营业执照了。

第四步：公司备案刻章。

备案刻章需携带营业执照原件到公安局指定的定点刻章单位备案刻章。

第五步：银行开户。

公司营业执照办好后，携带公章、法人章、财务章、营业执照正本前去银行开设公司基本账户，待银行受理结束领取开户可证。

第六步：税种核定。

公司领取营业执照30天内就需要进行纳税申报了，在纳税申报时需要核定税种，确定好纳税人类型，是一般纳税人还是小规模纳税人。

第七步：社保开户。

公司开业不仅需要纳税申报，还需要缴纳社保，所以需要进行社保开户，开户后就可以正常缴纳社会保险。

可以看出，注册公司需要完成以上七个流程，每个流程需要准备相应的资料，所以在去注册公司之前，需要把这些流程和资料理清楚以免出错耽误时间。

企业工商注册需要以下材料：

投资人、法人代表、监事的身份证明；

制定完成的公司章程；

办公场所的租赁合同或者买卖合同及权属证明；

设立登记申请表等应具备的其他申请表。

同时，创业者还需要了解与企业密切相关的法律法规，如表6-5所示。

表6-5　　　　　　　　　与企业密切相关的法律法规

法律名称	相关基本内容
企业法	公司法、个人独资企业法、合伙企业法、个体工商户管理条例、中外合资合作企业法、乡镇企业法等
民法通则	个体工商户、农村承包经营户、个体合伙、企业法人、联营、代理、财产所有权、财产权、债权、知识产权、民事责任等
合同法	一般合同的订立、效力、履行、变更和转让、权利义务终止、违约责任等。具体合同如买卖、借款、租赁、运输、技术、建设工程、委托等
劳动法	促进就业、劳动合同和集体合同、工作时间和休息休假、工资、职业安全卫生、女职工和未成年工特殊保护、职业培训、社会保险和福利、劳动争议、监督检查等

6.2 初创企业风险管理

6.2.1 创业环境风险

什么是创业环境？创业环境是指围绕创业者的创业活动而不断发展和变化，并足以影响或制约创业行为的一切外部条件。创业环境和创业活动相互作用，对创业的成败起着一定的作用。硬环境是指创业环境中有形要素的总和（如基础设施、自然环境、区域经济发展等），软环境是指无形环境因素（如政治、法律、经济、文化等），硬环境和软环境的总和形成了创业环境。

环境风险来源体现了市场经济的特殊性，是经济发展到一定阶段的产物，也是社会治理成本和社会经济效益最直接的体现。创业环境好坏直接影响着创业主体和创新成果转化的效率，创业环境风险有多种，政府部门、企业、银行等其他方面的政策难以实现对创业者的全过程监管。如果政府部门不能充分发挥其自身效应和功能，并且也难以解决投资、金融等一系列问题；如果企业和社会公众对政府信任不足，就难以促进创业，所有这些都是促进创业、发展经济的大敌。新进入市场的创业者，在打破壁垒的过程中，在所难免地会承担一些不必要的发展成本，这就是市场环境风险有可能带来的成本不确定性。

大学生在创业之前，要认真分析创业环境，判断是否有金融工具和政策支持，比如是否有为大学生创业提供资金支持的会计服务或者是否有税收优惠政策，或者是提高大学生创业知识的培训课程。如从事制造业，也应关注政府采购项目和科研成果的技术转移信息。另外就是要重点调查目标市场的准入政策和难度系数，初步掌握市场竞争情况。大致了解当地基础设施的分布和使用情况，如土地、交通、网络、法律服务机构等。要确保所创建的企业符合当地的社会、文化和经济发展趋势。

6.2.1.1 人力资源管理风险

什么是人力资源管理？人力资源管理是在经济学和人本思想的指导下，通过招聘、选拔、培训、薪酬等管理形式，对组织内外相关人力资源进行有效利用，以满足组织当前和未来发展的需要，保证组织目标的实现及其成员发展的最大化。它是预测组织的人力资源需求并制订人力资源需求计划，为有效地组织招聘和选拔人员、考核绩效、支付薪酬并提供有效激励，结合组织和个人的需求进行有效发展，以达到最佳组织绩效的全过程。创业初期，常见的人力资源管理风险有成员目标与团队目标不一致、团队成员关系不和谐、团队角色配置不合理等，大学生创业者可以提前了解并做出有效的风险控制行为（见表6-6）。

表 6-6　　　　　　　　　　　　人力资源管理风险分析

人力资源管理风险	大学生创业人力资源风险控制
成员的目标与团队目标不一致	用科学手段构建和谐团队（如运用"九型性格"来组建团队）
创业团队成员关系不和谐	团队成员的股份比例、薪酬待遇方面不需要人人平等，因为过于松散的民主气氛常使得管理软弱无力，绝对的平等就是不平等
团队角色配置不合理	企业在试运行阶段通过行动来观察团队成员的能力，将成员的问题暴露出来
成员不能很好地遵守团队纪律	不要单纯以通过感情投资从而希望得到回报的心理来处理团队成员的关系
缺少发展观，规划不足	企业团队应该有动态的发展观，团队组成应随成员的实际贡献的变化而变化，因为只有具有发展观念的团队才可能建立一套完善的内部调节机制，同时也有利于成员体面地离开

6.2.1.2　关键员工离职的风险

企业的骨干员工具有专门技能，掌握核心业务，对企业的经营和发展都将产生深远的影响。他们一般占企业总数的 10%~15%，却掌握了企业 70%~80% 的技术和管理，创造了企业 80% 以上的经营性收益，是企业的中坚骨干力量。这些员工的流失会使企业的有形和无形资产遭受较为严重的损失，并且同时还会削弱企业的核心竞争力。此外，企业需要额外的招聘和培训成本，这将影响企业的正常运营和发展连续性。

创业企业关键员工离职的常见原因与风险防范如表 6-7 所示。

表 6-7　　　　　　　　　　　　关键员工离职风险分析

关键员工离职的原因	大学生创业对关键员工离职风险的防范
内部原因：由于契约或管理制度的不完备性、员工个人目标与组织整体目标不一致，或员工在企业中受到不公平的对待或企业无法提供足够的发展空间都将使员工产生去意	定时或不定时地了解员工的情况（待遇、工作成就感、自我发展、人际关系、公平感、地位、生活、对企业的信心、对企业战略的认同感等）
外部原因：一旦外界提供了更好的发展机遇，他们便会通过比较利润的高低和机会成本的大小而最终选择离开	用培训和开发来激发员工，因为对于高素质的关键员工而言，这比提高薪水更有意义
基于专业能力的提升未达预期	契约约束，如签订"竞业禁止"协定，要求员工在离职后一段时间内不得从事与本企业有竞争关系的工作，并要为企业保守商业、技术机密

6.2.1.3　风险项目选择的风险

创业项目选择风险是指企业在创立之初由于创业项目选择不当而无法盈利、无法生存下来的风险。创业项目从概念上分为传统创业、新兴创业和新型微创业；从方法上分为产业创业和网络创业；从投资的角度分为无成本创业、小成本创业、微成本创业，可以是线上创业，比如可以开个淘宝店，或者选择一个合适的微创业平台也是非常稳妥的方式；从方式上看分为自主创业、加盟创业。目前自主创业需要对资金链、人员、场地、产品等诸多内容进行系统规划，因此起步高、风险大。加盟方式更为普遍，更为正统化、专业化、规模化。与之相对应的创业者也需要从资金和经验的角度客观考虑加盟项目的选择。

无论是哪一种创业项目，选择项目都存在一定风险，风险主要来自需求变动的不确定性、用户接受程度不一的不确定性、市场渠道拓展及发展节奏的不确定性。大学生创业项目选择时，需在创业前做好详细的市场评估和预测，撰写详尽的商业计划书，以应对不同阶段市场波动带来的战略调整。

6.2.1.4 营销风险

营销风险是指企业制订和实施的营销计划与其营销环境不协调，使营销战略无法顺利实施，导致目标市场萎缩而无法实现盈利的可能性。

（1）营销风险来源。

①营销模式无创新。在当下社会经济和互联网时代都在不断发展的过程中，并未根据变化及时调整自己的营销策略和工具方法，沿用一贯的思维定式方法进行策略制定，缺乏创新性，无法契合当前阶段的市场要求及用户需求。

②过度依赖传统渠道。传统渠道比如广告，确实在创新企业的成长过程中起到了不可否认的作用，但是如果仅围绕广告渠道去制定营销策略，或者产品并无法匹配广告所透传给用户的功能性，也会影响到市场的忠诚度。

③危机意识缺失。危机处理、舆情处理、突发事件处理等如得不到足够重视，无法迅速提出有实质性的危机处理方案，可能使企业受到不可估量的损失。因此，新创企业应树立危机管理意识，持续改善公共关系，积极应对并处理好危机事件。

（2）大学生创业营销的风险控制。

①搭建舆情和市场响应机制，并成立专项小组，在企业经营过程中定期分析市场反馈，保持对关键市场信号的高度敏感性，结实际市场情况，及时有效地调整前期制定的营销策略。

②有效规避市场风险的有效方法之一，是在行业内与优势较强的企业进行合作，进行相应的风险分摊，从而实现有效的风险控制。

6.2.1.5 管理风险

管理风险是指在管理过程中，由于信息不对称、管理不善和判断失误而影响管理水平进而导致失败的风险。

（1）管理风险的来源。

①决策者的素质。仅重视产品，而忽略市场的变化，或者只重视市场的政策，却不关心渠道的变化，把管理视角局限于企业的局部，而不是将企业内外的信息进行有效的整合、加工和分析，如此的决策者，通常会给企业带来很大的管理风险。

②决策风险。创业者无论是在企业的哪个阶段，对于决策一定要有敬畏之心，

切不可依据自己个人的好恶去制定一个政策，而是要经过缜密的信息收集和分析之后，才可以进行审慎的决策发布。

③企业的组织架构，应该依据企业的发展变化不断地调整优化。企业的决策人员应拥抱变化，带领企业迎接变化和挑战。否则，组织架构的迟滞也将成为管理风险的重大隐患。

（2）大学生创业管理的风险防范。

①提升自己的决策、管理、创新、社交和财务能力，学习并成为具有创业者精神的创业者。

②学习和实践并行，在创业过程中也要多阅读、多学习，总结失败，让自己对创业的驾驭能力越来越强。

6.2.1.6　金融风险

金融风险是指公司不合理的财务结构和不当的融资可能使公司丧失偿债能力，导致投资者预期收益下降的风险。形成金融风险的原因有很多，包括外部风险和内部风险。不同金融风险的主要原因也不同。

财务风险的来源：

（1）企业财务管理宏观环境的复杂性是企业财务风险的外因。公司财务管理的宏观环境是复杂多变的，但是公司管理系统无法适应复杂多变的宏观环境。财务管理的宏观环境包括经济环境、法律环境、市场环境、社会文化环境、资源环境等因素。这一因素存在于公司外部，但是对公司的财务管理有很大的影响。

（2）企业财务经理对财务风险的客观性认识不足，金融风险客观存在。只要有金融活动，就必然有金融风险。然而，在日常工作中，许多企业的财务总监缺乏风险意识，这是金融风险存在的重要原因之一。

（3）财务决策缺乏科学依据和论断，导致决策失误。财务决策失误是造成财务风险的另一大原因。避免财务决策失误的前提是科学的财务决策。

（4）企业内部财务关系混乱。这是企业财务风险存在的另一个重要原因。企业与内部部门之间、企业与上下游企业之间在资金管理和使用、利益分配等方面存在权责不清、管理不力，导致资金使用效率低下，资金流失严重，无法保证资金的安全完整。

6.2.2　大学生创业存在的风险

风险是指行为人在一定环境和一定时期内因各种结果的不确定性而遭受损失的大小和概率，即由于创业环境的不确定性、创业机会和创业企业的复杂性，以及创业者、创业团队和风险投资者能力和实力有限，导致创业活动偏离预期效果的概率。大学生创业不仅有一般的投资风险，而且作为一个特殊的创业者群体，受教育背景、社会现状和创业政策的影响，具有独特的特点。

6.2.2.1 大学生常见创业风险类型

大学生创业风险主要表现在机会风险、资本风险、技能风险、资源风险、管理风险和环境风险六个方面。

（1）机会风险。创业机会风险是指创业者在选择创业项目时能否作出正确的决定、掌握正确的方向。如果机会不正确或推理有偏差，创业者从一开始就面临走错方向的风险。此外，由于创业而放弃原有学业或选择创业而放弃就业所面临的经济成本风险也是这一时期的风险。

（2）资本风险。资本风险是指由于资金无法及时筹集和供应而导致创业失败的概率。可以说，资本风险贯穿于创业活动的全过程。在当今社会，借鸡生蛋的创业奇迹越来越少。如果没有足够的营运资金，很容易创业失败。资本风险一般是创业的"命门"。大学生缺乏财务分析，在资金管理方面表现出明显不足。相当一部分大学生创业公司在成立初期会因资金短缺而严重影响业务拓展，甚至错过商机而不得不倒闭。

（3）技能风险，大学生走出象牙塔，并没有完全从"学生"变成"社会人"。与有社会经验的人相比，他们处于劣势，因为他们的年龄、经历、心理等因素。创业本身就是一个复杂的系统工程，市场不会因为创业者是孩子就对其开放。在简单的学校环境中长大的学生，在面对社会和市场时，比有社会经验的人更容易迷失和迷茫，理想化思维，低估自己的困难。同时，大学生缺乏必要的创业知识和能力，不了解创业的相关政策法规。大学生缺乏直接创业的基本技能。

（4）资源风险。这里所说的资源风险通常是由于缺乏社会资源造成的。大学生需要在创业、开拓市场、推广产品和服务等方面充分利用社会资源。但是大学生在创业策划中可用的社会资源很少。进入社会创业，其在广告、营销、工商税务、融资租赁、生产服务等方面会遇到很多挫折和困难，并且花费大量的精力。

（5）管理风险。由于长期接受应试教育，对"游戏规则"不熟悉，一些大学生创业者技术过硬，但财务、营销、采购、广告、管理等能力普遍不足。大学生有理想和抱负，但刚进入商场时，知识单一，缺乏实践经验。他们通常缺乏信息，思路不清，用人不当，缺乏针对特定市场发展的相关经验和知识。在这种情况下，大学生创业会遇到各种不可预测的问题，可能会导致创业者犯一些低级错误。

（6）环境风险。环境风险是指创业过程中环境变化造成的利润损失。这种风险也贯穿于创业过程，但在中后期更为突出。一旦发生，可能会给企业带来致命的打击。由于社会、政治、政策和法律环境的变化或意外灾害的发生，高科技产品的创新活动更容易失败，而创业者本身却无法改变这种变化。

6.2.2.2 大学生创业风险产生原因

从外部环境来看，对于中国创业者来说，要想在工作中取得成功，成为这个社会和时代的主流，最重要的工作就是塑造中国创业者的职业精神，重建中国公司的道德秩序。这也是这一代大学生创业者的责任和义务，以道德约束、诚信、平等、公平、公开为信条，营造具有中国特色的商业环境。

从内部环境来看，创业者的决策是随机的，不受约束的；公司盲目扩张和多样化；创业者一夜暴富的投机性；内部管理不当，创始人缺乏经营企业的重要经验、不遵循财务审慎原则；把错误的人才当成人才等一系列问题，让创业者时刻冒险、处处冒险。

就大学生创业者本身而言，大学生容易出现以下几种情况：一是盲目乐观。在大学生眼中，盖茨的神话使 IT 产业和高科技产业成为创业金矿，以至于很多学生对服务业或低科技产业不屑一顾。大学生若对自己的经历和能力不够了解，对创业的期望过高，就会起点高，容易失败。二是纸上谈兵，缺乏经验。缺乏经验是大学生创业普遍存在的问题。许多大学生创业者不习惯于对自己的品牌或项目进行市场调查，而是进行理想化的推理。三是单枪匹马，缺乏合作。团队精神是一种不可或缺的创业品质。风险投资者在投资时更加重视具有合作能力的创业团队。如今大学生普遍具有个性、自信心强、通常自以为是，这些都会影响创业的成功率。此外，产生投资风险的重要原因是大学生资金准备不足、市场应对不力、法律意识淡薄、对创业项目缺乏深入审查、对市场前景缺乏理性评价、创业态度差。

6.2.2.3　大学生创业整体风险防范

风险的存在是不可避免的。大学生应该在创业的各个方面做好风险防控工作。

（1）提高大学生自身素质。大学生的创业风险通常是由特殊群体大学生在创业过程中的不利条件造成的。因此，为了规避风险，必须从现实出发，提高大学生自身的能力，具备创业所需的技能和素质。根据对许多大学生创业成功案例的分析可以得出结论，他们的创业成功可以概括为以下能力：创新能力、规划能力、组织能力、领导能力、管理水平和公关能力。只有同时具备这些能力，大学生才能在创业中脱颖而出，降低失败的概率。

（2）准备创业必备的硬件。俗话说"巧妇难为无米之炊"。没有足够的硬件准备，无论创造力有多好，都很难转化为真正的生产力，无论天赋有多好，都是无用的。大学生创业所需的硬件通常是经验、资金和技术。

（3）风险意识教育。高校可以有计划地设置投资风险课程，通过实际案例合理分析创业活动的复杂性，让大学生清楚地意识到创业过程中的风险，以及如何防范和处理创业过程中的困难，指导大学生在创业初期和创业过程中如何看待和解决投资风险，促进创业能力的自我培养和技能提高。

（4）了解政策及相关法律法规。近年来，为了支持大学生创业，相关部门出台了许多优惠政策。只有了解这些政策，才能迈出创业的第一步。同时，应该学习相关的法律知识，如工商登记、经济合同、税收等。这些都是大学生创业过程中必不可少的知识。只有了解法律，遵守法律，依法保护自己的合法权益，才能保证大学生创业行动的稳定和长期。

在创业运营过程中，无论是早期准备、中期运营还是后期改进，都有许多事项需要注意。在创业初期，应该仔细选择项目，合理组建团队，注意实践锻炼。在中期，应该加强内部管理，培养骨干团队，积极参与竞争，避免急功近利，加强内涵建设，塑造品牌形象。在创业后期，应该知道如何建立激励机制，聚集创新人才，尝试授权，完善组织结构，逐步合理扩张，完善约束机制。

随着经济的快速发展，到处都有创业的机会。大学生创业已成为大学生实现自身价值和创造价值的有效途径。然而，不可否认的是，投资风险也是客观存在和不可避免的。因此，想要创业的学生必须以敏感的眼光发现风险，以超人的智慧应对风险，积极参与创业趋势，站稳脚跟，寻求发展。同时，创业型大学生应根据自己的特点找到"立足点"，克服对风险的恐惧，善于在创业培训和锻造中规避风险、解决风险。

【本章小结】

党的二十大报告中指出，坚持多劳多得，鼓励勤劳致富，使人人都有通过勤奋劳动实现自身发展的机会。创业是一条充满挑战的路，但同时也是大学生通往梦想的大路。在大学生自主创业的过程中，困难和失败是不可避免的，这就要求选择创业的大学毕业生要具备顽强的意志，敢于承担风险。通过创业，培养其自力更生的意识、风险意识、吃苦耐劳的精神和艰苦奋斗的作风，而这一切有助于培养大学生的创新创业精神。

创新是一个民族的灵魂，是一个国家兴旺发达的永动力。大学生作为中国最具活力的群体，如果失去了创造的冲动和欲望，国家最终也会失去发展的不竭动力。创业活动培养了大学生开拓创新精神，使其将就业压力转化为创业动力，由此可以培育出越来越多的各行各业的成功创业者。

【思考练习】

1. 企业有哪些法律组织形式？
2. 常见创业风险包括什么？
3. 为了规避市场进入风险，创业者在作出决策前应当考虑哪些因素？

【拓展阅读】

回顾星空琴行：空有完美开局，盲目 All in 致血本无归

如同所有悲剧的开头，星空琴行也有一个堪称完美或漂亮的开局。创始人周楷程（原名周鹏）来自阿里巴巴，曾任阿里巴巴 B2B 业务西部大区副总经理。他也曾短暂负责易到用车的运营管理，并让该业务迅速铺向全国，随后周楷程决定离职创业，投身钢琴领域创立"琴语琴愿"。

2012 年 7 月，星空琴行获得九合创投 220 万元人民币天使投资。2013 年 9 月，A 轮融资获得顺为基金 245 万美元。2014 年 9 月，B 轮融资获得蓝驰创投领投、顺为基金跟投 472 万美元。2015 年 6 月，C 轮融资获得嘉御基金领投、顺为基金和蓝

驰创投跟投 1 973 万美元。在 2016 年 4 月 6 日，D 轮融资获得蓝驰创投 800 万美元、顺为基金 300 万美元、天使投资人九合创投 1 500 万元人民币。

最初，出身 B2B 的周楷程与其团队希望成为全国钢琴领域最大的渠道商，却很快发现这并不是一条通途。"最初想做一个行业的平台，做供应链。走完 6 个月，发现钱烧光了，路没有走通。"周楷程在一次公开分享中表示，"我们当时认为有供应链的需求、有招生的需求，结果发现情况跟这无关，很多需求都是伪需求，老师决定学生到底买什么琴、进什么货"。这可能是出身于互联网的周楷程创业时踩中的第一个"坑"，却也促使他很快转型，将品牌更名为"星空琴行"。这一次周楷程决定深扎线下的高端卖场，借助更高端的门店获取流量并塑造品牌，打造一个新型的培训机构。截至 2015 年 3 月，星空琴行共在全国 13 个城市的 27 家商场中开设了线下实体店。

星空琴行的"新"体现在服务模式与收入构成上。针对传统机构将收入的 30%～40% 支付房租的"痛点"，星空琴行提出了"到店体验，上门授课"的服务模式门店仅被用于引流、转化以及体验课，针对儿童的一对一课程则被安排在了学生家中这在减少场地面积、提升成效的同时增加了单店的服务能力。与此同时，面向零基础人群，星空琴行还推出了针对成人的一对多课程。对此，周楷程曾表示，此类商业模型将帮助星空琴行拉平一线商区的房租成本。

而从收入构成上，星空琴行的业务主要分为三类：购买钢琴课时，老师一对一上门教学；买钢琴送课时，钢琴价格高于市场价；租琴购买钢琴课时，按照钢琴原价支付押金，退还钢琴后 30～45 个工作日退还押金。

一份 2015 年的报告显示，有 60% 的租赁客户会在一年后将钢琴直接买下，星空琴行的钢琴销售毛利率在 30% 左右，而租转售的毛利率则高达 46%。通过这一新模式，星空琴行拉高了整体的运营利润。部分投资人也认为，这种方式将有助于提升星空琴行在钢琴供应链中的地位，甚至挤压原有渠道的生存空间。

出身于互联网的星空琴行团队，也没有错过自 2013 年就开始火遍中国的"移动互联网大潮"。早在 2015 年初，他们就已经规划好了一个线上线下相互引流、O2O 授课的蓝图。在周楷程的规划中，新的 O2O 品牌"蓝姐姐"将极大地延长由线下门店转化而来的客户服务周期，星空琴行团队也由此获得了从钢琴培训升格为"素质教育领导品牌"的机会。这一规划显然得到了资本的认可。2015 年 6 月，星空琴行获得了嘉御基金领投、原投资方顺为基金、蓝驰创投跟投的近 2 000 万美元 C 轮融资。

被媒体和舆论捧为"创业明星"的星空团队可能没有想到，这个线下门店已达 70 家的连锁品牌已经迎来拐点，即将走上下坡路。O2O、线上线下互相导流、改造原有供应链，都是星空琴行吸引投资人的亮点。但纸上谈兵的逻辑并不一定能够真正落地。近年来，房租、人力等成本均有大幅上涨，但培训收费基本没有变动。星空琴行的做法，无异于在利润本就微薄的情况下再次拉高成本。而以一对多课程填补房租的模式，也被认为可行性不高。例如成人的上课时间是比较集中和固定的，周末或晚上这就意味着不可能开出很多班课，场地和老师大部分情况下是闲置的，不可能拉平如此高的房租成本。2016年初拿到D轮融资后，星空琴行依旧生机勃勃。但在外人看来，扩张的野心早已无法抑制。周楷程将星空琴行正式升级为星空创联。控股、参股、自建众多艺术培训公司，"六艺学馆""星空炫舞""蓝姐姐""美丽直达"成为主推的四大品牌。除此之外，还对音乐手环、小海豚、芬玩科技、糖果国际等进行了战略投资。工商信息显示，星空琴行的对外投资高达60多起。这家尚未盈利的公司，用资本搭建了涉及几十家企业、十几个细分领域的复杂生态。飞速扩张的野心之下，团队也越来越臃肿。高峰时期，员工数量高达1 000人。

随着星空琴行的疯狂扩张，问题也随之出现：营业额出现断崖式下跌、店面盲目扩张导致严重亏损、过度追求营业额而忽视企业内部经营等问题接踵而来……不久星安琴行在没有通知任何员工及学员的情况下，突然暂停全国近60家门店营业，所有门店大门紧闭，总部及客服电话均无人接听，有很多学员交了几万元学费，却只上了几节课，随即多地学员组织线上和线下渠道维权。9月20日晚间，星空琴行官方称，由于过往的盲目扩张使资金链出现问题，导致突发暂停营业事件。

分析： 根基性业务缺乏造血能力，在缺乏稳健现金流的时间点仍然进行扩张，是星空琴行在2017年轰然倒塌的主因。如果星空琴行能及时收缩，未必会造成这样的结局运营连锁机构时，所有门店中一定有赚钱的和亏钱的。星空琴行的模式本身就很难打破，两年之中也看不到有大规模关停并转的举动。所以星空琴行的失败一定程度上是个必然。

星空琴行自身拥有不少优势，无论是创始人的融资能力，还是团队的营业能力都是值得肯定的，但后来销售额的下降以及资金没能跟上扩张的节奏等问题使得原本前途光明的企业最后以一夜倒闭、负债累累的结果收场，令人唏嘘不已。在如今这个时期，竞争的核心点不仅仅在于融资能力，更重要的是需要依靠企业本身的经营能力保证企业持续发展。如果星空琴行后续能合理利用资金，不盲目扩张，保证资金链的良性循环以及团队的能力，那么就不会走向灭亡。

资料来源：邓汉慧. 创业风险识别与规避［M］. 北京：高等教育出版社，2020：124-126.

下篇　创新创业开拓未来

第7章 创新创业增添新动能

【学习目标】

1. 深刻理解未来产业发展的重点内容。
2. 充分了解我国当前的双创政策、双创生态和青年群体的双创意愿。
3. 培养宏观思维和前瞻性思维。

【案例导入】

朗新科技："模式创新+生态建设"赋能行业数字化转型

朗新科技集团股份有限公司（以下简称朗新科技）是国家规划布局内重点软件企业。2021年，公司被评为中国软件百强企业、数字生态智慧能源领军企业、软件和信息技术服务竞争力百家企业、中国软件与信息服务业十大领军企业，公司专注于"能源数字化"，长期在数字能源、数字生活、数字城市、产业互联网等领域助力企业和政府进行数字化转型；以"数字化技术+能源互联网"解决方案构建绿色低碳的数字生活和数字城市新场景，提升产业能效，践行国家"双碳"目标。

2021年，朗新科技紧跟碳达峰碳中和政策导向，持续推进"能源数字化+能源互联网"双轮驱动发展战略，以B2B2C的业务模式，深耕能源领域的创新转型，实现业绩的连续超预期增长。2021年年度业绩报告显示，报告期内，公司实现营业收入46.4亿元，同比增长37%；实现归属于上市公司股东的净利润为8.47亿元，同比增长20%；实现归属于上市公司股东的扣除非经常性损益的净利润7.23亿元，同比增长24%。

"十四五"时期，随着"双碳"进程加速，能源和电力行业也在加快数字化转型步伐。已在能源领域深耕近25年的朗新科技深度参与数字化转型和新型电力系统建设，顺应市场化发展趋势，助力电力和能源行业客户对内降本增效，对外拓展创新，大力发展能源服务运营，开展营销运营、综合能源业务运营、充电桩运营等多种市场化运营工作，继续夯实在能源领域持续领先的优势地位。报告期内，朗新科技能源数字化业务实现收入23.7亿元，同比增长35%，在电力用电服务核心系统、数字新基建、能源服务运营等方面均取得较好发展，新签订单进一步增长。公司持续深耕用电服务核心系统，在研发及解决方案上持续加大投入，全面参与国网新一代能源互联网营销服务系统开发建设；协同多个省电力公司建立能源大数据中心，并发展了各种电力指数、碳排放指数等数据产品，为政府疫情防控、复工复产、产业扶持、碳排放、电力征信提供能源大数据支撑服务。

作为中国能源行业数字化的领军企业,朗新科技有望紧抓碳达峰碳中和机遇,在相关业务领域进一步打开发展空间,保持加速增长,为能源行业和客户企业创造更多的价值。

资料来源:根据朗新科技集团股份有限公司官方网站、综合能源服务网相关内容改编。

思考题:
1. 朗新科技是如何顺应市场趋势、响应国家战略的?
2. 朗新科技案例对你未来开展创新创业实践有什么启发?

7.1 国家"十四五"规划、党的二十大驱动"双创"

《中华人民共和国国民经济和社会发展第十四个五年规划和2035年远景目标纲要》(以下简称"十四五"规划)是我国在"十四五"时期经济社会全面发展的大政方略,其坚持以马克思列宁主义、毛泽东思想、邓小平理论、"三个代表"重要思想、科学发展观、习近平新时代中国特色社会主义思想为指导,对于创新创业和未来产业发展作出了明确的部署。

党的二十大报告中,55次提到了"创新"二字,主题是高举中国特色社会主义伟大旗帜,全面贯彻习近平新时代中国特色社会主义思想,弘扬伟大建党精神,自信自强、守正创新,踔厉奋发、勇毅前行,为全面建设社会主义现代化国家、全面推进中华民族伟大复兴而团结奋斗。

7.1.1 国家"十四五"规划引领"双创"

7.1.1.1 战略层面高度重视

"十四五"规划关于创新创业的指示主要集中在第二篇"坚持创新驱动发展 全面塑造发展新优势"。它指出,我国牢牢坚持创新在我国现代化建设全局中的核心地位,把科技自立自强作为国家发展的战略支撑,面向世界科技前沿、面向经济主战场、面向国家重大需求、面向人民生命健康,深入实施科教兴国战略、人才强国战略、创新驱动发展战略,完善国家创新体系,加快建设科技强国。

7.1.1.2 完善企业创新服务

第五章第三节"完善企业创新服务体系"中鲜明指出,推动国家科研平台、科技报告、科研数据进一步向企业开放,创新科技成果转化机制,鼓励将符合条件的由财政资金支持形成的科技成果许可给中小企业使用。推进创新创业机构改革,建设专业化市场化技术转移机构和技术经理人队伍。完善金融支持创新体系,鼓励金融机构发展知识产权质押融资、科技保险等科技金融产品,开展科技成果转化贷款风险补偿试点。畅通科技型企业国内上市融资渠道,增强科创板"硬科技"特色,提升创业板服务成长型创新创业企业功能，鼓励发展天使投资、创业投资，更好发挥创业投资引导基金和私募股权基金作用。

7.1.1.3 激发人才创新活力

第六章第一节"培养造就高水平人才队伍"中明确提出，遵循人才成长规律和科研活动规律，培养造就更多国际一流的战略科技人才、科技领军人才和创新团队，培养具有国际竞争力的青年科技人才后备军，注重依托重大科技任务和重大创新基地培养发现人才，支持设立博士后创新岗位。加强创新型、应用型、技能型人才培养，实施知识更新工程、技能提升行动，壮大高水平工程师和高技能人才队伍。加强基础学科拔尖学生培养，建设数理化生等基础学科基地和前沿科学中心。实行更加开放的人才政策，构筑集聚国内外优秀人才的科研创新高地。完善外籍高端人才和专业人才来华工作、科研、交流的停居留政策，完善外国人在华永久居留制度，探索建立技术移民制度。健全薪酬福利、子女教育、社会保障、税收优惠等制度，为海外科学家在华工作提供具有国际竞争力和吸引力的环境。

第六章第二节"激励人才更好发挥作用"中明确提出，完善人才评价和激励机制，健全以创新能力、质量、实效、贡献为导向的科技人才评价体系，构建充分体现知识、技术等创新要素价值的收益分配机制。选好用好领军人才和拔尖人才，赋予更大技术路线决定权和经费使用权。全方位为科研人员松绑，拓展科研管理"绿色通道"。实行以增加知识价值为导向的分配政策，完善科研人员职务发明成果权益分享机制，探索赋予科研人员职务科技成果所有权或长期使用权，提高科研人员收益分享比例。深化院士制度改革。

第六章第三节"优化创新创业创造生态"中明确提出，大力弘扬新时代科学家精神，强化科研诚信建设，健全科技伦理体系。依法保护创业者的财产权和创新收益，发挥创业者在把握创新方向、凝聚人才、筹措资金等方面重要作用。推进创新创业创造向纵深发展，优化"双创"示范基地建设布局。倡导敬业、精益、专注、宽容失败的创新创业文化，完善试错容错纠错机制。弘扬科学精神和工匠精神，广泛开展科学普及活动，加强青少年科学兴趣引导和培养，形成热爱科学、崇尚创新的社会氛围，提高全民科学素质。

7.1.1.4 完善科技创新体制机制

第七章第一节"深化科技管理体制改革"明确提出，建立健全科研机构现代院所制度，支持科研事业单位试行更灵活的编制、岗位、薪酬等管理制度。建立健全高等院校、科研机构、企业间创新资源自由有序流动机制。深入推进全面创新改革试验。

第七章第二节"健全知识产权保护运用体制"明确提出，加强知识产权司法保护和行政执法，健全仲裁、调解、公证和维权援助体系，健全知识产权侵权惩罚性赔偿制度，加大损害赔偿力度。优化专利资助奖励政策和考核评价机制，更好地保护和激励高价值专利，培育专利密集型产业。改革国有知识产权归属和权益分配机制，扩大科研机构和高等院校知识产权处置自主权。完善无形资产评估制度，形成激励与监管相协调的管理机制。构建知识产权保护运用公共服务平台。

7.1.2 国家"十四五"规划部署未来产业发展

7.1.2.1 加快发展现代产业体系

"十四五"规划关于未来产业发展的指示主要集中在第三篇"加快发展现代产业体系 巩固壮大实体经济根基"。我国坚持把发展经济着力点放在实体经济上，加快推进制造强国、质量强国建设，促进先进制造业和现代服务业深度融合，强化基础设施支撑引领作用，构建实体经济、科技创新、现代金融、人力资源协同发展的现代产业体系，并将着眼于抢占未来产业发展先机，培育先导性和支柱性产业，推动战略性新兴产业融合化、集群化、生态化发展，战略性新兴产业增加值占GDP比重超过17%。

7.1.2.2 构筑产业体系新支柱

第九章第一节"构筑产业体系新支柱"明确提出，聚焦新一代信息技术、生物技术、新能源、新材料、高端装备、新能源汽车、绿色环保以及航空航天、海洋装备等战略性新兴产业，加快关键核心技术创新应用，增强要素保障能力，培育壮大产业发展新动能。推动生物技术和信息技术融合创新，加快发展生物医药、生物育种、生物材料、生物能源等产业，做大做强生物经济。深化北斗系统推广应用，推动北斗产业高质量发展。深入推进国家战略性新兴产业集群发展工程，健全产业集群组织管理和专业化推进机制，建设创新和公共服务综合体，构建一批各具特色、优势互补、结构合理的战略性新兴产业增长引擎。鼓励技术创新和企业兼并重组，防止低水平重复建设。发挥产业投资基金引导作用，加大融资担保和风险补偿力度。

7.1.2.3 前瞻谋划未来产业

第九章第二节"前瞻谋划未来产业"明确提出，在类脑智能、量子信息、基因技术、未来网络、深海空天开发、氢能与储能等前沿科技和产业变革领域，组织实施未来产业孵化与加速计划，谋划布局一批未来产业。在科教资源优势突出、产业基础雄厚的地区，布局一批国家未来产业技术研究院，加强前沿技术多路径探索、交叉融合和颠覆性技术供给。实施产业跨界融合示范工程，打造未来技术应用场景，加速形成若干未来产业。

7.1.3 党的二十大强调创新

7.1.3.1 过去五年的工作和新时代十年的伟大变革

党的二十大报告在第一部分"过去五年的工作和新时代十年的伟大变革"中，

明确提出，我们创立了习近平新时代中国特色社会主义思想，明确坚持和发展中国特色社会主义的基本方略，提出一系列治国理政新理念新思想新战略，实现了马克思主义中国化时代化新的飞跃，坚持不懈用这一创新理论武装头脑、指导实践、推动工作，为新时代党和国家事业发展提供了根本遵循。

我们提出并贯彻新发展理念，着力推进高质量发展，推动构建新发展格局，实施供给侧结构性改革，制定一系列具有全局性意义的区域重大战略，我国经济实力实现历史性跃升……基础研究和原始创新不断加强，一些关键核心技术实现突破，战略性新兴产业发展壮大，载人航天、探月探火、深海深地探测、超级计算机、卫星导航、量子信息、核电技术、新能源技术、大飞机制造、生物医药等取得重大成果，进入创新型国家行列。

我们坚持走中国特色社会主义政治发展道路，全面发展全过程人民民主，社会主义民主政治制度化、规范化、程序化全面推进，社会主义协商民主广泛开展，人民当家作主更为扎实，基层民主活力增强，爱国统一战线巩固拓展，民族团结进步呈现新气象，党的宗教工作基本方针得到全面贯彻，人权得到更好保障。社会主义法治国家建设深入推进，全面依法治国总体格局基本形成，中国特色社会主义法治体系加快建设，司法体制改革取得重大进展，社会公平正义保障更为坚实，法治中国建设开创新局面。

我们确立和坚持马克思主义在意识形态领域指导地位的根本制度，新时代党的创新理论深入人心，社会主义核心价值观广泛传播，中华优秀传统文化得到创造性转化、创新性发展，文化事业日益繁荣，网络生态持续向好，意识形态领域形势发生全局性、根本性转变。

党的二十大报告在充分肯定党和国家事业取得举世瞩目成就的同时，也明确提出，必须清醒看到，我们的工作还存在一些不足，面临不少困难和问题。科技创新能力还不强就是其中的问题之一。对这些问题，我们已经采取一系列措施加以解决，今后必须加大工作力度。

7.1.3.2 开辟马克思主义中国化时代化新境界

党的二十大报告在第二部分"开辟马克思主义中国化时代化新境界"中明确提出，马克思主义是我们立党立国、兴党兴国的根本指导思想。实践告诉我们，中国共产党为什么能，中国特色社会主义为什么好，归根到底是马克思主义行，是中国化时代化的马克思主义行。拥有马克思主义科学理论指导是我们党坚定信仰信念、把握历史主动的根本所在。

推进马克思主义中国化时代化是一个追求真理、揭示真理、笃行真理的过程。十八大以来，国内外形势新变化和实践新要求，迫切需要我们从理论和实践的结合上深入回答关系党和国家事业发展、党治国理政的一系列重大时代课题。我们党勇于进行理论探索和创新，以全新的视野深化对共产党执政规律、社会主义建设规律、人类社会发展规律的认识，取得重大理论创新成果，集中体现为习近平新时代中国特色社会主义思想。党的十九大、十九届六中全会提出的"十个明确""十四个坚持"

"十三个方面成就"概括了这一思想的主要内容，必须长期坚持并不断丰富发展。

实践没有止境，理论创新也没有止境。不断谱写马克思主义中国化时代化新篇章，是当代中国共产党人的庄严历史责任。继续推进实践基础上的理论创新，首先要把握好习近平新时代中国特色社会主义思想的世界观和方法论，坚持好、运用好贯穿其中的立场观点方法。

在此基础上，党的二十大报告明确提出了六个必须原则，其中的四个必须都涉及了创新。

第一个必须是"必须坚持人民至上"。"人民性是马克思主义的本质属性，党的理论是来自人民、为了人民、造福人民的理论，人民的创造性实践是理论创新的不竭源泉。一切脱离人民的理论都是苍白无力的，一切不为人民造福的理论都是没有生命力的。我们要站稳人民立场、把握人民愿望、尊重人民创造、集中人民智慧，形成为人民"。

第二个必须是"必须坚持守正创新。""我们从事的是前无古人的伟大事业，守正才能不迷失方向、不犯颠覆性错误，创新才能把握时代、引领时代。我们要以科学的态度对待科学、以真理的精神追求真理，坚持马克思主义基本原理不动摇，坚持党的全面领导不动摇，坚持中国特色社会主义不动摇，紧跟时代步伐，顺应实践发展，以满腔热忱对待一切新生事物，不断拓展认识的广度和深度，敢于说前人没有说过的新话，敢于干前人没有干过的事情，以新的理论指导新的实践。"

第三个必须是"必须坚持问题导向"。"问题是时代的声音，回答并指导解决问题是理论的根本任务。今天我们所面临问题的复杂程度、解决问题的艰巨程度明显加大，给理论创新提出了全新要求。我们要增强问题意识，聚焦实践遇到的新问题、改革发展稳定存在的深层次问题、人民群众急难愁盼问题、国际变局中的重大问题、党的建设面临的突出问题，不断提出真正解决问题的新理念新思路新办法。"

第四个必须是"必须坚持系统观念"。"万事万物是相互联系、相互依存的。只有用普遍联系的、全面系统的、发展变化的观点观察事物，才能把握事物发展规律。我国是一个发展中大国，仍处于社会主义初级阶段，正在经历广泛而深刻的社会变革，推进改革发展、调整利益关系往往牵一发而动全身。我们要善于通过历史看现实、透过现象看本质，把握好全局和局部、当前和长远、宏观和微观、主要矛盾和次要矛盾、特殊和一般的关系，不断提高战略思维、历史思维、辩证思维、系统思维、创新思维、法治思维、底线思维能力，为前瞻性思考、全局性谋划、整体性推进党和国家各项事业提供科学思想方法。"

7.1.3.3 新时代新征程中国共产党的使命任务

党的二十大报告在第三部分"新时代新征程中国共产党的使命任务"中明确提出，从现在起，中国共产党的中心任务就是团结带领全国各族人民全面建成社会主义现代化强国、实现第二个百年奋斗目标，以中国式现代化全面推进中华民族伟大复兴。

在新中国成立特别是改革开放以来长期探索和实践基础上，经过十八大以来在理论和实践上的创新突破，我们党成功推进和拓展了中国式现代化。

中国式现代化，是中国共产党领导的社会主义现代化，既有各国现代化的共同特征，更有基于自己国情的中国特色。

党的二十大报告明确提出，全面建成社会主义现代化强国，总的战略安排是分两步走：从2020年到2035年基本实现社会主义现代化；从2035年到本世纪中叶把我国建成富强民主文明和谐美丽的社会主义现代化强国。

到2035年，我国发展的总体目标是：经济实力、科技实力、综合国力大幅跃升，人均国内生产总值迈上新的大台阶，达到中等发达国家水平；实现高水平科技自立自强，进入创新型国家前列；建成现代化经济体系，形成新发展格局，基本实现新型工业化、信息化、城镇化、农业现代化；基本实现国家治理体系和治理能力现代化，全过程人民民主制度更加健全，基本建成法治国家、法治政府、法治社会；建成教育强国、科技强国、人才强国、文化强国、体育强国、健康中国，国家文化软实力显著增强；人民生活更加幸福美好，居民人均可支配收入再上新台阶，中等收入群体比重明显提高，基本公共服务实现均等化，农村基本具备现代生活条件，社会保持长期稳定，人的全面发展、全体人民共同富裕取得更为明显的实质性进展；广泛形成绿色生产生活方式，碳排放达峰后稳中有降，生态环境根本好转，美丽中国目标基本实现；国家安全体系和能力全面加强，基本实现国防和军队现代化。

在基本实现现代化的基础上，我们要继续奋斗，到21世纪中叶，把我国建设成为综合国力和国际影响力领先的社会主义现代化强国。

党的二十大报告明确提出，要坚持深化改革开放。深入推进改革创新，坚定不移扩大开放，着力破解深层次体制机制障碍，不断彰显中国特色社会主义制度优势，不断增强社会主义现代化建设的动力和活力，把我国制度优势更好转化为国家治理效能。

7.1.3.4 加快构建新发展格局，着力推动高质量发展

党的二十大报告在第四部分"加快构建新发展格局，着力推动高质量发展"第五个要点"推进高水平对外开放"中明确提出，依托我国超大规模市场优势，以国内大循环吸引全球资源要素，增强国内国际两个市场两种资源联动效应，提升贸易投资合作质量和水平。稳步扩大规则、规制、管理、标准等制度型开放。推动货物贸易优化升级，创新服务贸易发展机制，发展数字贸易，加快建设贸易强国。

7.1.3.5 实施科教兴国战略，强化现代化建设人才支撑

第五部分"实施科教兴国战略，强化现代化建设人才支撑"是党的二十大报告论述创新相关内容最多的一个部分。

党的二十大报告明确提出，教育、科技、人才是全面建设社会主义现代化国家的基础性、战略性支撑。必须坚持科技是第一生产力、人才是第一资源、创新是第一动力，深入实施科教兴国战略、人才强国战略、创新驱动发展战略，开辟发展新领域新赛道，不断塑造发展新动能新优势。

我们要坚持教育优先发展、科技自立自强、人才引领驱动,加快建设教育强国、科技强国、人才强国,坚持为党育人、为国育才,全面提高人才自主培养质量,着力造就拔尖创新人才,聚天下英才而用之。

(一)办好人民满意的教育。教育是国之大计、党之大计。培养什么人、怎样培养人、为谁培养人是教育的根本问题。育人的根本在于立德。全面贯彻党的教育方针,落实立德树人根本任务,培养德智体美劳全面发展的社会主义建设者和接班人。坚持以人民为中心发展教育,加快建设高质量教育体系,发展素质教育,促进教育公平。加快义务教育优质均衡发展和城乡一体化,优化区域教育资源配置,强化学前教育、特殊教育普惠发展,坚持高中阶段学校多样化发展,完善覆盖全学段学生资助体系。统筹职业教育、高等教育、继续教育协同创新,推进职普融通、产教融合、科教融汇,优化职业教育类型定位。加强基础学科、新兴学科、交叉学科建设,加快建设中国特色、世界一流的大学和优势学科。引导规范民办教育发展。加大国家通用语言文字推广力度。深化教育领域综合改革,加强教材建设和管理,完善学校管理和教育评价体系,健全学校家庭社会育人机制。加强师德师风建设,培养高素质教师队伍,弘扬尊师重教社会风尚。推进教育数字化,建设全民终身学习的学习型社会、学习型大国。

(二)完善科技创新体系。坚持创新在我国现代化建设全局中的核心地位。完善党中央对科技工作统一领导的体制,健全新型举国体制,强化国家战略科技力量,优化配置创新资源,优化国家科研机构、高水平研究型大学、科技领军企业定位和布局,形成国家实验室体系,统筹推进国际科技创新中心、区域科技创新中心建设,加强科技基础能力建设,强化科技战略咨询,提升国家创新体系整体效能。深化科技体制改革,深化科技评价改革,加大多元化科技投入,加强知识产权法治保障,形成支持全面创新的基础制度。培育创新文化,弘扬科学家精神,涵养优良学风,营造创新氛围。扩大国际科技交流合作,加强国际化科研环境建设,形成具有全球竞争力的开放创新生态。

(三)加快实施创新驱动发展战略。坚持面向世界科技前沿、面向经济主战场、面向国家重大需求、面向人民生命健康,加快实现高水平科技自立自强。以国家战略需求为导向,集聚力量进行原创性引领性科技攻关,坚决打赢关键核心技术攻坚战。加快实施一批具有战略性全局性前瞻性的国家重大科技项目,增强自主创新能力。加强基础研究,突出原创,鼓励自由探索。提升科技投入效能,深化财政科技经费分配使用机制改革,激发创新活力。加强企业主导的产学研深度融合,强化目标导向,提高科技成果转化和产业化水平。强化企业科技创新主体地位,发挥科技型骨干企业引领支撑作用,营造有利于科技型中小微企业成长的良好环境,推动创新链产业链资金链人才链深度融合。

(四)深入实施人才强国战略。培养造就大批德才兼备的高素质人才,是国家和民族长远发展大计。功以才成,业由才广。坚持党管人才原则,坚持尊重劳动、尊重知识、尊重人才、尊重创造,实施更加积极、更加开放、更加有效的人才政策,引导广大人才爱党报国、敬业奉献、服务人民。完善人才战略布局,坚持各方面人才一起抓，建设规模宏大、结构合理、素质优良的人才队伍。加快建设世界重要人才中心和创新高地，促进人才区域合理布局和协调发展，着力形成人才国际竞争的比较优势。加快建设国家战略人才力量，努力培养造就更多大师、战略科学家、一流科技领军人才和创新团队、青年科技人才、卓越工程师、大国工匠、高技能人才。加强人才国际交流，用好用活各类人才。深化人才发展体制机制改革，真心爱才、悉心育才、倾心引才、精心用才，求贤若渴，不拘一格，把各方面优秀人才集聚到党和人民事业中来。

7.1.3.6 推进文化自信自强，铸就社会主义文化新辉煌

党的二十大报告明确提出，全面建设社会主义现代化国家，必须坚持中国特色社会主义文化发展道路，增强文化自信，围绕举旗帜、聚民心、育新人、兴文化、展形象建设社会主义文化强国，发展面向现代化、面向世界、面向未来的，民族的科学的大众的社会主义文化，激发全民族文化创新创造活力，增强实现中华民族伟大复兴的精神力量。

我们要坚持马克思主义在意识形态领域指导地位的根本制度，坚持为人民服务、为社会主义服务，坚持百花齐放、百家争鸣，坚持创造性转化、创新性发展，以社会主义核心价值观为引领，发展社会主义先进文化，弘扬革命文化，传承中华优秀传统文化，满足人民日益增长的精神文化需求，巩固全党全国各族人民团结奋斗的共同思想基础，不断提升国家文化软实力和中华文化影响力。

党的二十大报告在"建设具有强大凝聚力和引领力的社会主义意识形态"中明确指出，意识形态工作是为国家立心、为民族立魂的工作。牢牢掌握党对意识形态工作领导权，全面落实意识形态工作责任制，巩固壮大奋进新时代的主流思想舆论。要健全用党的创新理论武装全党、教育人民、指导实践工作体系。

党的二十大报告在"繁荣发展文化事业和文化产业"中明确指出，实施国家文化数字化战略，健全现代公共文化服务体系，创新实施文化惠民工程。

7.1.3.7 增进民生福祉，提高人民生活品质

党的二十大报告在第九部分"增进民生福祉，提高人民生活品质"的"实施就业优先战略"中明确指出，完善促进创业带动就业的保障制度，支持和规范发展新就业形态。

党的二十大报告在"推进健康中国建设"中明确指出，促进中医药传承创新发展。创新医防协同、医防融合机制，健全公共卫生体系，提高重大疫情早发现能力，加强重大疫情防控救治体系和应急能力建设，有效遏制重大传染性疾病传播。

7.1.3.8 实现建军一百年奋斗目标，开创国防和军队现代化新局面

党的二十大报告在第十二部分"实现建军一百年奋斗目标，开创国防和军队现代化新局面"中明确指出：

全面加强人民军队党的建设，确保枪杆子永远听党指挥。健全贯彻军委主席负

责制体制机制。深化党的创新理论武装,开展"学习强军思想、建功强军事业"教育实践活动。加强军史学习教育,繁荣发展强军文化,强化战斗精神培育。建强人民军队党的组织体系,推进政治整训常态化制度化,持之以恒正风肃纪反腐。

全面加强练兵备战,提高人民军队打赢能力。研究掌握信息化智能化战争特点规律,创新军事战略指导,发展人民战争战略战术。打造强大战略威慑力量体系,增加新域新质作战力量比重,加快无人智能作战力量发展,统筹网络信息体系建设运用。优化联合作战指挥体系,推进侦察预警、联合打击、战场支撑、综合保障体系和能力建设。深入推进实战化军事训练,深化联合训练、对抗训练、科技练兵。加强军事力量常态化多样化运用,坚定灵活开展军事斗争,塑造安全态势,遏控危机冲突,打赢局部战争。

全面加强军事治理,巩固拓展国防和军队改革成果,完善军事力量结构编成,体系优化军事政策制度。加强国防和军队建设重大任务战建备统筹,加快建设现代化后勤,实施国防科技和武器装备重大工程,加速科技向战斗力转化。深化军队院校改革,建强新型军事人才培养体系,创新军事人力资源管理。加强依法治军机制建设和战略规划,完善中国特色军事法治体系。改进战略管理,提高军事系统运行效能和国防资源使用效益。

7.1.3.9 坚持和完善"一国两制",推进祖国统一

党的二十大报告在第十三部分"坚持和完善'一国两制',推进祖国统一"中明确指出,发挥香港、澳门优势和特点,巩固提升香港、澳门在国际金融、贸易、航运航空、创新科技、文化旅游等领域的地位,深化香港、澳门同各国各地区更加开放、更加密切的交往合作。

7.1.3.10 坚定不移全面从严治党,深入推进新时代党的建设新的伟大工程

党的二十大报告在第十五部分"坚定不移全面从严治党,深入推进新时代党的建设新的伟大工程"的"坚持和加强党中央集中统一领导"中明确指出,坚持科学执政、民主执政、依法执政,贯彻民主集中制,创新和改进领导方式,提高党把方向、谋大局、定政策、促改革能力,调动各方面积极性。增强党内政治生活政治性、时代性、原则性、战斗性,用好批评和自我批评武器,持续净化党内政治生态。

党的二十大报告在"坚持不懈用新时代中国特色社会主义思想凝心铸魂"中明确指出,用党的创新理论武装全党是党的思想建设的根本任务。全面加强党的思想建设,坚持用习近平新时代中国特色社会主义思想统一思想、统一意志、统一行动,组织实施党的创新理论学习教育计划,建设马克思主义学习型政党。

7.2 政策激励力度更足

推进大众创业、万众创新是培育和催生经济社会发展新动力的必然选择,是扩

大就业、实现富民之道的根本举措，是激发全社会创新潜能和创业活力的有效途径。因此，为了推动新产业新技术新业态新模式蓬勃发展，奋力夺取全面建设社会主义现代化国家新胜利。我们国家对于创新创业活动的政策支持有哪些呢？政策又是如何影响创新创业活动的？

7.2.1 国家鼓励大众创新创业的相关政策

创新创业政策是支持创新创业活动的所有法规和政策，它贯穿创业活动的整个过程，将创新作为主导，以实现创业、推动初创企业成长为主要目标。如表7-1所示，近年来，我国相应出台了《国家税务总局 人力资源社会保障部 农业农村部 教育部 退役军人事务部关于重点群体和自主就业退役士兵创业就业税收政策有关执行问题的公告》《教育部关于做好2024届全国普通高校毕业生就业创业工作的通知》等系列代表性政策文件，深层次激励和推进大众创业、万众创新，为经济社会高质量发展注入源源不断的澎湃动力。

表 7-1 　　　　2021~2024 年代表性国家创新创业政策信息

序号	政策文件全称	发布日期
1	人力资源社会保障部 中共中央组织部 中央网信办 国家发展改革委 教育部 科技部 工业和信息化部 财政部 国家数据局关于印发加快数字人才培育支撑数字经济发展行动方案（2024—2026年）的通知	2024年4月2日
2	国家税务总局 人力资源社会保障部 农业农村部 教育部 退役军人事务部关于重点群体和自主就业退役士兵创业就业税收政策有关执行问题的公告	2024年3月29日
3	教育部关于做好2024届全国普通高校毕业生就业创业工作的通知	2023年12月1日
4	财政部 税务总局 人力资源社会保障部 农业农村部关于进一步支持重点群体创业就业有关税收政策的公告	2023年8月2日
5	国务院办公厅关于优化调整稳就业政策措施全力促发展惠民生的通知	2023年4月26日
6	人力资源社会保障部关于开展2023年高校毕业生等青年就业创业推进计划的通知	2023年3月30日
7	财政部 税务总局关于小微企业和个体工商户所得税优惠政策的公告	2023年4月17日
8	国家税务总局关于增值税小规模纳税人减免增值税等政策有关征管事项的公告	2023年1月9日
9	教育部关于做好2023届全国普通高校毕业生就业创业工作的通知	2022年11月14日
10	教育部关于做好2022届全国普通高校毕业生就业创业工作的通知	2021年11月16日
11	国务院办公厅关于进一步指导大学生创新创业的指导意见	2021年10月30日
12	国务院办公厅关于进一步支持大学生创新创业的指导意见	2021年9月22日

高校毕业生等青年就业关系民生福祉、经济发展和国家未来。近年来，围绕支持高校毕业生等青年就业创业，党中央、国务院部署实施了一系列税费优惠政策，如表7-1所示，如《国家税务总局关于增值税小规模纳税人减免增值税等政策有关征管事项的公告》《财政部 税务总局关于明确增值税小规模纳税人减免增值税等政策的公告》等。在鼓励高校毕业生等青年自主创业方面，包括高校毕业生创业税费扣减、增值税小规模纳税人减免增值税、生产生活性服务业增值税加计抵减、小型微利企业减免企业所得税、个体工商户减征个人所得税、小微企业减免地方"六税两费"等多项税费优惠政策。

高校毕业生、社会青年等就业创业者应对现行支持高校毕业生等青年就业创业的主要税费优惠政策进行梳理，系统全面地了解支持高校毕业生等青年就业创业税费优惠的政策，在此基础上开展创新创业工作，将得到很大的助力。

如图7-1所示，这些激发创新创业实践的政策，实质上涵盖了准入、融资、配套、环境等系统内容，主要包括加大财税政策支持、完善创新创业产品和服务政府采购、完善知识产权管理服务、打造创业创新公共平台、健全科技成果转化机制、完善创新创业金融服务，鼓励科研人员、大学生、农民工、退役军人、归国和外籍人才以及更多群体投身创新创业实践等。

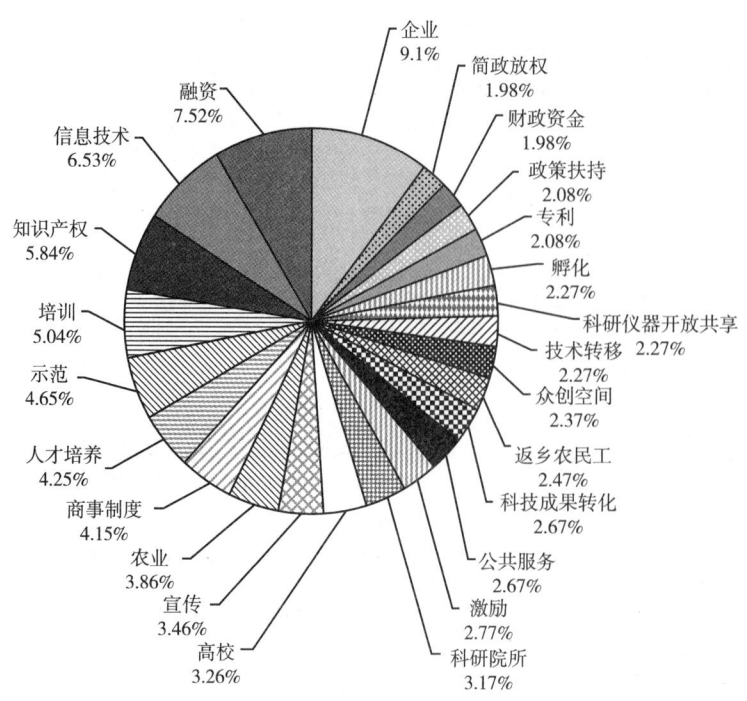

图7-1 大众创新创业政策关键词汇总

从类型上看，我国的大众创新创业政策主要涉及供给面、环境面和需求面，如表7-2所示，其下进一步细分为不同类别。

表 7-2 大众创新创业政策的类型分析

主体分类	细分类别	操作性定义
供给面	人才培养	相关条款中有利于人才培养的各种政策，如人才发展规划、教育和培训、海外人才引进等
	技术支持	政府通过技术辅导与咨询等措施，协助产业实现技术创新、加强技术基础设施建设等
	资金投入	政府直接利用财政资金为创新创业活动提供支持，如设立中小企业创新专项基金
	基础设施建设	政府为了保障技术创新的顺利进行，提供相应的配套设施，包括协会、整合平台、展会举办以及高新技术园区、重点实验室、孵化器建设等
环境面	金融支持	政府通过金融机构为企业提供贷款、补助、风险投资、信用担保、基金、风险控制以及其他金融支持来促进企业开展创新
	税政优惠	政府通过税收减免和退税等政策激励科技创新活动，包括投资减免、加速折旧、免税和租税抵扣等
	法规管制	政府通过制定公共交易法、加强知识产权保护、加强市场监管、反对垄断、制定环境健康标准等措施规范市场秩序，为创新提供有利的环境
	策略性措施	基于协助大众创新创业所制定的各项策略性措施，如规划、奖励创新、鼓励、公共资讯及辅导
	公共服务	国家权力部门为了保障大众创新创业顺利进行而提供的各项配套服务，包括办理进出口事务、交通、通信、科技推广等相关事务的服务
需求面	政府采购	政府为创新产品的大宗采购提供一个明确稳定的市场，减少企业创新创业过程中所面临的不确定性，激发企业创新的核心
	服务外包	政府各机关将研发设计委托给企业或研究机构，以推动其研发工作的顺利开展，包括各类高等院校的课题研究
	经营壁垒	政府有关进出口的各项管制措施，如贸易协定、关税等
	海外交流	政府直接设立或间接协助企业海外设立各种分支机构，如建立海外贸易组织

创新创业政策是如何影响创新创业活动的呢？一般而言，创新创业活动周期可划分为种子期、初创期、成熟期和衰退期四个阶段。创新创业活动的种子期即创新创业的萌芽阶段，主要包括创新创业主体对创新创业机会的识别、作出创新创业决策等活动；创新创业的初创期，主要涉及获取资源创办企业，同时，针对众创空间、孵化器等创新创业载体，行政审批手续的简化、经营壁垒的减少具有非常重要的作用；此后，企业迅速成长进入创新创业的成熟期，此阶段企业面临市场拓展、产品创新、管理问题以及创新创业成果收获等问题；创新创业的衰退期，此时企业由于多方面因素导致经营失败，最终不复存在。

创新创业政策对创新创业活动的具体作用方式如图 7-2 所示。

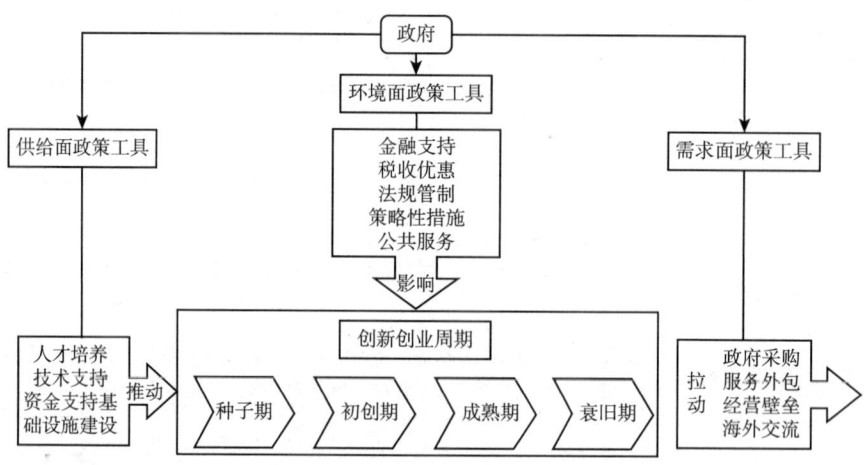

图 7-2　政策对创新创业活动的作用方式

7.2.2　国家鼓励大学生创新创业的相关政策

大学生是大众创业万众创新的生力军,支持大学生创新创业具有重要意义。2021年10月,《国务院办公厅关于进一步支持大学生创新创业的指导意见》以系列政策为引领,提升大学生创新创业能力、增强创新活力,进一步支持大学生创新创业,让他们怀抱梦想又脚踏实地,敢想敢为又善作善成,立志做有理想、敢担当、能吃苦、肯奋斗的新时代好青年,让青春在全面建设社会主义现代化国家的火热实践中绽放绚丽之花。

7.2.2.1　加强教育培训

党的二十大报告指出,教育是国之大计、党之大计。因此,全面贯彻党的教育方针,落实立德树人根本任务,建立以创新创业为导向的新型人才培养模式,健全校校、校企、校地、校所协同的创新创业人才培养机制;探索实施驻校创业者制度,吸引更多各行各业优秀人才担任双创导师;打造一批高校创新创业培训活动品牌,创新培训模式,面向大学生开展高质量、有针对性的创新创业培训。这对培养德智体美劳全面发展的社会主义建设者和接班人具有重要意义。

7.2.2.2　提供孵化空间、租金补贴

党的二十大报告指出,完善科技创新体系。坚持创新在我国现代化建设全局中的核心地位。完善党中央对科技工作统一领导的体制;优化配置创新资源,形成支持全面创新的基础制度;鼓励各类孵化器面向大学生创新创业团队开放一定比例的免费孵化空间;政府投资开发的孵化器等创业载体应安排30%左右的场地,免费提供给高校毕业生;有条件的地方可对高校毕业生到孵化器创业给予租金补贴。

7.2.2.3 科技资源开放共享

各地区、各高校和科研院所的实验室以及科研仪器、设施等科技创新资源可以面向大学生开放共享，为其提供低价、优质的专业服务。培育创新文化，发扬党的二十大精神，弘扬科学家精神，涵养优良学风，为学生营造良好的创新创业氛围。

7.2.2.4 开展"揭榜挂帅"

支持行业企业面向大学生发布企业需求清单，引导大学生精准创新创业；鼓励国有大中型企业面向高校和大学生发布技术创新需求，开展"揭榜挂帅"。最大限度释放全社会创新创业创造动能，坚定不移把党的二十大报告提出的目标任务落到实处，不断推进社会主义现代化建设。

7.2.2.5 探索建立创业风险救助

鼓励有条件的地方探索建立大学生创业风险救助机制，可采取创业风险补贴、商业险保费补助等方式予以支持；毕业后创业的大学生可按规定缴纳"五险一金"，减少大学生创业的后顾之忧，营造有利于学生成长发展的良好创新创业氛围，用新的伟大奋斗创造新的伟业，以中国式现代化全面推进中华民族伟大复兴。

7.2.2.6 实践平台对在校生免费开放

充分发挥大学科技园、大学生创业园、大学生创客空间等校内创新创业实践平台作用，面向在校大学生免费开放；推动中央企业、科研院所和相关公共服务机构利用自身技术、人才、场地、资本等优势，为大学生建设集研发、孵化、投资等于一体的创业创新培育中心、互联网双创平台、孵化器和科技产业园区。进一步加强科技基础能力建设、强化科技战略咨询、提升国家创新体系整体效能、完善党中央对科技工作统一领导的体制、明确全面深化改革总目标是完善和发展中国特色社会主义制度、推进国家治理体系和治理能力现代化。

7.2.2.7 实行减税降费

高校毕业生在毕业年度内从事个体经营，符合规定条件的，在3年内按一定限额依次扣减其当年实际应缴纳的增值税、城市维护建设税、教育费附加、地方教育附加和个人所得税；对月销售额15万元以下的小规模纳税人免征增值税，对小微企业和个体工商户按规定减免所得税；对创业投资企业、天使投资人投资于未上市的中小高新技术企业以及种子期、初创期科技型企业的投资额，按规定抵扣所得税应纳税所得额。激发创业者的创新创业活力，坚定不移把党的二十大提出的目标任务落到实处，完善国家和地方创新体系，推进科技自立自强，紧紧依靠创新提升实体经济发展水平，不断培育壮大发展新动能。

7.2.2.8 落实普惠金融政策

将高校毕业生个人最高贷款额度提高至20万元，对10万元以下贷款、获得设区的市级以上荣誉的高校毕业生创业者免除反担保要求；对高校毕业生设立的符合条件的小微企业，最高贷款额度提高至300万元；降低贷款利率，简化贷款申报审核流程，提高贷款便利性。汇聚创新创业创造的强大动力，努力推动中华民族伟大复兴中国梦的实现。

7.2.2.9 引导社会资本支持

引导创新创业平台投资基金和社会资本参与大学生创业项目早期投资与投智，助力大学生创新创业项目健康成长；加快发展天使投资，培育一批天使投资人和创业投资机构。

7.2.2.10 促进成果转化

深化科技体制改革，深化科技评价改革，加大多元化科技投入，加强知识产权法治保障，做好大学生创新项目的知识产权确权、保护等工作，强化激励导向，加快落实以增加知识价值为导向的分配政策，落实成果转化奖励和收益分配办法；鼓励国有大中型企业和产教融合型企业利用孵化器、产业园等平台，支持高校科技成果转化，促进高校科技成果和大学生创新创业项目落地发展；加强对中国国际"互联网＋"大学生创新创业大赛中涌现的优秀创新创业项目的后续跟踪支持，落实科技成果转化相关税收优惠政策，推动一批大赛优秀项目落地，形成支持全面创新的基础制度。

7.2.2.11 办好创新创业大赛

办好中国国际"互联网＋"大学生创新创业大赛；坚持政府引导、公益支持，支持行业企业深化赛事合作，拓宽办赛资金筹措渠道，适当增加大赛冠名赞助经费额度；充分利用市场化方式，研究推动中央企业、社会资本发起成立中国国际"互联网＋"大学生创新创业大赛项目专项发展基金；建立健全中国国际"互联网＋"大学生创新创业大赛与各级各类创新创业比赛联动机制，推进大赛国际化进程，搭建全球性创新创业竞赛平台。

7.2.2.12 加强信息服务

汇集创新创业帮扶政策、产业激励政策和全国创新创业教育优质资源，加强信息资源整合，做好国家和地方的政策发布、解读等工作；及时收集国家、区域、行业需求，为大学生精准推送行业和市场动向等信息；加强对创新创业大学生和项目的跟踪、服务，畅通供需对接渠道；支持各地积极举办大学生创新创业项目需求与投融资对接会。深入实施科教兴国战略、人才强国战略、创新驱动发展战略，完善国家创新体系，加快建设科技强国。

【拓展阅读】

不同地区对大学生创业的相关政策支持

为开展创新创业教育、培养创新型人才、做好大学生创业服务，多地陆续出台了一系列鼓励大学生自主创业的政策措施，为当前毕业生选择自主创业提供了丰厚的土壤。

在场地方面，多地都明确政府投资开发的孵化基地等创业载体安排30%左右的场地，免费提供给高校毕业生。此外，多地公布的政策中也涵盖了创业培训、创业房租补贴、创业担保贷款等举措，为大学生创业消除后顾之忧。

北京：

加强大学生创业板、北京市科技创新基金组织子基金对接大学生创业项目，落实创业担保贷款及贴息政策，给予一次性创业补贴等资金支持。

将大学生创业园最长免费服务年限由2年延长至3年。

鼓励高校综合运用允许休学创业、创业成果计入学分、参赛获奖推优推免等政策。

资料来源：北京市人民政府办公厅. 北京市支持高校毕业生就业创业若干措施［EB/OL］. (2022-06-21). https://www.beijing.gov.cn/zhengce/zfwj/zfwj2016/bgtwj/202206/t20220624_2750647.html.

天津：

支持高校毕业生自主创业，按规定给予创业房租补贴、一次性创业补贴、创业担保贷款及贴息、税费减免等政策。

支持毕业学年高校毕业生参加职业技能培训和创业培训，按规定给予培训费补贴。

对因就业创业失败导致基本生活陷入困难、符合条件的高校毕业生等青年及时纳入临时救助等社会救助范围。

资料来源：天津市人力资源和社会保障局. 天津市做好高校毕业生等青年就业创业工作举措［EB/OL］. (2022-06-30). https://hrss.tj.gov.cn/zhengwugongkai/zhengcezhinan/zxwjnew/202207/t20220701_5923319.html.

浙江台州市：

在校大学生和毕业5年内的高校毕业生等重点人群首次创业3年内，符合条件的可申请最高60万元的创业担保贷款，贷款由市信保基金承保。

在校大学生和毕业5年内的高校毕业生等重点人群首次创业3年内，租用场地经营并依法缴纳社会保险的，其中，带动就业10人以下的给予最高50平方米的创业场租补贴，带动就业10~20人的给予最高100平方米的创业场租补贴，带动就业20人以上的给予最高300平方米的创业场租补贴，补贴标准按最高每天每平方米1.2元给予补贴。

对被人力社保部门评为省级及以上的创业孵化基地，毕业5年内的创业大学生入驻占比达30%以上的，由基地所在地每年给予15万元的奖励。

在校大学生和毕业5年内的高校毕业生等重点人群首次创业3年内，带动其他人员就业且依法缴纳社会保险满1年的，每带动1人就业给予2 000元补贴，每年补贴总额最高2万元，最长可以补贴3年。

资料来源：台州市人民政府办公室．关于支持大学生就业创业的若干意见［EB/OL］．（2022 - 07 - 08）．https：//www. zjtz. gov. cn/art/2022/7/26/art_1229564401_1677099. html.

广东省：

广东省科技创新战略专项资金（大学生科技创新培育）每年资助不少于1 000个大学生团队开展科技创新项目研究。

开展大学生创新创业训练计划，对入选国家级创新训练项目和创业训练项目给予平均不低于2万元/项的经费支持，入选国家级创业实践类项目给予平均不低于10万元/项的经费支持。符合条件的自主创业大学生可申请1万元一次性创业资助，以及每年4 000～6 000元、最长3年租金补贴。

省级优秀创业项目可按规定享受5万～20万元资助。

落实大学生创业帮扶政策，毕业后创业的大学生按政策规定缴纳"五险一金"，减少大学生创业的后顾之忧。

加大对创业失败的大学生的扶持力度，按规定落实就业服务、就业援助和社会救助。

资料来源：广东省人民政府办公厅．广东省进一步支持大学生创新创业的若干措施［EB/OL］．（2022 - 05 - 14）．https：//www. gd. gov. cn/zzzq/zxzc/content/post_3941039. html.

上海：

毕业年度内高校毕业生从事个体经营的，自办理个体工商户登记当月起，在3年内按每户每年1.44万元的限额依次扣减相关税费。

对具有上海市户籍、毕业2年以内的高校毕业生，在上海首次创办小微企业、个体工商户、农民合作社、民办非企业单位等创业组织满1年且按规定至少为1人缴纳城镇职工社会保险费满6个月的，可申请8 000元的首次创业一次性补贴。

上海市大学生科技创业基金会在疫情期间实施阶段性优惠政策，天使基金"雏鹰计划"已资助企业，资助期内的创业者可获最多3个月延期还款且不记录个人征信逾期，由合作银行视资助企业具体情况配合执行；天使基金"雏鹰计划"新资助企业，创业者首期还款顺延3个月，对2022届上海高校毕业生首期还款顺延6个月；"雏鹰计划"单个项目资助金额上限从最高50万元调整至最高70万元，评审、立项、资助环节向2022届上海高校毕业生适当倾斜；"创业训练营""研究生双创计划"等创业培训招收学员时优先录用2022届上海高校毕业生，向具备创业基础的"天使基金"申请对象提供创业培训、项目跟踪辅导等创业服务。

资料来源：上海市教育委员会．关于做好2022年上海市高校毕业生就业创业工作的通知［EB/OL］．（2021 - 09 - 13）．https：//edu. sh. gov. cn/xxgk2_zdgz_xxxsgz_01/20210926/4111c9cdefb14b3dba46752a1746cee5. html.

江苏省：

政府投资开发的创业载体要安排30%左右的场地免费向高校毕业生创业者提供。

遴选一批省级大学生创业园和江苏省大学生优秀创业项目，分别给予60万元和最高10万元的一次性补助。

每年扶持大学生创业不少于3万人。

资料来源：江苏省人民政府办公厅. 关于促进高校毕业生等青年就业创业的若干政策措施[EB/OL]. （2022-06-21）. http://www.jiangsu.gov.cn/art/2022/6/21/art_84418_10510042.html.

湖南省：

有条件的地方可对高校毕业生到孵化器创业给予租金补贴。湖南省大学生创新创业孵化基地和各高校创新创业孵化基地已入驻项目在学生毕业离校后，可延期1年退出。

毕业后创业的大学生可按规定缴纳"五险一金"。符合条件的高校毕业生自主创业的，最高可申请20万元创业担保贷款，合伙创业的最高额度为110万元。

贷款期限最长不超过3年，财政部门按规定给予贴息。为符合条件的女大学生提供"湘女贷"金融服务。

资料来源：湖南省人民政府办公厅. 湖南省扶持高校毕业生创业就业普惠政策清单[EB/OL]. （2023-07-11）. https://www.hunan.gov.cn/hnszf/xxgk/wjk/szfbgt/202307/t20230714_29402038.html.

7.3 "双创"发展生态更优

7.3.1 "产学研用金、才政介美云"耦合联动

要优化创新创业生态环境，疏通基础研究、应用研究和产业化双向链接的快车道。着力构建"产学研用金、才政介美云"十联动的科技创新生态体系，集聚创新动能，打造科创高地，为实现共同富裕的伟大中国梦注入源源不断的澎湃动力，为国家科技自立自强贡献更多力量。

7.3.1.1 创新创业生态

创新创业，是一个民族的灵魂，是一个国家和地区兴旺发达的不竭动力。创新创业生态则是直接或间接影响创新创业活动的各种要素及其相互关系的总和，是创新创业活动蓬勃发展的必要支撑条件，是创新创业活动的土壤，更是实现中华民族伟大复兴并谱写新时代中国特色社会主义绚丽华章的重要条件。

7.3.1.2 创新创业生态系统

创新创业生态系统是由创新创业的行为主体、资源、环境和机制构成的系统集

成。行为主体是创新创业的"种子"和主角,包括政府、企业、高校、科研机构和中介组织。资源是创业创新成长的必要"阳光雨露",主要包括市场机会、资金、劳动力、技术、信息等。环境是创新创业的"土壤",包括法治环境、市场环境、政策环境、创新文化等方面。机制是系统良好运行的保证,包括动力机制、协调机制等,它是使各类创业资源实现自由流动,并与创业主体形成良性互动的关键所在。良好的创新创业生态系统是主体、资源、机制和环境彼此依存、相互影响、共同发展的动态平衡系统,系统中的每一个元素对创新创业都非常有利,而且只有将这些元素集成到一个完整的系统中,创新创业企业才能更好的成长。

在新一轮创业创新浪潮中,创新创业者、创新创业企业、政府、相关组织等各市场主体,人才、资金、科研、技术等各类要素,制度、市场、文化、政策等各种环境,交织联动,融合创新,共同构成了一个完整强劲的生态系统。深刻把握全面建成社会主义现代化强国总的战略安排和未来五年的主要目标及任务,牢牢把握"坚持和加强党的全面领导""坚持中国特色社会主义道路""坚持以人民为中心的发展思想""坚持深化改革开放""坚持发扬斗争精神"的重大原则,埋头苦干,担当作为,不断推进社会主义现代化建设。

7.3.1.3 "产学研用金、才政介美云"十要素齐备的创新创业生态系统

浙江省大力构建的"产学研用金、才政介美云"十要素齐备的创新创业生态系统,就是我国双创发展生态持续优化的有力佐证,富有代表性和示范推广意义。

"产"是指以企业为主的产业化活动;"学"是指以高校为主的教学活动;"研"是指研究开发或科技创新活动;"用"是指科技成果的转化运用;"金"是指科技金融的深度融合;"才"是指科技人才团队的引进培育;"政"是指政府的公共创新服务体系;"介"是指科技中介服务;"美"是指美好的创新创业生态环境;"云"是指以"互联网+"、大数据、云计算为代表的信息技术应用。

它致力于将产业、学术界、科研、成果转化、金融、人才、政策、中介、环境、服务等十方面要素加以融合提升,以习近平新时代中国特色社会主义思想为基础,彻落实党的二十大精神和党中央决策部署,深入实施科教兴国战略、人才强国战略、创新驱动发展战略,完善国家创新体系,加快建设科技强国,使创新要素资源进一步得到有效配置和有序流动,创业创新环境进一步优化,创新创业整体生态进一步完善。

7.3.1.4 我国创新创业生态环境的改善

近年来,我国不断营造良好的创新创业生态环境,在生态主体要素、生态系统功能、运行体制机制等方面持续发力,创新创业实践需求蓬勃发展。创新驱动发展战略的实施为创新创业活动提供了坚实保障。创新创业高质量发展态势已经形成,带动就业持续增长,引领科技自立自强,激发创新创业创造活力,助力构建新发展格局。

(1)丰富创新创业主体,提高数量和质量。创新创业主体(包括创新型企业和

创客、风险投资机构、中介服务部门等）是开展创新创业活动的主力军和活力源泉，对于创新创业发展水平和绩效起着决定性作用。多年来，我国从中央到地方不断制定和调整各种政策，以持续深化"放管服"改革为主线，围绕优化政务环境、市场环境、发展环境、法治环境等，持续优化创新创业氛围，加大培育和引进各类创新创业主体，特别是着力培育和引进具有较高技术水平和广阔发展前景的创新型企业和创新型人才。

（2）强化创新创业政策引导，规范创新创业活动。为了深入贯彻实施创新驱动发展战略，推动"双创"发展，我国各级各地制定了多领域、多层次、多功能的政策，并初步形成了较为完善的政策体系，不断提高各类政策之间的统一性、一致性和协同性，促进各层级、各部门、各行业、各地区制定的创新创业政策形成一个有机契合的整体，提高政策的适用性和效能。

（3）畅通创新创业主体产学研合作，释放创新创业活力。产学研合作是现代科技和产业创新的主流模式，也是科技、经济和教育各领域融合发展的客观要求。特别是对于起步阶段的创新者和初创型企业来说，借助于高校和科研院所的科研人员、平台及其成果进行产业化运作是较为现实的选择。国家大力推进高校和科研院所产出科研成果的市场化运作，提升创新创业活动实施的规模和绩效，推进现实生产力的持续转化。

7.3.2 "互联网+"连接创新创业生态系统

新一轮创业创新浪潮涌现了一大批"互联网+"的新业态和新商业模式，互联网与传统行业的融合创新不断显现，创业创新的形式呈现高度的互联网化。

互联网产业已成为中国经济最大的新增长极和创业空间，互联网创业已经进入新时代，拥有更年轻的创业者、更广阔的创业平台、更活跃的风险投资、更公平的创业环境以及更年轻的创业者，互联网领域成为新一轮创业创新的主阵地。根据国家统计局发布的数据，2020年，信息传输、软件和信息技术服务业企业数为24 095个，信息传输、软件和信息技术服务业法人单位数为1 285 534个，信息传输、软件和信息技术服务业电子商务销售额为14 698.8亿元。

7.3.2.1 "互联网+"

"互联网+"是把互联网的创新成果与经济社会各领域深度融合，推动技术进步、效率提升和组织变革，提升实体经济创新力和生产力，形成更广泛的以互联网为基础设施和创新要素的经济社会发展新形态。

作为"互联网+"概念和语汇的首创者，马化腾将其定义为以互联网平台为基础，利用信息通信技术与各行业的跨界融合，推动产业转型升级，并不断创造出新产品、新业务与新模式，构建连接一切的新生态。

7.3.2.2 "互联网+"带来的变化

习近平总书记指出，人的创造力是个人、民族、国家发展的最大动力源，创新创业创造能够为经济社会发展催生新供给、释放新需求、激发新活力。① 推进大众创业、万众创新是培育和催生经济社会发展新动力的必然选择，是扩大就业、实现富民之道的根本举措，是激发全社会创新潜能和创业活力的有效途径。而在这个时代，"互联网+"与"大众创业、万众创新"理念的融合，催生了一大批新产业和新业态，产生了新的消费点。

（1）互联网和传统行业的二次创新，催生了新的经济形态。以"互联网+"的形式发展出了"互联网金融""互联网教育""互联网旅游""互联网诊疗"等新的经济形态。

（2）"互联网+"对传统产业进行了技术化、智能化、高效化改造，推进产业转型升级。互联网应用在金融、商务、制造、文化、能源、环保、旅游等领域不断深化，智能化生产、数字化管理和网络化服务水平大幅提升。

（3）"互联网+"与生活性服务业的联系日益紧密，创造了更多的创新创业机会。体验式消费、远程服务、在线服务等新服务模式快速普及，线上线下服务对接更为紧密，教育、医疗、养老、旅游等服务水平不断提高，公共服务产品供给能力有效提升。

（4）互联网技术、人工智能、大数据等核心领域迅猛发展，加快整合与共享创新创业资源。云计算、移动互联网、物联网、网络安全等跨界融合关键共性技术不断突破，进一步促进全世界、全国、各区域资源开放共享，越来越多的创业主体选择运用互联网技术和平台进行创新创业，实现创新创业智力资源向网络创新平台集聚，促进众包、众创、众筹、众扶等新模式发展。

7.3.2.3 "互联网+"创新创业的思考

作为互联网行业从业者，如果要链接一个新领域开展创新创业，需要思考清楚三个问题。

第一个问题是，新领域是不是你擅长的？如果不擅长，选取哪一个角度会更擅长？如果你不做用户会有什么损失？是不是非得你做？你有什么核心竞争力？是不是你做才可以做得最好？

第二个问题是，进入新领域的时候，你最优先应该抓住哪些方面？哪些最能反映你的核心竞争力？

第三个问题是，一旦你进入之后，你有什么竞争优势和壁垒来面对一拥而上的竞争对手和你展开激烈的竞争？如果遇到挫折、压力、情况有变化，你有什么变招？你有什么可选择的转向方向？

---

① 习近平栗战书汪洋王沪宁赵乐际分别参加全国人大会议一些代表团审议[EB/OL]. (2019-03-10). http://www.xinhuanet.com/politics/2019lh/2019-03/10/c_1124217057.htm.

7.3.3 新常态下创新创业的显著变化

7.3.3.1 创新创业主体从小众到大众

以前的创业者都是精英阶层,有一定的资源,而现在已经从精英走向了大众,形成创新创业的"新四军",分别是年轻的大学生、出国留学归来的创业人员、大企业的高管和连续创业者、科技人员。这四路军汇合在一起和以前的草根创业已经发生了非常大的变化。他们为创新创业提供新活力,并为经济社会高质量发展注入源源不断的澎湃动力,用新的伟大奋斗创造新的伟业。

7.3.3.2 创新创业服务从政府为主已转变为由市场发力

近年来市场体系的快速发展催生的一大批市场化、专业化服务机构提供了交流推介、知识产权、投资路演等的很多新的服务模式。这种服务模式又伴随着一些天使投资、创业投资,金融介入创新的阶段越来越前移,前移到刚开始有创意,就有可能得到投资。市场的服务体系越来越完整,而且发展的速度非常快,激发全社会创新潜能和创业活力,不断培育壮大发展新动能,加快实现高水平科技自立自强。

7.3.3.3 创新创业活动从内部组织到现在的开放协同

当前,各大互联网、开源技术平台降低了创业的边际成本,这使得大众创新创业成为可能。创新的要素在全球自由流动,跨境的创业孵化也越来越多。现在很多孵化器是网络化的,遍布各地,并且叠加了物联网、人工智能、智能制造、云计算、大数据的综合优势,将各种创新资源整合在一起,完善国家和地方创新体系,推进科技自立自强,从而达到创业创新。

7.3.3.4 创新创业理念从技术供给到需求导向

以前是先有技术,利用新技术满足社会的需要。而现在已经发展到根据需求再回头考虑用什么样的技术解决问题。当然,利用技术解决需求是一方面,还有集成的创新也好,模式的创新也好,这些创新都构成了一些新的创新活动。这种需求导向的特色也越来越明显。

7.3.3.5 创新创业载体呈现区域分化格局

创新创业要素向"软""硬"环境好的高新区与科技园区集聚,高新区和创业园区作为人才、技术、资金等创新要素的集聚区,是一个沟通"创业项目"与"创业要素"的交流平台,可以有效缩减项目与资本、人才、技术的匹配成本,也是产业集聚的重要载体。

7.4 青年是创新创业的生力军

党的二十大报告指出，青年强，则国家强。当代中国青年生逢其时，施展才干的舞台无比广阔，实现梦想的前景无比光明。全党要把青年工作作为战略性工作来抓，用党的科学理论武装青年，用党的初心使命感召青年，做青年朋友的知心人、青年工作的热心人、青年群众的引路人。广大青年要坚定不移听党话、跟党走，怀抱梦想又脚踏实地，敢想敢为又善作善成，立志做有理想、敢担当、能吃苦、肯奋斗的新时代好青年，让青春在全面建设社会主义现代化国家的火热实践中绽放绚丽之花。

7.4.1 青年的界定

根据 2017 年中共中央、国务院《中长期青年发展规划（2016－2025 年）》界定，青年年龄为 14~35 周岁，青年是创业群体的重要组成部分，创新创业是广大青年的时代担当。

7.4.2 青年创新创业的重要作用

推进大众创业、万众创新是富民之道、强国之策，青年人才朝气蓬勃、思想解放，富有改革创新精神，富有想象力和创造力，是推动经济社会发展、推进我国创新创业的生力军和突击队。

国务院新闻办公室 2022 年 4 月 21 日发表的《新时代的中国青年》白皮书指出，受益于党和国家的好政策，在经济、社会、科技、文化等领域，青年以聪明才智贡献国家、服务人民，奋力走在创新创业创优的前列。在国家创新驱动发展战略的引领和"揭榜挂帅""赛马"等制度的激励推动下，一批具有国际竞争力的青年科技人才脱颖而出，在"天宫""蛟龙""天眼""悟空""墨子""天问""嫦娥"等重大科技攻关任务中担重任、挑大梁，北斗卫星团队核心人员平均年龄 36 岁，量子科学团队平均年龄 35 岁，中国天眼 FAST 研发团队平均年龄仅 30 岁。在工程技术创新一线，每年超过 300 万名理工科高校毕业生走出校门，为中国工程师队伍提供源源不断的有生力量，他们用扎实的学识、过硬的技术，持续创造难得的"工程师红利"，有力提升了中国的发展动力和国际竞争力。

白皮书还指出，在国家持续出台创业扶持政策的大背景下，青年积极投身大众创业、万众创新热潮，踊跃参加"创青春"中国青年创新创业大赛、"中国国际互联网+"大学生创新创业大赛等创业交流展示活动，用智慧才干开创自己的事业。2014 年以来，在新登记注册的市场主体中，大学生创业者超过 500 万人。在信息技术服务业、文化体育娱乐业、科技应用服务业等以创新创意为关键竞争力的行业中，青年占比均超过50%，一大批由青年领衔的"独角兽企业""瞪羚企业"喷涌而出。中国青年自觉将人生追求同国家发展进步紧密结合起来，在创新创业中展现才华、服务社会。

【本章小结】

本章主要介绍了国家"十四五"规划、党的二十大报告和习近平新时代中国特色社会主义思想驱动创新创业和未来产业发展的相关内容、国家鼓励创新创业的相关政策及作用机理、我国当前创新创业的发展生态、青年群体在创新创业中的重要作用等。大学生通过本章的学习，应该主动树立起全局思维，能够从宏观意义上把握创新创业的发展形势和趋势，知晓创新创业的整体环境和系列政策，清楚青年人开展创新创业的作用、价值和现状，从而能从思想上、认识上和行动上全面做好迎接未来新一轮创新创业浪潮的准备。

【思考练习】

1. 战略性新兴产业有哪些？请举例说明。
2. 国家为鼓励大学生创新创业出台了哪些相关政策？在创新创业的学习和实践的基础上，你觉得哪些政策对你很有帮助？
3. 联系实际，谈谈作为青年的你对创新创业的具体想法。

【拓展阅读】

"考拉小匠"打造互联网家装"不分包"模式

近年来，众多传统行业在"互联网+"的冲击下都遇到了不小的挑战，装修行业也不例外，但与此同时也迎来了新的发展机遇。在此背景下，借助互联网思维和互联网工具改造传统装修存在的问题，互联网家装应运而生。

据了解，几乎所有的装修公司都是以项目分包的方式对工程进行管理和运作，即使是互联网装修公司，也无法杜绝"分包"的经营模式。因为家装行业链条上的名分散资源很多，没办法具体综合管理，所以当把工长价格或是项目签单压得太低时，势必会造成后期施工增项及相关矛盾的产生。

为什么现在的互联网家装企业并没有得到很好的发展？在考拉小匠平台创始人张恒看来，这些企业忽略了改变家装行业的内核逻辑，实际上并没有解决传统装修公司的本质问题。"装修公司采用的分包经营模式，会因为要应对整个家装市场的外部变化而有损于用户的体验。对于服务行业来说，用户口碑决定企业存亡。"

尽管张恒并不是家装行业出身，但对互联网家装行业却有着深刻的认知：要想真正解决家装行业痛点，就要搭建一个"去中介化"的互联网装修平台，采用"不分包"的经营模式。于是在2015年，张恒创办了考拉小匠，现已发展成一家C2C的互联网装修平台，为有装修需求的业主提供服务。

"所谓C2C交易服务,就是在我们这个平台上设有装修公司,平台一方嫁接装修行业服务提供者(设计师和工长),另一方嫁接装修行业服务需求方——业主,在助力服务者创业的同时,完善用户保障,为消费者提供高质量、高性价比的装修服务。同时,平台还为业主和建材商、家居厂商提供嫁接桥梁,引流优质业主,为建材商提供一个高效率、低成本的销售渠道。"张恒表示。

据介绍,通过考拉小匠的平台运营模式有效解决了家装行业存在的三大问题:一是去中介化,增强行业透明度问题;二是用户保障问题;三是装修行业从业者良性循环的制度建设问题。其中,构建装修服务及用户保障体系是考拉小匠平台从成立之初就一直在做的事情。

考拉小匠平台为用户提供了4项服务,分别是"小匠保""平价主材""小匠监理""管家服务"。通过这4项服务为装修服务者提供信用背书、签约转化、服务保障,建立信用体系、提升行业效率、降低供应链成本,最终能够高质量、高效率地完成业主的装修服务需求。其中,"小匠保"包含了8项服务,基本可以应对装修行业中经常会出现的核心问题。同时,与第三方持牌金融机构构建服务保障体系,在"小匠保"的保障体系下,能实现真正的不分包、项目闭口价、先装修后付款、真实信誉、用户评价权利、寻找独立设计师,以及0~6%质保尾款等。

谈及如何吸引这些服务者入驻平台,张恒认为,好的经营模式是吸引人的前提,而工长、设计师、建材商各自都有自己的圈子,大家口碑相传也就都汇聚到考拉小匠平台上了。"通过4项服务保障体系,再加上未来线下展厅的利用,考拉小匠平台能够让一位普通工长(俗称马路边装修队)的签约率理论上从10%提升至80%以上,助力更多优秀的装修服务者创业,让其在考拉小匠平台上有更好的发展。如此一来,平台上的设计师和工长越来越多,业主也就越来越多。"据张恒介绍,2015年8月~2019年12月,考拉小匠平台用户合计签约转化率为73%,远高于行业平均签约率。另外,统计至2019年底,平台的专业和服务双项满意率为90%以上,远远高出行业水平。

在张恒看来,以用户为中心为其提供产品和服务,是互联网装修企业能够得到良性发展的关键所在。服务行业是一个"非标"行业,只有把用户的口碑提升起来,才能真正地撬动整个市场的发展,这也是考拉小匠与其他平台在运营模式上的最大不同。

据了解,因为家装行业产业链长,且每个交易环节都有很多的利润空间,"大行业"也给企业发展留下了足够的想象空间。"我们是平台型运作,所以这中间会有很多的营收点,比如,从每笔装修订单中收取一定的管理费,以及线下店铺的营收等。我们一直坚持在传统营收和平台收入发展中的平衡,在不影响用户体验、持续为消费者创造价值的同时,进行一些平台商业化运营,同时为业主做持续的价值输出。"

考拉小匠平台从最早的装修、建材、家居交易,未来会拓展到金融、自营供应链、工装等领域,目前正面向上海和全国各地区开启招商加盟,力求将考拉小匠平台的创新模式推广到全国各地区,从一个上海的区域性平台公司转变成全国性平台公司，真正为家装行业解决问题。

对于考拉小匠平台来说，从成立之初就一直在构建用户保障体系，无论是家装行业信誉的积累、产品研发还是市场模式的验证等，这些基础数据显然已成为平台的核心竞争优势。

目前，公司团队规模已有35人。其中，创始人张恒曾就职于搜房网、腾讯等互联网公司，拥有多年的运营管理经验。现阶段，考拉小匠平台已完成Pre–A轮融资，由易津资本领投，融资主要用于招商加盟、产品升级等。

对于未来，张恒希望考拉小匠平台能够发展成为国内互联网家装行业的入口级应用。"希望能成为一个整合者，将各个区域的行业从业者进行整合，围绕着整个大的平台，再去做产业链上的一些服务。"

资料来源：王艳茹，金镭. 新时代大学生创新与创业教程［M］. 北京：中国传媒大学出版社，2023：154–156.

第8章 创新创业未来可期

【学习目标】

本章属于全书的拓展性章节。通过本章的学习，主要让学生认识到当前的创新创业已迈进蓬勃发展期，并持续向更大范围、更高层次和更深程度推进，创新创业也面临着新突破和新未来。高质量创新创造、高水平创业就业，正在加快释放新势能，直接影响着高素质人才的培养、成长和未来发展。在校大学生应进一步增强创业意愿、信心，掌握创新创业人才的人格特质、核心素质与关键能力，敏锐跟随创新创业纵深发展的潮流。

【案例导入】

新松机器人：智慧赋能　创领未来

沈阳新松机器人自动化股份有限公司（以下简称新松）是一家以机器人技术为核心的高科技上市公司。作为国家机器人产业化基地，新松拥有4 000余人的研发创新团队，同时依托中科院沈阳自动化研究所强大的技术实力，坚持以市场为导向开展技术创新，形成了完整的机器人产品线及工业4.0整体解决方案。

新松紧抓全球新一轮科技革命和产业变革契机，发挥人工智能技术的赋能效应，以工业互联网、大数据、云计算、5G网络等新一代科技推动机器人产业平台化发展，打造集创新链、产业链、人才链于一体的生态体系。新松不断推进科研成果深度应用，为新型基础设施建设、国家重大工程建设提供内生动力，为产业协同创新、造福民生福祉提供澎湃动能。聚焦核心技术，共享智能时代。新松成功研制了具有自主知识产权的工业机器人、移动机器人、特种机器人、协作机器人、医疗服务机器人五大系列百余种产品，面向半导体装备、智能装备、智能物流、智能工厂、智能交通，形成十大产业方向，致力于打造数字化物联新模式。产品累计出口40多个国家和地区，为全球4 000余家国际企业提供产业升级服务。

新松移动机器人事业部工程师张妮娜介绍，她的团队为新能源产业定制研发的移动输送机器人已发展至第三代。"第一代产品应国内一家新能源龙头企业的设备国产化需求而生；第二代产品能够满足不同用户的实际需要；紧凑轻巧的第三代产品更加适应无人工厂的生产环境，能满足新能源企业大批建厂的需求。"三代机器人与我国新能源产业发展同频共振，每一代产品从研发试制到投入应用，新松都只用了半年多时间。"不可思议"的速度背后，是新松持之以恒的研发投入和创新攻关。

朝气蓬勃的人才队伍，是新松持续深耕创新、实现科技自立自强的核心支撑。习近平总书记在新松公司考察时指出："青年人朝气蓬勃、充满活力，是企业发展希望所在。"走在新松园区，年轻面孔到处可见。据介绍，新松4000余人的研发创新团队平均年龄只有35岁。比如，公司的吕祥仁在加入新松后快速成长，从一名普通的软件工程师到软件研发负责人、部门总经理助理，现已成为移动机器人事业部研究院副院长，新松最新推出大获好评的工业清洁机器人"星卫来"就是吕祥仁带领团队研制的成果。

以创新驱动发展，新松加速成长壮大，已成为国际上机器人产品线最全的企业之一。这不仅是中国机器人产业蓬勃发展的缩影，也是新时代中国迈向制造强国的见证。

资料来源：根据沈阳新松机器人自动化股份有限公司官网资料与新松机器人相关报道改编。

思考题：

1. 沈阳新松机器人的产品研发与应用如何与我国产业发展同频共振？
2. 新松持续深耕创新的核心支撑是人才队伍，对此你有什么认识？

8.1 "双创"成就高素质人才

创新是引领发展的第一动力，加强创新创业教育、培养拔尖创新人才是高校落实国家创新驱动发展战略的重要举措、是促进经济提质增效的迫切需要。对于人才成长而言，"双创"有能力，发展才有潜力，"双创"价值引领高质量应用型人才的成长和发展，"双创"大力驱动着人才思辨能力、知识整合能力、团队协作与领导力和终身学习、可持续发展能力。对于高校而言，做好创新创业教育工作是素质教育的需要，更是高等教育"固本培元"的需求，必须在人才培养理念与观念、培养机制与模式等方面开拓创新，全力培养好高素质人才。

8.1.1 双创驱动高素质人才成长

一个创新创业创造的伟大新时代，为中国青年一代追寻人生意义提供了无比广阔的舞台。创新、创业、创造是新时代伟大奋斗至关重要的内容。新时代要求更好地推进科技创新，着力增强开放条件下的科技创新自主供给能力；新时代要求更好地推进社会创业，着力把创新成果转化为实实在在的产业活动；新时代要求更好地推进价值创造，让全社会从创新创业中增强获得感、幸福感、安全感。新时代的中国青年，正以创新的勇气、创业的实干、创造的能力托举起新时代中国之命运。

8.1.1.1 创新创业驱动着产业升级、科技创新与人才汇聚

创新资源是吸引和集聚人才的基础性支撑，产业是培树人才、集聚人才的根本。创新创业资源和产业集聚吸引高素质人才。目前，我国各大城市都在致力于打造流动成本更低、人才环境更优的人才聚集地，为各类高素质人才施展抱负、开展创新

创业搭建平台，许多地方也都在聚焦结合当地的重点产业及重点领域，引进和支持产业创业人才、企业创新人才、事业单位创新人才，为高素质人才崭露头角提供广阔舞台。

持续打造"要素集聚、载体多元、服务专业、活动持续、资源开放"的生态体系高度重视创新链、产业链、人才链的深度对接与融合，创新创业的优势和投资兴业的吸引力被极大激发，源源不断地帮助无数个小微企业做大做强，企业由小做大的过程就是创业、创新的过程，它吸引着敢闯会创的应用型、复合型、高素质人才。这种崭新的、充满活力的双创生态体系，在全国各地不约而同地产生着凝聚效应和推广效应，各地都纷纷把"招才引智"作为推动经济高质量发展的重要抓手，这一体系也潜移默化地作用于青年的学习、工作、实践过程，使其必须重视创新、创业和创造，强化其创新创业素质与能力，将自我的成长发展置身于中国的"双创"大势和世界的"双创"潮流之中。

8.1.1.2 双创提高高素质人才发展的后劲

在创新创业资源和产业集聚的良好生态中，只有不断强化创新意识、创新精神和创新能力，高素质人才发展的后劲才会更加充足。创新创业意识能够引导人保持对一切新东西的执着探究与不懈追求。创新创业精神是一种积极的精神状态，其包括多个方面的内涵，如敢闯新路、艰苦奋斗、自强不息、不畏艰难、抢抓机遇、拼搏进取、敢于冒险、勤奋求实、锲而不舍、追求卓越、不断超越等，能够帮助人在创新创业过程中耐得住寂寞，在面对困难问题时百折不回，在遇到挫折和失败时经得起考验，使有志之人在创新创业过程当中成长、成才。创新创业能力包括思维能力、判断能力、选择能力、创造能力、观察能力、实践能力等。

8.1.2 创新创业人才普遍具有创造性人格

创新创业人才普遍具有创造性人格。创造性人格具有典型的性格特质和心理素质特征。

8.1.2.1 创造性人格典型的性格特质

从理论上讲，创造性人格普遍具有主体性强、批判性强、决断性强、合作性强、反思性强、逻辑性强、实践性强等系列性格特质。

（1）主体性强。主体性强是指一个人具有强烈的独立自主意识，直接表现为强烈的人格独立意识，不依附、不依赖，做事情具有很强的主动性，也即在做任何事情上都不是被动的，表现出一贯的积极进取姿态，主动思考社会和国家发展所面临的问题，不断挑战自己的能力素质，把自己当成社会的主人翁，不会推诿扯皮、不负责任。很显然，这种人格特质具有很强的大局意识，不会因为个人私利而消极怠工。

（2）批判性强。批判性强是指一个人善于发现事物发展过程中存在的问题并敢于指出问题,进而积极地思考解决问题的对策。这种人一般都具有追求完美主义的道德倾向,不能容忍不负责任、敷衍塞责行为,从而敢于同不良倾向做斗争,具有捍卫真理的决心与意志。当然,这种人格品质往往被认为个性太过突出,容易得罪人,常常难以为世俗所容,但真正理解他们的人则为其精神所折服。

(3) 决断性强。决断性强是指一个人能够明辨是非,善于抉择,不会瞻前顾后,从而具有一种果断的意志品质和一种理想主义气质。这种气质常常表现为有魄力、敢于担事、不拖泥带水、做事雷厉风行,这也是人们非常敬重的品格,而魅力型领导往往就具有这种气质。

(4) 合作性强。合作性强是指一个人在做事上不会我行我素、刚愎自用,而是尊重他人意愿,广泛征求他人意见,不会把自己意志强加于人,从而会主动与人进行沟通、协商,争取他人的支持,也希望获得他人的批评性意见,以便于完善自己的思想。这往往是民主型领导所具有的气质。

(5) 反思性强。反思性强是指善于反思自己的不足,对自己要求严格,做事情一丝不苟,具有一种止于至善的精神。可以说这是一种善于学习的气质,也是一个人具有谦虚、谨慎品质的表现。

(6) 逻辑性强。逻辑性强是指在行为方式上是内在一贯的、表里如一的,是经过深思熟虑的,是把行为初衷与结果综合在一起进行考虑的,从而表现出具有明确的目的性。可以说这是一个人的理性品质的典型表现。

(7) 实践性强。实践性强是指不尚空谈,崇尚实干,言行一致,信奉"行胜于言",从不奢谈理想,而是脚踏实地。

无疑,这些人格特质内在地构成了一个有机整体。其中,主体性强是一个根本特征或总体特征,其他特征均由此派生,换言之,没有主体性就没有一切。因为主体性强意味着创新创业者具有非常强的独立思考能力,善于运用自己的批判思维能力,从而善于发现事物存在的优势与不足(批判性强),因而他能够在肯定事物发展存在的优势的同时指出事物在发展过程中存在的缺陷与不足,进而找到事物改进的方向与目标(决断性强);他又明智地意识到推动事物进步必须依靠群体的力量,不能逞一己之能,图一时之快(合作性强);他在合作过程中又是非常清醒的,能够保持自己的独立性,不放弃自己的原则立场,同时尽力弥补自己在思考与行动上的不足(反思性强);在反思过程中时刻要求行动与目标的统一、个体与集体的统一、手段与目的的统一(逻辑性强);他非常注重自己的理想追求,但更注重通过实践来检验自己的理想设计是否合乎实际,相信只有通过实践检验的才是真正存在的,而且也相信只有实践才是目的,认为实践是对人的能力的更大的证明(实践性强)。所以,没有主体性,就没有批判性、决断性、合作性、反思性、逻辑性和实践性等系列品质的存在。

这些内在品质在现实中具体表现为自信、敏锐、果敢、合群、自律、谨慎、务实等一系列明显的性格特征。自信是主体性强的最直接表现,具体表现为创新创业者相信自己的独立判断,从而不依附于任何人,也不轻信任何人;敏锐是指一个人看问题能够看到实质,重视事物的细微变化可能造成的影响,具有一种见微知著的直觉，这种性格特征是批判性强的反映；果敢表现为一个人敢于在复杂局势面前作出决定，并且坚决执行自己的决定，不会瞻前顾后、畏首畏尾，这种性格特征是决断性强的反映；合群表现为善于换位思考，能够主动适应集体的要求，能够在坚持自我和维护集体团结之间作出让步并达到平衡，不会表现出个人英雄主义，但在集体需要之际又能够挺身而出，坚定地维护集体利益不受损害，显然，这一性格特征是合作性强的反映；自律表现为对自己有严格的要求，在为人处世上不违反自己订立的原则，始终保持自己做人的底线，这种自律性是个体反思性强的反映；谨慎表现为做事情不莽撞，善于调查研究与周密思考，做事情有计划、有步骤，这一性格特征是逻辑性强的反映；务实表现为不沉湎于空想，而是讲究实效，反对形式主义和文牍主义，这一性格也是实践性强的反映。

这些性格特征总体上表现为豁达和坚毅两种综合品质。所谓豁达，表现为创新创业者能够不计较个人利害得失，一切以大局为重，能够从长远考虑问题，它是自信、自律、合群与务实品格的综合；坚毅表现为有理想、有抱负，能够正确面对困难，不轻言放弃，做事情有始有终，这一特质是敏锐、果敢、谨慎品质的综合。只有性情豁达的人才能成为性格坚毅的人，所以豁达与坚毅构成了创新创业者性格的两面。

8.1.2.2 创造性人格典型的心理素质特征

在长期且广泛的观察中可以发现，创新创业人才心理素质呈现出七级心理架构，这七级素质表现出层层递进的关系。

（1）第一个突出表现是自信心特别强。自信心是能力的基础，具有创造性人格的人对自己都非常自信，他们一般都有自己的独立主张，不轻易放弃自己的主张，对任何事情都希望坚持自己的判断，不会轻易被别人说服；他们都非常相信自己的直觉，而且自己的直觉判断也往往屡屡命中，从而更加强化了他们的自信。他们的感觉比较敏锐，善于发现事物的细微差别，看问题时常常能够一语中的、一针见血、直指要害。从而他们的批判力也特别强，能够抓住事物的关键矛盾，进而能够发现事物的致命缺陷并能给予启发性的建议。他们也不是固执己见者，而是善于倾听别人意见，对别人的合理的建议能够虚心采纳，不会刚愎自用，所以他们又是非常虚心和特别好学的人，这些品质又使他们见闻广博，思维不拘于一隅，故而他们又是视野开阔的人。正是视野开阔、心胸宽广，才成就其自信心特别强的特征，这种自信心强又不使他们陷于盲目的自我崇拜和莽撞武断之中。总之，自信心强就表现为，相信通过开发内在潜力能够解决一切问题，相信一切问题都是有解的，困难都是由于没有充分挖掘自身潜力造成的。这种自信心是他们行为的动力，也是他们战胜困难的决心，同时也是他们坚持到最后的毅力。

（2）第二个突出表现是责任心非常强。创造性人格由于具有强烈的贡献意识，希望能够为社会、为国家、为民族和为人类作出特别贡献，所以他们往往以天下为己任，故而他们常常表现出强烈的批判意识，从而对社会上的丑陋现象进行批判，也对社会上出现的不良行为表现出不满。他们迫切希望改变社会上的不正之风，从而积极为社会进步建言献策。他们对自己的工作不仅兢兢业业，而且力求尽善尽美、精益求精，希望能够成为人们行为的楷模和事物评判的标准。但他们的表达方式是比较理智和冷静的，不会出现头脑一热而不顾一切的冲动行为，从而他们反对过激行为，认为那样非但无助于问题的解决，还很可能惹出更大的麻烦。因此，他们的批判风格是理性的、对话的，而不是武断的、偏激的。他们的责任心集中表现在积极为问题的解决寻求答案，不会做社会发展的旁观者，他们相信科学和理性，认为科学手段和理性方法能够解决一切问题。并且他们坚信人们只要用好科学的武器和方法，就有助于问题的解决，就能够推动社会进步。

（3）第三个突出表现是具有非常强的冒险精神。创造性人格富有冒险精神，因为他们相信一切问题都没有现成答案，一切答案都必须自己去寻找，他们认为过去的经验不能代替对现在问题的思考，更不能代表未来事物。而且他们相信一切事物都是处于发展中，都没有确定的答案，都必须不断地寻找，这些答案只能在探索的过程中出现。所以他们特别强调亲力亲为，反对夸夸其谈，坚信实践出真知这一唯物论命题。故而他们在行为上表现出勇于探索的品质。他们比较善于观察事物发展的方向，善于把握事物发展机遇，敢于把自己的想法付诸实践。他们不相信有什么可以百分之百的成功，但相信只要有百分之一的希望就要付出百分之百的努力。从而他们善于决策，只要有一半以上的成功率就要付诸行动，不会等到有百分之百的成功率时才行动。因此，他们非常懂得抢占先机的意义，而且认为任何行动方案都是在行动过程中不断完善的，同时，他们认为百分之百按照行动方案行动就会造成百分之百的失败，因为事物总是发展变化的，行动者必须具有高度的敏感性，必须能够根据环境变化来调整行动方案，做到随机而动，故而他们对行动过程更感兴趣，反而对行动结果的欣赏是其次的，从而他们更享受挑战困难时所带来的乐趣。

（4）第四个突出表现是具有非常强的合作精神。创造性人格并不迷信孤胆英雄，而是相信团队力量，相信"一个好汉三个帮"的道理，故而在行动过程中非常重视选择合作伙伴，认为选对合作伙伴就成功了一半。他们坚持合作伙伴与自己本质上是一体的，是不分彼此的，不能厚此薄彼，必须一视同仁，从而非常重视订立契约，把一切利害关系表述清楚，力求大家获得共识和信任，避免在行动过程中出现大的分歧和矛盾，争取在出现分歧和矛盾情况后也能够圆满地解决。说到底，这是创造性人格批判与反思意识强的表现，因为他们认识到了自己的不足，也认识到了每个人的局限，认识到了只有合作才能使自身强大起来，因为只有合作才能够弥补彼此的不足。正是这种合作精神，才使他们学会尊重对方，从而能够平等地处理彼此之间的关系，进而在危难的时候能够相互依托，在成功的时候能够共享欢乐。

（5）第五个突出表现是具有敏锐的市场意识。创造性人格一直在寻找发挥才能的机会，而发现社会重大需求是作出突出贡献的前提，而变动的市场信息能够使他们发现贡献自己力量的机会。显然，他们不会对任何市场变化都关注，而是只关心自己感兴趣的领域范围，因为每个人都有自己的优势领域，而且只有在自己具有优势的领域才能充分发挥自己的才能，所以他们始终对自己所关注的领域保持高度的敏感性。满足市场需求就是自身创造的动力，发现市场需求信息就是找到发挥自己专长的切入点。一个人只有在自己感兴趣的优势领域才能作出最大的贡献，离开了个人的优势领域，就相当于鱼离开水而无法生存。敏锐的市场意识意味着对社会需求变化信息能够提前感知，而不是等需求信息明朗时才作出反应。

（6）第六个突出表现是具有适当的风险意识。创造性人格敢于冒险，但不代表不惧怕风险。事实上，具有理性思考能力的人都具有比较强的风险意识，但过度的风险意识就会束缚人的手脚，而轻视风险就会出现麻痹大意进而造成不可估量的损失。所以，创造性人格在做任何事情之前都必须未谋胜先谋败，这样才能制订更加完备的方案。为此，做任何事情之前都需要料敌于先、谋而后动，在做任何重大事项之前都需要预估失败的风险并想好应对之策。但创造性人格往往长于进取而疏于防范，常常在风险意识方面表现不足，这与他们内在地具有一种理想主义气质及英雄主义气质有关。虽然他们也有一些基本的防范措施，但在重大危机面前往往是不堪一击的。之所以如此，就在于他们害怕过度的防范容易使得自己缩手缩脚，进而影响到创造性的发挥。

（7）第七个突出表现是具有超强的抗挫折性。创造性人格的坚毅品质在挫折面前表现得淋漓尽致，他们普遍不怕失败，从而不会接受失败的命运，总是在挫折面前积极思考突围之策，思考如何降低损失，如何再次崛起。所以，他们不会怨天尤人，不会自怨自艾，反而会积极地自我反思，思考方案设计和行为策略的主要漏洞所在，然后总结教训，避免以后重犯。

不难发现，这七种核心素质之间存在着层层递进、环环相扣、不断分化和在矛盾中前进的特点，即前者是后者的基础，后者是对前者的发展与上升。有很强自信心的人才能表现为具有很强的责任心，因为他们敢于承担责任。没有自信心的人很难有什么责任心。一个高度负责的人相信自己这样做是正确的。所以有责任心的人是敢于承担风险的，从而是具有冒险精神的，因为他认为这样做是值得的。具有冒险精神的人也是具有合作精神的人，他不认为冒险纯粹是为了个人的利益，而是认为为了集体的利益才值得冒险，为此他也希望社会理解和支持，认为大家一起努力才更能够解决问题，所以期待与他人合作。为此，他具有了解社会需求的内在要求，对社会变化趋势保持高度的敏感性，从而具有比较敏锐的市场意识。他当然意识到自己的努力很可能会失败，为此也会采取必要的防范措施，可以说他具有比较强的风险意识。然而无论如何防范，风险总是存在的，也必然会对个体造成打击。针对这种挫折，一个人就必须善于进行心理排解，善于寻求摆脱危机的对策，及时抓住再次崛起的机会，从而展示出超强的抗挫折性。这种抗挫折性也是个体自信心的表现。故而，这七种心理素质不仅是内在一致的，而且也构成了一个不断上升的闭环系统。

8.1.3　创新创业人才应具备的七种关键能力

创造性人格的素质特征也必然表现在具体的行动过程中，从而呈现出七种关键能力。

8.1.3.1 目标确定能力

一个人需要具有目标确定能力，简单地说，一个人必须知道自己要什么，如果不知道自己要什么，生活就陷入迷茫。知道自己要什么，才能为自己确定一个前进目标，这样才会去奋斗。目标具有导向功能，没有目标就没有方向，如果人生没有目标就失去了航向。可以说，这个目标必须是具有吸引力的，能够为自己赢得让人尊重的地位的，是人们所向往的，这代表了一种社会地位和荣誉。所以，追求什么，对于一个人而言非常重要。不可避免，这个确定目标过程与自己的视野有关，与自己的生活环境和经历有关。目标的确定一般都采用接近律或可能律，因为自己熟悉这个目标，对它的价值比较了解，从而才会把它作为努力方向。正因为了解它，才知道它是否具有实现的可能。

8.1.3.2 行动谋划能力

知道了目标之后，还需知道实现目标都需要做什么，这是目标确定能力的逻辑延伸。因为只有知道了怎么实现目标才能判断目标是否现实。但仅仅粗略的知道没有意义，必须知道具体需要做什么、重点做什么、哪些对自己而言是非常难的、哪些是非常容易的。这就是行动筹划的能力。知道具体需要什么，自己生活才能充实。因为目标的实现都是比较长远的，不可能一蹴而就，如此就涉及每天具体的行动安排。

创造性人格不仅具有非常明确的目标，而且知道实现目标都需要做什么，从而能够有效地规划自己的行动。所以他们不仅坚信自己的目标追求是正确的，而且认为采取相应的行动是必然的，并且在行为中体现出非常明确的目标导向逻辑。当然，他对行动步骤的规划具有很强的个性特征，是他人难以模仿的。而且他也在不断尝试的过程中逐渐地修正自己的行为，使自己的行动步骤越来越精确，从而成功率越来越高。很显然，如果他没有对自己目标的坚持，就不会有后期行动的逐步完善。行动步骤的完善也反映出他具有善于学习和自我反思的能力，是自我批判能力的表现。

8.1.3.3 行为决断能力

创造性人格敢于挑战风险是他们的一贯品质，故而他们常常有一些惊人之举。他们在重大事项上非常善于决断，因为其内心有一个大格局，他们认识到有一些事情是无法回避的，只有迎难而上才能成功，否则就无路可走。

8.1.3.4 沟通合作能力

创新创业成功需要一个团队，不是一个人单打独斗。团队建设是一件长期的事情，不是一时冲动或靠小恩小惠就能够办到的，这需要进行共同体建设，为大家勾勒愿景，引导大家共同奋斗。要建立约束机制，使彼此成为相互约束的工具；要建立制度，确立相互关系，给人以保证和信心；要在团队出现矛盾时进行调解，维护团结的局面；要不断地进行激励，使团队保持高昂的士气。可以说，这就是一种领导能力，属于团队协作能力的一种，更具体地说是协调沟通能力。

团队合作能力是创造性人格在获得成功之路上的一个非常重要的能力，它既是一种理性能力，也是人格魅力的展现。之所以是理性能力，就在于他认识到了必须进行合作，因为个体力量是有限的，不合作意味着无法成功。但自身的独立性又非常强，对自己有超强的自信，而进行合作就要说服大家，于是就需要表现出超强的意志力。因为合作并不意味着妥协，也包括耐心地传播自己的观点，能够打动别人。所以，合作能力强是指能够推销自己、让别人接受自己，为此必须抑制自己个性中的张扬成分，把自己个性中的独立性、批判性转变为一种自律的美德，学会虚心倾听别人的声音，采纳大家的建议，弥补自己的不足。从而也在不断地学习、合作中培养自己的领导能力，也即不断地学习如何更好地沟通，如何协调不同意见，如何使得各方利益获得最大化，如何引导大家进行共同的追求，如何在出现矛盾之后能够主动去协调和解决。

8.1.3.5 把握机遇的能力

把握机遇的能力对于成功者而言也是非常重要和关键的能力，因为把握住机遇就能够事半而功倍，否则就可能事倍而功半。这当然需要具有明辨善断的能力作为前提，而且能够凝聚共识，能够让大家一致认同关键时候的决定，从而支持自己的决定。所以，不善于辨别机会就无法把握机会，不善于合作也不容易把握机会。而当认识到了机会而又犹豫不决，就会错失机会。机会只留给有准备的人，有准备的人是有积累的人，这些积累不仅包括见识，也包括威望。这不仅考验一个人是否具有冒险精神，更是考验一个人是否具有市场意识，能否认识市场的潜在价值，这是一种拨开浮云抬眼望的能力，没有自信心和责任担当精神是不可能做到的。所以，把握机遇的能力是一种综合性能力，考验的是一个人是否具有独到的眼光和果敢的决策力以及团队成员对他的支持力。

8.1.3.6 风险防范能力

机遇与风险往往是并存的，如果一个人只知道机遇的美好而不知其中潜藏的风险，那么就无法把握机遇，甚至会陷入更大的困境。故而，人们在把握机遇的同时，一定要做好风险防范工作，往往要制订遇到紧急情况时的预案，免得行动出现被动。所以，人们在决策过程中，一定要对风险进行评估，评估影响行动过程的各个因素，而且要预测到环境变化带来的影响。风险意识人人都有，问题是能否将其转变为一种防范能力，从而变成处理危急情况的有效对策。一般而言，如果能够洞悉一切利害关系人的意图，就能够成功地预见风险并防范风险。

8.1.3.7 逆境奋起能力

创造性人格往往不惧风险，敢于冒险。他们并非不怕打击，而是能够很快地从逆境中走出，而且能够变被动为主动，化腐朽为神奇，置之死地而后生。

不难看出，任何一个人要成功都必须具备这七种关键能力。它们不仅是七种核心素质在行动过程中的具体化，也是七种核心素质的集中表现。如自信心强表现为目标确定能力强，因为目标确定能力就是自我认知能力的反映；自信心强也表现为行动谋划能力强，同时也是责任心的表现，因为它体现了一个人对自我的要求。行为决断能力也是对自信心的考验，但更是冒险精神的表现。沟通合作能力很多时候表现为领导组织能力，这显然是对合作精神的考验。把握机遇能力是市场意识的集中体现。要取得成功就必须善于把握机遇，"随机而动"，如此才能事半功倍，否则就会事倍功半，甚至会变成危机。防范风险能力显然是风险意识的体现，也是对责任心、合作精神的检验。逆境奋起能力显然是抗挫折性的表现，也是对自信心的最后检验，如果经不起挫折的考验，自信心就会变弱，甚至会怀疑人生。

所以，对于任何人而言，这七种能力都是非常关键的，可以说是人生成败的七个关口，缺一不可，每一次行动都是一次检验，要么得到强化，要么出现退缩，而创新创业人才的特点是其能够持续不断地推进这七种能力不断增长。

8.1.4 构建创新创业教育新体系

迈向"十四五"新征程，对中国高等教育的全面深化改革带来了前所未有的挑战和压力，对传统的思维模式、发展理念，特别是已有的发展和运作机制，带来了巨大的冲击。传统的应用型、教学型、研究型高校结合创新创业形势逐步转变，教育教学也由传统的传授学科知识、培养专业技能为主向育人育才、激发学生的创新精神、塑造创业意志、培养创造能力转变。

新形势下，如何深化高校创新创业教育改革，营造创新创业的良好氛围，实现新兴领域尤其是新兴行业、产业与高校学科发展和专业建设的交叉融合、创新发展，打破体制机制障碍，探索并建立以创新创业为导向的新型人才培养模式是高校今后在推进创新创业教育过程中的难点和痛点问题。

在"推进创新创业教育，构建多维育人体系"之路上，基于国内外优秀创新创业教育的改革模式，四川旅游学院创新创业学院首创性地构建出了"产教学研用金服"七位一体全生命周期创新创业育人体系，通过搭建产教融合智慧就业创业平台、多维模式推进师资队伍建设、协同创新培养"三创五能"学生、提高创新创业科技创新水平、提升创新创业成果应用能力、建立项目金融支持服务体系、强化创新创业服务体系建设这七个维度，构建"产教融合、课程教育、学生培育、科学研究、技术应用、金融服务、服务师生"良性循环上升的闭环创新创业育人体系，开启了产学研合作的高校创新创业教育生态体系建设新模式。从高处着眼，重基层落实，扎实推进创新创业硬软件设施建设，提高创新创业质量，形成创新创业行动指南，对创新型、复合型、应用型高素质创业人才的培养与成长模式提供了独特借鉴价值。

8.1.4.1 深化产教融合、搭建创新平台促进校企双赢

国家发展改革委、教育部等六部门印发《国家产教融合建设试点实施方案》，

我国产教融合改革步入了快车道。实施方案指出：健全需求导向的人才培养结构动态调整机制，建立紧密对接产业链、服务创新链的学科专业体系。推动高等学校和企业面向产业技术重大需求开展人才培养和协同创新，提高应用型人才培养比重。其中，"产"指的是产业发展、产业需求。那么如何做好"产"呢？

（1）以产教融合为依托，搭建学校创新创业产学合作协同育人新平台。深化改革学校现有的传统学科与专业建设模式，主动融入社会，利用学校多学科交叉融合和创新创业优势，与产业升级、企业发展的需求紧密地结合起来，为学校"质量革命"注入新动力。

（2）围绕着新时代、新发展、新需求，特别是结合现代产业和未来技术的发展来构建创新创业的专业体系、学术体系、话语体系、教育体系和评价体系，共同培养未来社会发展所需要的新人才。

（3）促生产，将市场引进来，着力建成主题产业化园区。积极筹建川旅创业孵化器，以市场化方式运作，结合优质政企资源，努力拓展校外创业园区，形成科研—生产—运营为一体的主题产业化园区。

8.1.4.2　多方联动合作，多维模式推进师资队伍建设

教师始终处于教育工作一线，是教育的实施者，是教育的实践者，是教育改革的先锋者。教师的能力和水平是决定教学质量的关键，是当前教育改革的核心与重点，创新创业教育对教师有着更高的要求。而推动学校创新创业教育发展需要一大批优秀专业的教师来投身其中。那么如何做好"教"呢？

（1）大力打造一支"三能型"（即能上好课、能带竞赛、能创好业）的创新创业核心教师队伍，为创新创业教育教学提供强有力的支撑；组建一支由校内专业技术教师、校友、创业者、投资人等构成的多元化导师团队，为创业团队提供从技术研发、市场推广到项目融资的全方位指导和服务。

（2）构建创新创业教师队伍培养机制。加强教师创新创业教育教学的理论研究和应用能力，启动创新创业教学工坊，提升教师创新创业教育教学能力。组织创新创业教师赴国内深化创新创业改革示范高校进行创新创业相关培训，参加高校创新创业教育相关网络培训课程，探索符合学校创新创业教育课程的教学方法与手段。

（3）建设全国优质创新创业系列教材。牵头联合全国高校、科研院所、企业、出版机构共同组建普通高等学校创新创业教育"十四五"规划教材编写委员会，陆续出版系列教材，形成创新创业品牌形象，提升其影响力。

（4）建设创新创业教育系列慕课团队，形成产学研慕课团队，打造特色鲜明、内容全面、迭代性高的创新创业教育系列慕课。

（5）探索创新创业人才培养模式、建立虚拟教研室，联动全国高校、企业优质资源，建立具有特色的一流虚拟教研室，提升教师创新创业专业能力，打造系列优质创新创业成果。

8.1.4.3　探索育人模式，协同创新培养"三创五能"学生

教育的本质是学生，教育最终要回归学生。《教育部关于加快建设高水平本科教育、全面提高人才培养能力的意见》明确提出要把深化高校创新创业教育改革作为推进高等教育综合改革的突破口，面向全体、分类施教、结合专业、强化实践，促进学生全面发展；国务院办公厅印发了《关于进一步支持大学生创新创业的指导意见》明确提出，要深化高校创新创业教育改革，将创新创业教育贯穿人才培养全过程，建立以创新创业为导向的新型人才培养模式，健全校校、校企、校地、校所协同的创新创业人才培养机制。那么如何做好"学"呢？

（1）以市场、应用、成果为导向，以"提升创新创业能力，培养创新创业型人才"为目标，把思政教育、行业产业、高校、科研院所、社会需求以及用人单位聚合在一起，将培养学生创新意识和提升创新创业创造能力作为共同的价值追求，最终实现人才培养模式的变革。

（2）完善以创新创业为核心的人才培养方案。坚持以创新创业教育观念为指导，在遵循《普通高等学校本科专业类教学质量国家标准》的基础上，立足学校人才培养定位和学科特色，面向经济社会发展需要和行业需求，全面修订专业人才培养质量标准。各专业结合学校人才培养质量标准、专业特色完成专业人才培养质量标准制定，并将创新创业教育融入人才培养全过程。

（3）培养"三创五能"学生。建立健全以"三创"（创新、创意、创业）为重要指标，以"五能"（研究性学习能力、批判性思维能力、集成创新能力、团队组织协作能力、跨文化交往能力）为具体要求，贯穿培养目标、培养规格、培养过程等人才培养的关键环节。

（4）持续培养学生创新创业兴趣，打造创新创业文化氛围。举办主题系列讲座活动，营造出浓厚的学术科研和创新创业氛围。使第一课堂和第二课堂深入融合，增强学生们对创新创业知识学习的兴趣。

8.1.4.4　加强平台建设，提高创新创业科技创新水平

抓创新创业科研是培养创新人才、提升创新创业教师能力的必然要求。创新创业科研的实质是创新，而创新创业科研的全过程都体现了参与者的创新意识、创新精神和创新能力。实现学校"培养基础牢、上手快、后劲足，具有创新创业精神和能力的人才"就必须抓创新创业科研。那么如何做好"研"呢？

（1）加快推进学校各类创新创业科研平台建设，建设跨学院创新创业科研平台，形成交叉学科师生创新创业科研联动机制。利用好大学生创新创业训练计划平台、产教融合智慧就创业平台、创新创业知识产权入库与评估平台、创新创业科技成果转移转化平台，提高创新创业平台价值，提升创新创业平台孵化能力、服务能力、科研能力，引入校外优质创新创业科研资源，提高创新创业科研平台的专业性与综合实力。梳理打通龙泉驿区、成都市、四川省、国家部委各级各部门申报通道，努力建成各级各类创新创业科研平台；增强社会活动能力，有效提升创新创业科研

项目攻关质量，增加创新创业科研项目数量、种类。

（2）创新创业研究要紧密结合学校"十四五"发展规划，为学校应用型本科高校、"双一流"专业建设贡献力量。契合学校发展理念，积极联动校政企三方资源，发挥三方力量，强化学校创新创业专业性、融合性、灵活性，打造具有学校特色的创新创业科研之路。

（3）全力建设创新创业中外人文交流研究院，依托教育部中外人文交流中心优势资源，整合国内外高校、企业、科研院所、行业协会、政府机关单位资源，探索创新运营机制，建设国际性、创新性、专业性的创新创业平台。

8.1.4.5　完善转化机制，提升创新创业成果应用能力

提升思想高度，落实工作举措。将各级创新创业政策落实到具体的工作举措中来，做到宏观与微观相结合、理论与实际相结合，强化创新创业成果应用能力和创新创业项目落地转化能力。那么如何做好"用"呢？

（1）打造创新创业科技成果评估入库常态化机制，探索创新创业知识产权确权、赋权、成果登记鉴定、作价入股、合作开发等创新创业科技成果转移转化实施路径，增强创新创业科技成果落地转化效果，提升创新创业成果应用能力和经济收益。

（2）充分利用创新创业科技成果转化推动学生就业创业。学院将大力推进创新创业科技成果转化工作，积极组织学生参与项目初试、中试和产业化落地实践，将创新创业科技成果转化工作与学生就业创业能力培养有机衔接，提升学生对创新创业科技成果开发和转化的理解和把握能力，带领学生跟随创新创业科技成果进入生产一线，促进创新创业科技成果在企业转化，让学生在创新创业科技成果转化中就业创业。

8.1.4.6　构建创新体系，建立项目金融支持服务体系

国务院办公厅印发的《关于进一步支持大学生创新创业的指导意见》第六条明确指出要加强对大学生创新创业的金融政策支持。落实普惠金融政策与引导社会资本支持大学生创新创业并行。学校有必要落实金融支持政策，为大学生创业"保驾护航"。那么如何做好"金"呢？

（1）联动社会投资机构，创立学院投资机构分中心、子基金，加强学生创业项目融资渠道、融资能力，大力扶持学生创业项目落地转化，全面树立大学生创新创业典型。

（2）增设大学生创新创业奖学金，吸纳企业、校友资金，拓展社会资源，增加对创新创业优秀项目的扶助与资助力度。

（3）搭建银政企高效合作平台，开展线下+线上投融资对接，切实解决创业公司、团队融资难、融资贵的问题。帮助入孵企业、团队拓宽融资渠道，促成项目达成融资需求，助力初创团队稳步发展。

8.1.4.7　提升服务意识，强化创新创业服务体系建设

优质高效的创新创业服务是推动"大众创业、万众创新"的重要基石。落实明确创新创业服务主体、增强创新创业服务意识、提升创业服务能力、完善创业服务体制机制、建立健全创业服务体系和改革创新创业服务方式，不断提升创新创业服务水平，助推大众创业万众创新是新时代对高校的必然要求。为充分发挥学校在大旅游领域的综合优势，培养大旅游行业创新创业人才，在学校建设特色鲜明的高水平、应用型一流大学的战略指引下，以培养学生创新精神和创业能力为重点，强化创新创业服务体系建设。那么如何做好"服"呢？

（1）根据大学生创新创业训练计划、创新创业项目孵化、创新创业竞赛、财务审计、法律咨询、知识产权、企业资质申报等相关工作实际需要，引入社会资源、强化学院创新创业服务专业性，与企业共建一站式创新创业服务体系。

（2）引入各类大学生创新创业信息服务平台。汇集创新创业帮扶政策、产业激励政策和全国创新创业教育优质资源，加强信息资源整合，做好国家和地方的政策发布、解读等工作。及时收集国家、区域、行业需求，为创新创业大学生精准推送行业和市场动向等信息。加强对创新创业大学生项目的跟踪、服务，畅通供需对接渠道，积极举办大学生创新创业项目需求与投融资对接会。

（3）做好创业信息宣传支持力度。及时总结推广各地区、各高校的好经验、好做法，宣传大学生创新创业成功典型，丰富宣传形式，培育创客文化，营造敢为人先、宽容失败的环境，形成支持大学生创新创业的社会氛围。做好政策宣传宣讲，推动大学生用足用好税费减免、企业登记等支持政策。

8.2　"双创"升级带动就业

"双创"不仅是不断提升全社会创新活力、创业动力的一项战略举措，也是带动就业新蓝海、促进社会纵向流动、增强社会发展动力的可持续方略。"双创"对推动新旧动能转换和经济结构升级、扩大就业和改善民生、实现社会公平和社会纵向流动发挥了重要作用，为促进经济增长提供了有力支撑。我国经济已由高速增长阶段转向高质量发展阶段，对"双创"提出了新的、更高的要求。

8.2.1　国家打造"双创"升级版

8.2.1.1　"双创"升级版的内涵

2018 年政府工作报告首次提出要打造"双创"升级版，即"要提供全方位创新创业服务，推进'双创'示范基地建设，鼓励大企业、高校和科研院所等开放创新

资源，发展平台经济、共享经济，形成线上线下结合、产学研用协同、大中小企业融合的创新创业格局。"

同年9月，国务院印发《关于推动创新创业高质量发展打造"双创"升级版的意见》（以下简称《意见》）。《意见》指出，要以习近平新时代中国特色社会主义思想为指导，全面贯彻党的十九大和十九届二中、三中全会精神，按照高质量发展要求，深入实施创新驱动发展战略，通过打造"双创"升级版，进一步优化创新创业环境，大幅降低创新创业成本，提升创业带动就业能力，增强科技创新引领作用，提升支撑平台服务能力，推动形成线上线下结合、产学研用协同、大中小企业融合的创新创业格局，为加快培育发展新动能、实现更充分就业和经济高质量发展提供坚实保障。

"双创"升级主要是从促进创新创业环境升级、推进创业带动就业能力升级、促进创新创业平台服务升级、深入推动科技创新支撑能力升级、加快构筑创新创业发展高地、完善创新创业投融资政策等方面进行提质升级。我国打造"双创"升级版，重点拓展两大空间，一是工业互联网，二是"互联网+公共服务"。

打造"双创"升级版，推动创新创业高质量发展，有利于进一步增强创业带动就业能力，有利于提升科技创新和产业发展活力，有利于创造优质供给和扩大有效需求，对增强经济发展内生动力具有重要意义。

8.2.1.2 "双创"升级版的主要目标

创新创业服务全面升级。创新创业资源共享平台更加完善，市场化、专业化众创空间功能不断拓展，创新创业服务平台能力显著提升，创业投资持续增长并更加关注早中期科技型企业，新兴创新创业服务业态日趋成熟。

创业带动就业能力明显提升。培育更多充满活力、持续稳定经营的市场主体，直接创造更多就业岗位，带动关联产业就业岗位增加，促进就业机会公平和社会纵向流动，实现创新、创业、就业的良性循环。

科技成果转化应用能力显著增强。科技型创业加快发展，产学研用更加协同，科技创新与传统产业转型升级结合更加紧密，形成多层次科技创新和产业发展主体，支撑战略性新兴产业加快发展。

高质量创新创业集聚区不断涌现。"双创"示范基地建设扎实推进，一批可复制的制度性成果加快推广。有效发挥国家级新区、国家自主创新示范区等各类功能区优势，打造一批创新创业新高地。

大中小企业创新创业价值链有机融合。一批高端科技人才、优秀创业者、专业投资人成为创新创业主力军，大企业、科研院所、中小企业之间创新资源要素自由畅通流动，内部外部、线上线下、大中小企业融通发展水平不断提升。

国际国内创新创业资源深度融汇。拓展创新创业的国际交流与合作，深度融入全球创新创业浪潮，推动形成一批国际化创新创业集聚地，将"双创"打造成为我国与包括"一带一路"共建国家在内的世界各国合作的亮丽名片。

8.2.2 "双创"升级促进就业

我国打造的"双创"升级版,不仅是经济高质量发展的坚实保障,而且也是实现充分就业的"新引擎"。在"大众创业、万众创新"的时代,创新创业的高质量发展促进新科技不断涌现,创新创业活力进一步释放,调动了市场的积极性和创造力。智能机器人、智慧医疗、远程驾驶等黑科技频频亮相,新业态、新产品快速成长。创新创业的发展一方面增加了就业的途径;另一方面完善了整体就业的环境,创造了新的就业岗位,提供了更多的就业机会,从而产生了较大的就业促进效应。

"双创"升级激发市场潜力,催生新业态、新岗位,为实现充分就业提供新思路。新兴技术驱动产生的新产业、新业态、新商业模式中涌现出许多新就业形态,有效地缓解了当前就业压力。在满足市场需求的基础上,通过科技创新,这些新模式、新业态对提升市场效率,吸纳就业群体具有显著的效应。美团就是一个很好的例子,它基于互联网,其创始人王兴通过多次创业,吸取失败的教训,思考新的商业模式,带领着团队一步一步实现自己的价值。美团作为新型数字化平台,在提升用户交易效率的同时,创造了新的岗位就业机会。据统计,2018年美团创造了270万个配送就业机会,带动1 960万个相关就业机会。创业带动就业形成创新创业生态系统、优化创新创业营商环境,创新创业拉动就业效应也成倍增加。创新创业促进高质量就业的有效途径,具有广泛性与深入性,对技术人才、高校毕业生、农民工的就业具有较强的吸纳能力。

创新创业带动就业具有乘数效应,一个成功的创业项目往往能吸引带动大批高校毕业生就业。国家发展改革委会同有关部门,依托212家国家"双创"示范基地开展了创业带动就业示范行动,2022年组织实施创业带动就业示范行动,主要聚焦高校毕业生群体,突出创业带动就业主线,组织212个国家"双创"示范基地分别开展社会服务领域"双创"带动就业、高校毕业生创业就业校企行、大中小企业融通创新、精益创业带动就业等4个专项行动,加强政策扶持和宣传推广,为创业就业发挥示范效应,为高校毕业生就业创造更多机会。截至2021年9月,已累计新增就业机会240万个。

【拓展阅读】

扶持高校毕业生创业就业普惠政策清单

一、鼓励高校毕业生自主创业

1. 政府投资开发的孵化器等创业载体应安排30%左右的场地,免费提供给高校毕业生。有条件的地方可对到孵化器创业的高校毕业生给予租金补贴。

2. 高校毕业生从事个体经营的,自办理个体工商户登记当月起,在3年(36个月)内按每户每年12 000元为限额依次扣减其当年实际应缴纳的增值税、城市维护建设税、教育费附加、地方教育附加和个人所得税。限额标准最高可上浮20%,

各省、自治区、直辖市人民政府可根据本地区实际情况在此幅度内确定具体限额标准。

3. 毕业后创业的大学生可按规定缴纳"五险一金"。高校毕业生自主创业，可申请最高20万元创业担保贷款，对符合条件的借款人合伙创业或组织起来共同创业的，贷款额度可适当提高；对10万元以下贷款、获得市级以上荣誉称号以及经金融机构评估认定信用良好的大学生创业者，原则上取消反担保。对高校毕业生设立的符合条件的小微企业，最高贷款额度提高至300万元。

4. 实施弹性学制，放宽学生修业年限，允许调整学业进程、保留学籍休学创新创业。

5. 对小型微利企业应纳税所得额不超过100万元的部分，减按12.5%计入应纳税所得额，按20%的税率缴纳企业所得税；对年应纳税所得额超过100万元但不超过300万元的部分，减按50%计入应纳税所得额，按20%的税率缴纳企业所得税。个体工商户应纳税所得不超过100万元部分，个人所得税减半征收。

6. 对月销售额15万元以下的小规模纳税人免征增值税。按月纳税的月销售额不超过10万元，以及按季纳税的季度销售额不超过30万元的缴纳义务人免征教育费附加、地方教育附加、水利建设基金。增值税小规模纳税人可以在50%的税额幅度内减征地方"六税两费"（资源税、城市维护建设税、房产税、城镇土地使用税、印花税、耕地占用税和教育费附加、地方教育附加）。

7. 对首次创办小微企业或从事个体经营满1年以上的离校两年内高校毕业生，给予一次性创业补贴，具体办法由省级财政、人社部门制定。

二、鼓励企业吸纳高校毕业生

1. 小微企业当年新招用高校毕业生等符合条件人员人数达到一定比例的，可申请最高不超过300万元的创业担保贷款，由财政给予贴息。对小微企业吸纳离校两年内未就业高校毕业生就业的，按规定给予社会保险补贴。对离校两年内未就业的高校毕业生灵活就业后缴纳的社会保险费，给予一定数额的社会保险补贴，补贴标准原则上不超过其实际缴费的2/3，补贴期限最长不超过两年。

2. 对吸纳离校两年内未就业高校毕业生、16~24岁失业青年参加就业见习的单位，给予一定标准的就业见习补贴，用于见习单位支付见习人员见习期间基本生活费、为见习人员办理人身意外伤害保险，以及对见习人员的指导管理费用。对见习人员见习期满留用率达到50%以上的单位，可适当提高见习补贴标准。对见习期未满与高校毕业生签订劳动合同的，给予见习单位剩余期限见习补贴。

3. 对招用毕业年度高校毕业生，与之签订1年以上劳动合同并为其缴纳社会保险费的小微企业，给予最长不超过1年的社会保险补贴，不包括高校毕业生个人应缴纳部分。

4. 对企业新录用的毕业年度高校毕业生，与企业签订1年以上期限劳动合同，并于签订劳动合同之日起1年内参加由企业依托所属培训机构或政府认定的培训机构开展岗位技能培训的，在其取得职业资格证书后给予职工个人或企业一定标准的职业培训补贴。

三、鼓励社会支持高校毕业生创新创业

1. 各地区、各高校和科研院所的实验室以及科研仪器、设施等科技创新资源可以面向大学生开放共享,提供低价、优质的专业服务。纳税人提供技术转让、技术开发和与之相关的技术咨询、技术服务免征增值税。

2. 对国家级或省级科技企业孵化器、大学科技园和国家备案众创空间向在孵对象提供孵化服务取得的收入,免征增值税;其自用及提供给在孵对象使用的房产、土地免征房产税和城镇土地使用税。

3. 符合条件的(投资两年以上)创业投资企业、有限合伙制创业投资企业和天使投资个人,采取股权投资方式直接投资于未上市的中小高新技术企业、初创科技型企业的,可按投资额的70%抵扣应纳税所得额;当年不足抵扣的,可以在以后纳税年度结转抵扣。

4. 金融机构向小型企业、微型企业及个体工商户发放小额贷款取得的利息收入,免征增值税。

资料来源:《国家发展改革委等部门关于深入实施创业带动就业示范行动 力促高校毕业生创业就业的通知》[EB/OL]. https://www.gov.cn/zhengce/zhengceku/2022-02/11/content_5673073.htm.

8.3 "双创"空间不断拓展

在"双创"浪潮的孵化下,国内科技创新创业活动表现十分活跃,孵化器、众创空间、加速器、产业园等作为发展创新经济和培育内生增长能力的战略工具在国内迅猛发展,使"双创"空间不断拓展,"双创"活动的开展也更加便捷、高效、优质。

8.3.1 孵化器

8.3.1.1 孵化器的含义

孵化器原指人工孵化禽蛋的设备,后引入经济领域,成为一种新型的社会经济组织。其职能是通过提供研发、生产、经营的场地,通信、网络与办公等方面的共享设施,系统的培训与咨询,政策、融资、法律和市场推广等方面的支持,降低创业企业的创业风险和创业成本,提高企业的成活率和成功率。

8.3.1.2 孵化器的要素

企业孵化器的要素包括共享空间、共享服务、孵化企业、孵化器管理人员、扶持企业的优惠政策。企业孵化器为创业者提供良好的创业环境和条件,帮助创业者把发明和成果尽快转化成商品进入市场,提供综合服务,帮助新兴的小企业迅速扩大规模,为社会培养成功的企业和创业者。

8.3.1.3 孵化器的常见模式

(1) 企业平台型。

模式现状:企业主导型孵化器是指基于企业现有先进技术资源,通过技术扶持,为创业者提供高效、便捷的创新创业服务。主导者通常为大型科技企业,拥有雄厚的资金实力,不追求创业初期的盈利,而是鼓励创业在其现有先进技术平台上实现突破和创新。其目标是未来能为主导者带来新模式、为上游企业带来新技术。而主导企业在孵化器中也可寻觅有助于打造未来新型业务模式的潜力股,优先获得创新资源,使主导企业实现突破。现阶段如中国移动、电信、联通、百度、腾讯等科技型企业都已着手建立旗下孵化器,吸引大批创业者加入。

模式特点:大企业资源支持+内/外部孵化结合。作为培植创新项目的方式之一,企业为创业者提供的是"开放技术平台+产业资源",孵化的运作模式与大多数"风险投资"不同,需要"导师"和"训练",优劣兼具。此类孵化器一般拥有高水平的管理团队、较强的专业顾问辅导能力,既能为重大关键技术转化提供种子资金,又能帮助创业项目提升抗风险能力,为其配置更多社会优质资源。孵化器主导企业强大的资金和平台支持形成了具备创业项目天然"培养皿"的必要条件。

在发展模式的创新上,该类孵化器重视企业内部创新基因的延续以及自下而上的草根创意机制,如百度内部提出创意征集、资源支持和平台扶持的三步走策略。在内部孵化培育出一批新的项目,从而形成平台带动项目、项目促进平台发展的内部创新良性循环。盈利并不是其最终目的,依靠技术招揽人才、发掘创意,形成优质项目流入端口,从"小而精"的创业企业上获取用户流量、获得资源扩大市场占有率才是该类型孵化器的最终目标。在科技高速迭代、更新的时代,大企业很难有新的机遇,因此,希望以来自员工的、自发的一种创新来带动整个公司大的创新,同时,创新点可以给大公司带来各方面的突破和新的思维方式。大企业因为很多模式已经成为制度和文件,很难有原生态的创新。通过成立开放技术平台,孵化器不仅吸引了外部高端人才加入企业,同时也打破了阶层体制,使内部员工有了发挥创意的平台。未来,各类巨头企业将会深入各大一线城市成立创业基地,同时,伴随着优质项目的出现,创业者间形成巨头企业派系,各大企业将持续出现并购浪潮。

(2) "天使+孵化"型。

模式现状:"天使+孵化"模式孵化器主要是效仿美国等发达国家孵化器的成功模式。该类孵化器通常由民间资本或教育类机构,如各大创投机构或高校主导,为创业者引进成功创业者,具有丰富行业或创业经验人士作为导师,传授创业者运营管理、产品设计、发展策略等经验,意在预估创业障碍、降低创业风险、提升投资成功率,使创业者和投资人实现双赢。该类孵化器对项目的筛选倾向于具有创新科技或创新服务模式的企业,入孵后对看好的企业进行天使投资,并在毕业后的后续融资中退出,实现股权溢价。

模式特点:"导师+基金+场地"。主流创新型孵化器模式靠股权投资盈利。该孵化器高度迎合美国成熟的孵化器模式，是当下创新型孵化器的主流模式。该类孵化器对项目甄选条件比较严苛，一旦入选，孵化器会为企业配备投资人导师，或定期邀请成功创业者或企业高管举行创业培训，传授企业运营意识，降低创业风险。导师可能是企业的潜在投资人或未来的收购者。提供天使投资基金是该类孵化器的另一大亮点。此类孵化器在前期不追求任何盈利，在入孵时，孵化器提供天使投资基金，在毕业后的后续融资中，孵化器会伺机退出，通过股权溢价实现盈利。极个别相当优质的项目会出现孵化器一直伴随至IPO的情况。

（3）开放空间型。

模式现状：办公空间类孵化器的孵化模式是在孵化器1.0的基础上进行了全面的包装和完善，更注重服务质量和品牌效应，致力于打造创业生态圈。该类孵化器主要为创业者提供基础的办公空间，并以工位计算收取低廉的租金，同时提供共享办公设备及空间。孵化器会定期邀请创业导师举办沙龙或讲座为创业者答疑解惑。该类孵化器虽不提供创业投资基金，但与各个创投机构保持密切联系，甚至可邀请创投机构长期驻场，以便节省创业者的时间，提高融资效率。为了打造独具特色的孵化器品牌，该类孵化器正在打造创业生态圈，为创业者提供积极交流的氛围。例如，在某一创业项目落地时，共同办公的创业者们互相成为第一批用户，彼此给予帮助和意见，实现快速试错。为避免同行恶性竞争，该类孵化器会避免将类似的创业项目安排在同一办公空间下。当前，如车库咖啡、3W咖啡等都已成功孵化了大批的创业项目。

模式特点：活动丰富，门槛较低。办公空间类孵化器相对于其他几类孵化器创立门槛较低，无须先进的科技或产业基地或配备创业基金，因此，吸引了多元化背景人才参与成立。总体来看可分为以下几个类型。

一是咖啡馆型。咖啡馆型孵化器是当下草根创业孵化器最流行的模式，创始人多为互联网从业者，例如，雷军投资的车库咖啡创始人苏菂和3W的创始人许单单。创业咖啡从诞生之日起就汇聚了很多互联网行业资源，低门槛、低成本地向创业者开放。创业者可以以工位注册企业地址，当企业扩张到10人或者孵化半年左右就会被要求毕业，毕业的依据则是获得天使投资。创业者在这里可以获得不同的资源和知识，并且都是免费的、开放的。行业活动几乎是所有创业咖啡馆的标配，其邀请的讲师多为创投界资深人士。活动一般由咖啡馆组织策划或与合作伙伴共同操办。合作模式一般是收取场租费，若有好的讲师资源，可免费提供场地。

二是办公空间型。该类型孵化器例如科技寺等采用的是全开放式的工作区域，满足创业者在同一空间工作、交流。其模式特点与咖啡馆型非常相似，定期举办创业沙龙，在产品、技术、法务等创业辅导方面为创业者提供支持。盈利模式主要依靠工位出租来覆盖运营支出。

（4）媒体依托型。

模式现状：媒体类创新孵化器是指依托自身庞大的媒介平台，以为创业者提供多维度宣传为亮点，同时凭借对创业环境以及科技型创业的长期跟踪报道而积累的经验对创业者提供扶持帮助的孵化器。这一类孵化器通过城市的媒体平台为创业项目在极短的时间内造势，吸引眼球，扩大用户群。同时对接各路投资人，形成线上至线下的一种约谈及投资模式。

模式特点：媒体支撑孵化器。

一是扩大知名度。吸引用户媒体孵化器，依靠自身媒体平台为创业者多方面扩大知名度。例如，举办创业大赛，使其通过与其他创业项目之间的对比凸显优势，并且与到场的投资人、评委等产生联系，形成潜在的投资机会。发布在各类媒介的持续追踪报道或专题报道也能为创业者快速造势，为项目营造正面形象，达到扩大知名度、吸引用户的效果。

二是行业经验丰富，无盈利压力。媒体类孵化器筛选项目的特点是通过自身多年跟踪报道创业投资行业和科技企业发展路径的经验，总结出一套发现优质项目的项目筛选理论。对各行业持续关注所积攒的经验，不仅帮助孵化器在前端筛选时提升发掘优质项目的概率，同时在后续孵化服务时也能为创业者指明创业的未来发展路线，提高创业成功率。而且其自身经营多年的媒体平台为孵化器提供持续性的经济支持使孵化器无盈利压力，专注发展孵化功能。

（5）新型地产型。

模式现状：新型地产类孵化器诞生时间不长，模式较单一，靠出租办公位、提供共享办公设备、网络以及出租办公空间为盈利模式。主导机构一般为大型地产商。在创业产业链中，房产服务处于最底层、最基础的位置。从地产商的角度出发，当下产业地产过剩严重已然成为业内人士的巨大压力，同时房地产开发企业因为严重的供过于求，不得不转型探索新模式，在国家大力鼓励创新创业的政策下，地产商背景孵化器的专业性仍处于摸索阶段。

模式特点：租赁空间灵活，靠工位盈利。当前阶段以 Soho 3Q、优客工场为代表。其提供的创业环境也同样是开放性的，靠出租工位收费，但缩小了一次性租赁面积，且缩短了常规型的租赁周期，使小团队创业者更加灵活。该类型孵化器出现不久，其体现出的创业服务水平与其他类型孵化器相差甚远，并未摆脱地产商的套路，在选址方面要求较高，目前尚无成功案例。

优客工场市场化的地产商型孵化器不同以往的传统孵化器，而是套用创新型孵化器的模式，引入导师辅导机制、创业沙龙、天使投资等一系列创业扶持计划。

（6）垂直产业型。

模式现状：产业技术平台模式孵化器指针对某一产业进行定向孵化，提供现有的先进产业技术，同时提供孵化基金，帮助特定领域创业者将技术落地，实现产业化发展。该类孵化器一般由政府或产业协会主导，招揽特定行业创业者，依托庞大的人脉以及行业资源，提供除资金和技术以外的增值服务。这种孵化器能够扎实地把具有地方性特色或带有政府倾向性的产业发展起来，营造出品牌性的产业氛围。加之政府做引导，与专业股权投资基金合作，从而政府实现资金回报，产业实现实质性飞跃。真正实现政府的战略引导、专业公司的运营、龙头公司的带动、公共平台的支撑，聚集产业链各个环节的核心企业，健全产业创新生态系统，完成新标准创制、新业态孵化、新领军企业培育的功能要求。

模式特点：基金＋基地，产业导向型。该类孵化器特点是"基地＋基金"，是创新型孵化器中的重资产模式。该模式提供了先进的技术平台，但需要依托特定的办公环境。"产业＋技术"模式孵化器在中国的创新道路上才刚起步，正面临朝创新型孵化器转型的阶段。在重资产模式下如何实现盈利是其面临的一大挑战。在国家重点培养新兴产业的氛围下，政府与民间相辅相成，专注培养高科技细分市场将是一大趋势，其中将包括生物制药、清洁技术、新能源及文化产业等承载国家发展意志的产业基地。

8.3.1.4 孵化器的社会案例

2022年，电子城高科旗下科技创新孵化服务平台"创E+"运营的新一代信息技术产业孵化器入选国家级科技企业孵化器。"创E+"是电子城高科倾力打造的科技孵化服务品牌，以服务科技创新和产业发展为使命，通过创新孵化器、加速器的建设运营与服务深耕，构建了"全生态产业赋能＋全链条增值服务＋全周期资本助力＋全形态创新社区"的创新孵化加速服务体系。2021年，"创E+"充分发挥北京电控及电子城高科产业资源优势，深度结合半导体显示、集成电路、新一代信息技术等科技企业的发展需求，围绕产业链部署创新链、围绕创新链布局产业链，积极促进外部优质创新项目与大企业相互赋能，推动产业链、创新链融合发展。

"创E+"整合政务服务和专业服务资源，打造朝阳区科技企业赋能站，开放政、产、学、研、用、金、人等各方面资源共计300余项综合服务，为企业稳定健康发展提供了必要保障。同时，由"创E+"联合发起设立并负责运营的英诺创易佳科技创业投资基金持续吸收科技创新项目，为企业提供高品质资本服务，形成优质资源向心力，为创业者搭建放飞梦想的平台。

截至2022年4月，"创E+"举办产业赋能、企业培训等活动300余场，为100余个项目提供产业、资本、区域落地等对接服务，服务科技企业超1 500家，服务创新人才超10 000人，英诺创易佳科技创业投资基金完成38个硬科技项目投资，总投资额3.4亿元，项目总估值近150亿元。①

8.3.2 众创空间

8.3.2.1 众创空间的含义

众创空间，即创新型孵化器。"众"是主体，"创"是内容，"空间"是载体。是顺应创新2.0时代用户创新、开放创新、协同创新、大众创新趋势，把握全球创客浪潮兴起的机遇，根据互联网及其应用深入发展、知识社会创新2.0环境下的创新创业特点和需求，通过市场化机制、专业化服务和资本化途径构建的低成本、便利化、全要素、开放式的新型创业公共服务。

---

① 科技部火炬中心. 科技部关于公布2021年度国家级科技企业孵化器的通知［EB/OL］.（2022-04-19）［2022-04-22］. https://news.bjd.com.cn/2022/04/22/10075327.shtml.

众创空间作为创新创业活动的一个重要载体和创新驱动发展的有力支撑，其高效运营决定着创新创业的发展质量。发展众创空间要充分发挥社会力量作用，有效利用国家自主创新示范区、国家高新区、应用创新园区、科技企业孵化器、高校和科研院所的有利条件，着力发挥政策集成效应，实现创新与创业相结合、线上与线下相结合、孵化与投资相结合，为创业者提供良好的工作空间、网络空间、社交空间和资源共享空间。

8.3.2.2 众创空间的要素特点

开放与低成本：面向所有公众群体开放，采取部分服务免费、部分收费，或者会员服务制度，为创业者提供成本相对较低的成长环境。

协同与互助：通过沙龙、训练营、培训、大赛等活动促进创业者之间的交流和圈子的建立，共同的办公环境能够促进创业者之间的互帮互助、相互启发、资源共享，达到协同进步的目的，通过"聚合"产生"聚变"的效应。

多因素结合：团队与人才结合、创新与创业结合、线上与线下结合、孵化与投资结合。

便利化：通过提供场地、举办活动方便创业者进行产品展示、观点分享和项目路演等。此外，还向初创企业提供其在萌芽期和成长期所需的便利服务，比如金融服务、工商注册、法律法务、补贴政策申请等，帮助其健康而快速地成长。

全要素：提供创业创新活动所必需的材料、设备和设施等硬件。

8.3.2.3 众创空间的常见类型

创新型的孵化器大致可分为投资促进型、培训辅导型、媒体延伸型、专业服务型和创客孵化型等类型。

投资促进型：这类孵化器针对初创企业急需解决的资金问题，以资本为核心和纽带，聚集天使投资人、投资机构，依托其平台吸引汇集优质的创业项目，主要为创业企业提供融资服务，并帮助企业对接配套资源，从而提升创业成功率。这类新型孵化器的典型代表有创新工场、车库咖啡和天使汇等。

培训辅导型：这类孵化器侧重对创业者的创业教育和培训辅导，以提升创业者的综合能力为目标，充分利用自身丰富的人脉资源，邀请知名创业者、创投专家、行业专家等作为创业导师，为企业开展创业辅导。这类新型孵化器的典型代表有联想之星、亚杰商会、北大创业训练营等。

媒体延伸型：利用媒体宣传的优势为企业提供线上线下相结合，包括宣传、信息、投资等各种资源在内的综合性创业服务。这类新型孵化器的典型代表有创业家、创业邦和36氪等。

专业服务型：这类新型孵化器依托行业龙头企业建立，以服务移动互联网企业为主，提供行业社交网络、专业技术服务平台及产业链资源支持，协助优质创业项目与资本对接，帮助互联网行业创业者成长。这类新型孵化器的典型代表有云计算孵化器、诺基亚体验创新中心、微软云加速器等。

创客孵化型：这类孵化器是在互联网技术、硬件开源和3D制造工具基础上发展而来，以服务创客群体和满足个性化需求为目标，将创客的奇思妙想和创意转化为现实产品，为创客提供互联网开源硬件平台、开放实验室、加工车间、产品设计辅导、供应链管理服务和创意思想碰撞交流的空间。这类新型孵化器的典型代表有创客空间、柴火空间等。

8.3.2.4 众创空间的主要聚集地

在国家"双创"战略的推动下，我国众创空间发展呈现快速发展态势。目前，中国已经形成五大众创空间聚集地，一是以北京市为轴心的华北众创空间聚集地；二是以上海市、杭州市为核心的华东众创空间聚集地；三是以深圳市、广州市为核心的华南众创空间聚集地；四是以武汉市为核心的中部众创空间聚集地；五是以成都市、西安市为核心的西部众创空间聚集地。

8.3.2.5 众创空间的社会案例

腾讯众创空间（哈尔滨市）成立于2016年，建筑面积5 192平方米。空间依托腾讯大数据平台优势，结合黑龙江省产业基础，利用"互联网+"模式，深层次挖掘机器人、智能硬件产业、农业、旅游、跨境电商等产业发展新空间，为创业者搭建"创业孵化+技术+投资+产业资源"一体化服务的创业孵化平台。腾讯众创空间作为腾讯为互联网创业者提供的线上线下一体化全要素创业扶持与服务的众创加速平台，它使得创业者可以获得流量加速能力、开放支持能力、创业承载能力、教育培训能力、辐射带动能力等能力的全方位支持。2022年12月，哈尔滨腾讯众创空间入选国家小型微型企业创业创新示范基地。

8.3.3 孵化器与众创空间的差异

众创空间是孵化器的延伸和再升级。孵化器与众创空间本质似乎差不多，都是为创业者提供创业服务的，但两者相较而言有什么区别？

8.3.3.1 服务的对象不同

众创空间面向所有创业创新的群体；企业孵化器面向特定的服务对象，具体针对新创办的科技型中小企业。

8.3.3.2 服务方式不同

众创空间能向初创企业提供其在萌芽期和成长期所需的便利服务，比如金融服务、工商注册、法律法务、补贴政策申请等，帮助其健康而快速地成长。众创空间还可通过沙龙、训练营、培训、大赛等活动促进创业者之间的交流和圈子的建立，提供场地，举办活动，方便创业者进行产品展示、观点分享和项目路演等。众创空间促进创业者之间的互帮互助、相互启发、资源共享，达到其共同进步的目的，通过"聚合"产生"聚变"的效应。

企业孵化器为新创办的科技型中小企业提供物理空间和基础设施以及一系列的服务支持，进而降低创业者的创业风险和创业成本，提高创业成功率，促进科技成果转化，培养成功的企业和创业者。

8.3.3.3 功能和作用不同

众创空间是顺应创新2.0时代推动"大众创业、万众创新"这一形势，构建面向人人的创业服务平台，对于激发亿万群众创造活力、培育包括大学生在内的各类青年创新人才和创新团队、带动扩大就业、打造经济发展新的"发动机"具有重要意义。

企业孵化器很好地推动了科技型中小企业的发展，为中国高新技术产业发展提供了源源不断的后备力量，培育出了一大批科技型企业和创业者，为经济发展和产业结构调整作出了贡献；为鼓励科技人员创业和创造新的就业机会、维护社会稳定作出了贡献。企业孵化器通过为初创企业提供生产研发空间以及基础设施服务来降低创业成本并提高创业效率；连接风险投资机构和初创企业，降低双方存在的信息不对称；提供一种合理分摊创业者创业成本和创业风险的工具。

8.3.3.4 其他不同

众创空间是新形势下，尤其是互联网经济迅猛发展以及各种新兴创业思维经济模式爆发的产物，对口新技术、新模式、新方法等潮流性的创业项目行业，如"互联网+"、互联网金融、App平台、微商等。众创空间主要定位于互联网，为互联网创业者提供帮助。国家政策上结合传统孵化器政策内容专门针对众创空间给予了调整，适时地出台了各种新的配套政策。众创空间针对"创客"，即所有具有创新意识和新点子的人，对入驻公司的要求和门槛比较低，适合一些草根创业者和初创公司。

而孵化器一般支持的是传统实体企业，如加工制造、机械电力、电子信息、能源化工、医疗卫生乃至于传统贸易、服务等，传统孵化器在政策上的资源较多，相对成熟和稳定。其对入驻企业的要求比较多，孵化器内部具有严格的项目审核机制，但大多孵化器都是无偿的。

另外，在硬性条件的提供上，众创空间没有围墙，更多体现的是一种虚拟化和共享式的创业；而孵化器则有优质的办公条件，能够模拟整个创业公司的环境。

8.3.4 加速器

8.3.4.1 加速器的含义

加速器全称"科技企业加速器"。加速器是孵化器功能向后端的延伸，它能为快速成长企业和成长性好的企业提供更大的物理空间，更强的、个性化的专业服务，更有力的政策扶植,是培育创新型企业、形成高新技术创新集群的重要政策工具,经过加速器培育的企业,一般具备了较强抗风险和市场竞争能力,从而进入企业发展的成熟期。加速器的服务对象主要是成长性好和快速成长型的企业,因此,筛选的标准比较高。

8.3.4.2 加速器提供的服务

加速器主要为成长性科技企业提供个性化的服务,如投资融资、人才招聘、企业管理、市场拓展、项目包装、上市辅导等。

一是专业的导师服务。加速器在一定时间内,会给参与到项目中的不同企业提供多种指导或培训,帮助创业企业更快速地得到专业上的提升。

二是较短的"加速"时间和较少的股权要求。引用洛杉矶加速器 Amplify 联合创始人保罗·布里科(Paul Bricault)的话——"加速器以个位数的股权交换少量的资金和指导。它们一般会执行三到四个月的计划,之后初创企业就毕业了。"

三是资源对接。加速器可以利用自身人脉资源,为创业企业和大客户牵线搭桥。如果是加入了大企业设立的加速器,还可以享受企业内部的技术和产品等资源。

8.3.5 产业园区

8.3.5.1 产业园区的内涵

产业园区作为一个功能布局合理、结构层次优化、产业特色鲜明的工业集聚发展区域,是工业化进程带来的特定产物。"双创"浪潮下,科技产业园越来越受到关注。科技产业园是为加快科技产业,特别是高新技术产业发展,集聚规模企业,形成规模经济的科技产业集群。科技产业园对区域产业发展具有引领和辐射作用,有利于推进特定领域产业上中下游产业链的形成,促进特定领域产业的技术整合,形成区域优势产业。进入科技产业园的通常是进入成熟期的科技企业。

8.3.5.2 双创产业园区的主要类型

(1)单一总部型产业园区。阿里巴巴西溪园区位于杭州市余杭区,是互联网电商巨头阿里巴巴集团的总部所在地。该园区规划总占地约 26 万平方米,总建筑面积约 29 万平方米。园区由 8 栋单体建筑和 1 个规划展示厅组成,主要设施包括办公区、报告厅、员工食堂、健身房等基础设施。

阿里巴巴西溪园区就园区类型来看属于典型的单一总部型产业园区。高度的组织化,完备的功能配置,突出的经济效益以及单位面积的高产值、高效益是其不同于其他园区的突出特点。作为公司总部,出于安全角度考虑,园区实行严格的门禁制度。因此,整个园区开放度较低、封闭性较强、空间尺度较大。阿里巴巴西溪园区通过八栋超大型建筑体相互连接而成,它可以同时容纳 2 万多人同时办公。整个建筑主体的半包围空间与园区内的"湿地"系统错落有致、浑然一体,形成了大气、唯美、和谐、呼应的建筑景观体系。

阿里巴巴西溪园区具备科研、休闲、商务、办公等功能，同时还配有公共活动中心，功能区划分为生产、生活、生态三个系统。

①在生产系统方面，园区主要由商务办公、技术配套、商务配套三个方面构成。作为互联网龙头企业，阿里巴巴以电子商务、云计算等产业为核心，商务办公自然是园区的主要功能。除此之外，在技术配套方面，园区拥有阿里云、达摩院等技术研发中心。在商务配套方面，园区拥有企业文化展示中心、教育培训中心、商务会议中心等。

②在生活系统方面，园区内未配备相应的人才公寓及住宿设施。其住宿功能主要由周边社区承载。阿里巴巴西溪园区分布着主要的住宅区，包括富力西溪悦居和海创园人才公寓等，以东、南、西三个走向围拢在其周边。

③在生态系统方面，河塘、湿地、竹林、农田、古桥等这些具有传统生态意义的自然地貌和人文建筑在阿里巴巴西溪园区中心空间都以原有的形态完整地保留着，形成了自然和谐、妙趣横生的超大开放空间，充满着自然人文相互交融的氛围，使办公环境变得非常惬意舒适、富有情趣。除了自然生态系统以外，阿里巴巴西溪园区的智慧生态也非常完善。作为互联网巨头，阿里巴巴在园区建设上充分运用了最新的智能技术，园区通过阿里巴巴信息平台实现了从智能门禁、停车到智慧办公、取餐、环境监测、安防监控等员工生活各方面的智能信息全覆盖。

（2）科创型产业园区。海创园全称为海外高层次人才创新园。它位于杭州城西的科创大走廊核心区块，规划面积约10平方千米，2012年建成投入使用。作为浙江省与杭州市着力打造的海外高层次人才创新创业平台，服务于海外人才和高新科技产业是其主要定位。

"海创园"具有三个方面的特点和优势。

一是打造一流高新产业集群。按照"属地政府建园区、企业投资办平台、条块政策做支撑"的开发模式，针对电子信息、生物医药、新材料新能源、环境资源、现代服务、高教科研六大重点创新创业产业准入门类，海创园将集中政策、资金、人才、市场、管理、政府等各种资源，制定研发机构补助、科技孵化器补助、产业化项目补助、投融资支持和人才服务等全方位政策体系，形成集全省扶持海外高层次人才创新创业政策和海创园个性化优势政策于一体的创新创业价值洼地，为海外高层次人才提供多层次、多角度的创业服务。

二是积极引进海外高层次人才。省市有关部门和入园企业将加大招才引智力度，主动走出去、请进来，积极推介海创园的政策环境，多渠道招揽海内外高层次人才，力争五年内集聚一大批在业内影响较大、居世界先进水平和国内领先的科学家领衔、涵盖各层次科技管理服务高级人才的海外创新创业人才和创新创业团队，努力成为按全新机制运行的人才改革发展试验区和国内一流的人才创新基地。将海创园打造成一个立足余杭、服务全省、面向全国，具有国际影响力和竞争力的新型业态和产业品牌。

三是出台海外人才扶持优惠政策。为鼓励海创园发展，杭州市政府专门出台了

《鼓励和吸引海外高层次人才入驻浙江海外高层次人才创新园创新创业的若干意见（试行）》，根据意见，对于获国家或省级奖励的高新技术研发成果，最高给予500万元奖励；对入驻海创园孵化器的科技企业，第1年租金全额补助，第2年至第3年补助房屋租金的70%，单个企业每年最高补助不超过50万元。领军人才最高可给予总额不超过300万元的安家费补助。并对他们的子女就学、职称评定，保险医疗待遇等作了进一步的明确，免除后顾之忧。①

①就园区类型来看，其属于典型的科技型产业园区。其主要特点：一是相比于单一的总部型园区，企业混合度较高，表现为总部办公、混合办公等办公形式；企业所具有的规模大小存在差异，类型以"互联网+"创新产业为主，较高的混合度有利于"双创"企业形成较强的集聚效应。二是园区包含企业孵化器、加速器等基本设施，能为"双创"企业提供一般性的创新创业服务。因此，更加适合创业创新群体的生活需要。三是海创园的开放度较高，园区本身设置有银行、医院、健身房等，具有齐全的公共服务功能，使园区具有相当的活力。

②在生产系统方面，海创园通过"两链一网"构筑了完善的产业服务体系。所谓"两链"指的是产业发展服务链和空间运营服务链，"一网"指的是智慧服务网。园区通过产业发展服务链为企业提供产业规划、产业招商、创业孵化、科技创新、人才引培、产业金融、政策宣贯、产业公共八大类服务。通过空间运营服务链为企业提供空间运营策划、品牌包装推广、商业配套招商、资产运营管理、物业服务管理、生活配套服务、会务参观接待、文体活动组织等服务。同时，园区通过智慧服务网对园区进行综合管理。

③在生活和生态系统方面，海创园依照余杭塘河湿地的良好生态环境，营造出面积巨大的湿地和风光秀美的水景，这在一定程度上为创业者营造了一个轻松、舒适的创业环境。在智慧园区生态建设方面，园区通过对超过300家入园企业进行综合数据分析，建立了包含企业数据库、园区数据库、招商项目库、产业数据库在内的大数据服务平台。通过大数据分析，将园区的招商需求与企业的选址需求进行智能匹配，从而为产业导入和产业招商提供服务。同时，园区还推出了一站式服务平台"云助"，通过App、Web、H5、公众号/小程序等移动互联网接入口，为园区企业及员工提供包括物业服务、生活服务、协同办公、产业服务、数据分析等在内的业务服务。"云助"通过整合政务服务、产业服务、行政后勤服务、生活服务、社交服务等资源，实现线上线下互动，在促进产业集聚与共荣、企业长期发展、员工安居乐业方面发挥了极大的作用。

（3）楼宇型产业园区。楼友会成立于2014年，是国内双创平台运营商之一，其总部坐落于杭州文三街。楼友会主要围绕"创新"和"人才"两大核心，整合国内外投资机构、行业导师、服务机构、媒体等圈层资源，打造创新孵化平台、人力资源平台和大数据云平台，构建包括众创空间、人力资源服务产业园、海外孵化器

---

① 资料来源：国务院侨务办公室. 浙江（杭州）海外高层次人才创新园成立［EB/OL］. (2010-07-20). https://www.gqb.gov.cn/news/2010/0720/19973.shtml.

等在内的创新生态体系。

①楼友会就园区类型来看属于典型的楼宇型产业园区。其主要特点：一是建筑以高密度的独栋楼宇为主，楼内以众创空间、创业咖啡、创业投资、创业公寓、创业服务等为载体。创业资源、创业项目、创业者、投资人可以便利地搭建起一个创业生态圈。二是在投资方式上，楼友会通过互联网创业的微股东一同投资打造科技型园区和新型孵化器运营平台。

②在生产系统方面，楼友会拥有孵化中心、加速中心、众创空间等主要双创园区的基础设施，但楼宇本身是为众多中小企业服务的，并未配备独立的科研机构及公共研发中心。

③在生活系统方面，楼友会借助楼友电商平台建立楼宇白领圈，形成生活、创业与楼宇文化三位一体的线上线下互动的楼宇服务业模式。在住宿方面，楼友会面向创业群体提供创业与居住为一体的服务式公寓，楼宇负责提供管家式服务，创业者只需拎包入住即可。

④在生态系统方面，楼友会已经构建了"数据云平台"中心，目前该平台总体架构主要由基础支撑、大数据中心、大数据管理、大数据服务等部分组成。该平台依托大数据仓库、数据交换集成平台、数据治理监控平台、数据共享开放平台、数据分析挖掘平台等，综合运用云计算、大数据、舆情分析等技术，在进行楼宇管理的同时，可以为创业企业发展、区域引才及人才服务、双创孵化平台的运营管理提供技术支撑。

（4）郊区型产业园区。武汉花山软件新城位于武汉东湖国家级自主创新示范区内，是花山生态新城的核心产业区，总用地 3.4 平方千米，计划总投资超 200 亿元，建设规模约 320 万平方米，15 分钟到达武汉光谷圈、武汉火车站、花山港，3 分钟接驳武汉三环，50 分钟可达武汉天河机场，是中部地区最大规模、最具国际化特征的 IT 服务基地，高新技术研发基地和创新创意产业集聚区。

①园区主要特点：一是打造高科技产业集群。目前，已形成新一代信息技术、智慧健康、文化与科技融合三大产业集群于一体的科技园区，包括人工智能、物联网、生命科学、文创传媒、云计算、大数据等热门行业。二是打造武汉生物产业新阵地。该园区已与光谷生物城联合，共同打造世界级智慧健康产业基地——光谷智慧健康园。三是汇聚万名科技创新型人才。

②在生产系统方面：一是园区由一家中资企业和两个家国有企业共同打造，建设有以写字楼为主的高层办公产品，独栋、双拼或联排等多层为主的商墅类办公产品，目的是为"双创"个体等服务对象提供面积配置灵活、配套服务设施完善、满足其基本需求的办公环境。二是建立武汉首个"企业管家＋产业顾问"运营平台，针对企业的生长周期提供一站式服务，涵盖人力资源、创业孵化、投融资对接、品牌营销等企业运营各方面内容，为园区入驻企业提供保姆式管家服务，集大创投基金、大创业孵化平台、大服务于一体的产业顾问服务。三是打造智慧园区，为企业提供全周期服务、智慧民生服务、智慧园区基础设施服务、智慧园区运营管理服务。

③在生活系统方面：一是配备千余套员工公寓、人才公寓和专家楼，配备独立

单间、一室一厅及两室一厅房型，以满足多元化住宿需求。二是园区建有完善的通勤管理体系，共有27条园区班车线路48台车，日服务2 500人，通达武汉三镇。三是片区内有希尔顿等中高端商务休闲酒店品牌，同时配套建设简欧风情商业街、下沉式美食广场、特色美食城，配套涵盖健身会所、篮球场、足球场、游泳馆等商业中心以及涵盖超市便利店、母婴、咖啡馆等商铺。四是规划布局幼儿园、小学、中学、高中等教育培训机构。

④在生态系统方面，园区依托周围生态农庄、茶园、山林公园和严西湖湿地公园建设花城大道两侧的绿化带和与花城大道垂直相交的绿化走廊，营造了丰富的自然景观。

(5) 小镇型产业园区。杭州梦想小镇是国内最早建设、最先使用的特色小镇之一，现已建成互联网村、天使村、创业集市与创业大街四个区块。其依托杭州未来科技城得天独厚、开放包容的政务服务生态优势，阿里巴巴西溪园区产业要素集聚、发展要素强劲的区域优势，仓前老街深厚的历史文化生态与自然环境生态优势，重点发展互联网创业与天使投资，引进创业孵化平台和中介服务机构，打造国际一流、享誉世界的"互联网+"创业高地。梦想小镇是信息服务类小镇，以发展创新创意产业为核心，作为全国特色小镇的典型代表有着独特的建设风格和园区发展特点。一是其运营模式为"政府主导、市场化运作、业主开发"。这种运营模式就是一步到位的政府主导规划，分步实施的业主开发，相互结合的公益、出租式滚动发展范式。如在仓前老街改造过程中，原住民房屋仍归其自身所有，政府对其进行相关改造，并以租用的方式盘下这些房屋，将之作为众创空间出租给入驻企业。二是建构全景式孵化链条。小镇按照有核无边、辐射带动的建设发展思路，以小镇建设为重点、兼顾周边区域建设，点面结合，主动打通小镇与周边区域之间的隔膜，构筑"孵化—加速—产业化"接力式产业链条和企业迁徙图。三是多维度促进项目产业化。项目产业化过程是个复杂的过程，多维度促进是其高质量发展的关键。小镇孵化出项目后，将其主动推介到周边科技园和存量空间中，使之加速落地和产业化；小镇将腾退出来的发展空间继续引入新项目孵化，这样便促成了滚动开发的产业持续发展路径。现正在申报小镇拓展区的周边15个产业园都期望在小镇政策支撑和品牌引领下，面向新型孵化器和加速器转型，手游、电商、健康产业、物联网等业态已初步成型。

①在生产系统方面：一是小镇将12幢"四无粮仓"改造升级为创新孵化器，并在其周边建设同样尺度的围合式办公建筑，以研发孵化与旅游休闲为功能导向，吸引创新创业者入驻，与此同时，配套以带有创新创业特质的居住功能的"U+创客公寓"，为创业者与投资者提供创业聚集公寓，这些都突出体现了小镇的研发孵化的办公功能。二是小镇以梦想长廊与接待中心作为重要的展示空间，向游客、访客详细推介梦想小镇的发展历程与成就，展示科技资讯、"互联网+"企业的研发成果等，在游客、访客游览参观的同时，潜移默化地进行小镇文化传播与经验推广，并将其作为创业大街中企业与外界交流的重要平台，所有这些皆展示了小镇作为生产服务配套的交流展示功能。通过搭建世界专利信息服务平台和引进科技文献查询

系统，集中购买基础软件和购置服务器，向阿里购买云服务，面向创客免费开放。同时引进各类中介服务机构，组成以财务、法务、人力资源、知识产权、商标代理等为内容的"服务超市"，并且面向初创企业发放创新券，鼓励和支持企业购买中介服务，这些都展示了小镇整合利用市场资源、开发公共技术平台的功能。

②在生活系统方面，小镇园区依托仓前镇商业街，配套有餐饮购物休闲街，具体包含以中式餐馆、酒吧、奶茶店等餐饮为主的服务，梦岚文化为代表的文创购物服务，高端民宿为主的休闲服务等，营造了内容各异、对象不同、层次丰富的功能配置，总体商业服务数量多、项目齐、质量高，为创新创业者的精神生活满足和物质生活便利提供条件。同时配套建设两块滨水广场，采用铺设木栈道、布置座椅等休憩、娱乐设施结合自然景观配置咖啡厅、快餐店与书店等服务，为园区的创新创业提供较好的休闲交际场所。

③在生态系统方面，梦想小镇四个园区均与余杭塘河相邻，余杭塘河湿地植被景观得以保留，其主要包括滨水带状绿化与建筑周边块状绿化，绿化多以点状植被形式出现，这为创新创业者提供了优美的生态环境。此外，梦想小镇非常保护和十分尊重历史文化遗产，使仓前老街、"四无粮仓"、章太炎故居与钱爱仁堂等得以保留，地域文化根脉得以留存，仓前老街配套公共服务使物质生活与精神文化有机融合，再加之以余杭塘河风光无限的自然景观，形成了丰富、大美、和谐的活力单元，在园区空间上杜绝"千城一面"现象，为创新创业提供适宜、惬意、富饶的地域文化土壤，也为创新创业主体营造满足、愉悦、幸福的文化感与归属感。

8.3.5.3 双创产业园区的发展方向

（1）全链条贯通。未来，双创产业园区将沿着全链条贯通的方向稳步发展，双创园区将迭代为产业创新服务综合体。产业创新服务综合体就是在整合、提升、完善科技创新服务平台的基础上，政府大力引导，企业、高校科研院所及专业机构等共同参与，面向现代产业集群、特定块状经济，集聚人才、科技、数据、金融等资源要素的综合型创新载体。产业创新服务综合体具备以下几个显著特征。

①整合各类资源，形成创新合力。园区对整合龙头企业、高校科研院所以及专业机构等各类创新资源在创新链不同环节的各类创新主体进行功能定位，形成产业链整合、上下游互动、产学研合作的运行机制，让各类主体各显神通、形成合力。

②集合全产业链，为全面创新提供服务。产业创新服务综合体将会集全产业链公共服务于一体，涵盖科技创新、业态创新、管理创新、服务创新等，将产业创新有效供给及持续增加作为根本出发点和落脚点，其核心要素是科技创新，其主要功能是为产业发展解决关键核心和共性技术难题。同时，又集聚整合工业设计、检验检测、标准信息、成果转化、创业孵化、展示培训等创新要素，为中小微企业开展技术创新、业态创新等以科技创新为核心的全面创新提供服务。

③构建高效孵化体制机制，完善创新服务体系。产业创新服务综合体将构建有利于创新成果高效孵化的体制机制，打造技术创新高地，形成全产业链集聚、创新链协同发展的格局。特别是围绕企业在关键环节不断完善创新服务体系，比如在科

技成果转化、人才招引、实验研究、知识产权等环节，推动创新资源诸如企业、人才、设计机构、金融资本、中介组织等形成合力，辐射带动中小企业实现技术创新与健康发展。

（2）全要素融合。

①培育创新创业集群，释放"双创"产业园区集约融合效应。"双创"产业园要具备较强的资源要素整合能力，在把握区域整体布局和未来走向的基础上，充分利用公共空间，将割裂的物理空间打造成跨平台融合化发展的园区；培育引进市场化的新兴产业组织，通过借力国际高科技企业孵化器和加速器、大学科技园、留学生创业园等，集聚一批高校院所、科研机构为科技园区提供创新源头供给，从而吸引高知识群体聚集；推进人才、技术、资本、市场等要素的深入融合，促进资源要素有效流动、合理配置，确保土地、信息、劳动力、管理等要素充分供应，"加强园区内外公共服务设施的无缝对接，推动城市与园区融合共生"，使得园区的发展在生产与生活叠加的综合性活动中实现"高科技""现代城""生态城"相融合，同时，融入"一带一路"倡议，参与"一带一路"共建国家境外产业集聚区与经济合作区建设，不断提升"双创"产业园区的创新创业综合服务能力、服务品质、品牌集约效应。

②加快公共创新资源的整合集聚，打造协同创新创业生态。要在规划和引导产业发展的基础上，强化创新链、做优数据链、完善资本链、构筑服务链，最终实现产业链、创新链、数据链、资本链、服务链融合发展。注重各类创新创业主体之间的关系连接，集聚整合产业创新要素，促进政府、企业、高校院所、金融和中介机构紧密合作，构建起支撑创新创业的活动空间、交互平台以及文化氛围。对接多层次资本市场，建立市场化、社会化、多元化的创新创业投融资服务体系，从多元化信贷服务、多层次资本市场、政策性融资担保、互联网金融、特色信贷、投贷联动、政策担保等渠道联合发力，打造全生命周期科技投融资服务链。在发挥市场主导作用的同时，以政府服务功能的发挥和政府大平台的建设为引领，积极导入优质公共服务设施，优先布局优质教育资源、国际学校、医疗机构等，打造生态、生产、生活三生融合的新型城市创新空间，以"磁石效应"将"双创"产业园区建设成联合开发、优势互补、成果共享、风险共担的具有协同效应的创新创业生态系统。

（3）全智慧生态。随着大数据、云计算、区块链、5G、物联网等领域的运用，"双创"产业园区发展成为"智慧园区"有了可能，这是未来城市产城融合发展的途径之一。对产业新城来说，通过大数据、云计算、区块链、5G、物联网等智慧技术的应用，可以精准地分析掌控从业人才数据、产业结构等，不断推动科技创新和产业转型升级。未来"双创"产业园区的发展将具备如下特征。

①园区将提供360度全生命周期企业服务。在未来，园区扮演更多地将是企业助理角色，它们会依据大数据分析成果为企业提供量身定制的私人专属服务，助力企业发展成长。在企业初创期，园区会在场地选址、办公应用、基础设施建设等方面提供更多的差异化专属服务，实现企业一站式拎包入住。在企业初具规模时，园区将会从企业资源管理和企业办事行政两个方面入手，为企业提供包括人力资源、

企业采购、资产代管、项目申报、法律咨询等全方位服务，为企业运营消除后顾之忧。在企业发展过程中，园区将会在投融资服务、企业孵化、宣传推广、供求对接方面提供服务，助力企业健康成长。

②360度以"人"为本的智慧民生服务。在未来，园区不仅是满足工作需要的主要场所，也将是满足人们生活需要的生存栖息地。通过大数据等信息技术，园区将会针对包括生活服务、社区安全、身份识别、家庭金融、医疗健康、交通出行在内的日常生活场景，提供个性化、差异化的解决方案，更好地满足人们的存在需求。通过5G等移动互联网技术，帮助人们实现求职应聘、征婚交友、社区活动等沟通需求。通过智慧云等云端存储技术，帮助人们开展远程教育、继续教育等人才服务，以满足不同人群的成长需求。

③提供智能便捷的智慧园区基础服务。在未来，园区不再简单地是物理意义上的土地集合，而更多是一个自我监测、自我运维的智能生态系统。园区的主办方可以综合运用智慧云、大数据等新技术，实现园区在交通信息、能源监测、节能减排、供水排水、环卫环保、安全防卫、通信网络等方面的自我管理。

④移动化大数据智慧园区运营管理。随着5G技术的出现和普及，园区的运营管理将逐步向移动化、可视化、便利化的方向转变。未来的园区管理者只需要借助手机、平板电脑等移动端口就可以实现战略决策和运营管理的操作。在战略决策层，管理者只需要一张资源视图、一套监控指标、一套指挥体系就可以实现园区内跨领域的智能综合分析。在运营管理层，管理者只需要通过运营指标监测、服务需求响应与效果评估、资源调度与指挥就能轻松实现精细化管理。

8.3.6　孵化器、加速器、产业园的联系

8.3.6.1　产业园区内置孵化器、加速器

在已建成的科技园区内建设孵化器和加速器。孵化器、加速器可源源不断地向科技产业园输送新兴科技企业，尤其是新战略性新兴企业；科技产业园则可通过扩展园区规模或采取"腾笼换鸟"，提升园区产业结构，使园区充满生机活力。

8.3.6.2　推进大孵化器转化

孵化场地面积较大的孵化器待条件成熟后兴建加速器和科技产业园区，为入孵科技企业提供便捷的成长路线，促进其快速成长。

8.3.7　孵化器、加速器、产业园的差异

8.3.7.1　服务对象不同

孵化器的服务对象主要是科技初创企业；加速器主要是成长性好和快速成长型的企业；科技产业园则是规模及以上企业。

8.3.7.2 组织结构不同

从组织结构上，孵化器、加速器采取的是由投资主体设立事业法人或企业法人治理结构；而科技产业园在组织结构上可分两类：由政府全资投入的，一般由政府设立园区管理委员会实施管理；由社会投入建设的科技产业园的组织结构为企业法人。

8.3.7.3 服务功能不同

孵化器主要为科技创业企业提供科技创业公共服务，包括行政、政策、投融资、咨询、培训、中介及技术支撑服务等，目标是帮助创业企业度过创业期。

加速器主要是为成长性科技企业提供个性化的服务，如投资融资、人才招聘、企业管理、市场拓展、项目包装、上市辅导等。

科技产业园则是为园内企业提供管理、协调服务，如园区规划、园区秩序管理及协调园区企业与政府有关部门的关系等。

8.3.7.4 入驻企业流动性不同

从入孵（驻）企业的流动性上，孵化器、加速器内企业流动性强，科技产业园区流动性差，排除失败的案例，前两者流动性越强，说明其服务能力越强。而科技园区则相反。

【思考练习】

1. 发展创新经济和培育内生增长能力的战略工具有哪些？
2. 按照要点，说明孵化器、众创空间、加速器、产业园的相同和不同之处。
3. 你有见过或亲身体验过孵化器、众创空间、加速器或产业园的服务吗？请举例说明。

【拓展阅读】

荟·云创谷创业园区：一站式孵化，打造全链条创新创业生态体系

创业服务一直在路上。荟·云创谷作为一站式创业孵化平台，主要聚焦企业发展的不同阶段，并依托园区内的荟·创孵化空间、荟·居创客公寓和荟·生活三大功能区，全方位满足创业者办公生活需求，打造全链条创新创业生态体系。

集聚产业资源和优势提供一站式服务

"园区比邻张江高科技园、金桥进出口加工区、银联卡园和曹路大学城。区域内高新技术产业发达，高校、科研机构、高科技企业聚集，科技与文化相结合的人才众多，创业氛围浓厚，适宜发展高新技术产业。"创始人毛婷婷介绍说，荟·云创谷项目成立于去年9月，园区位于浦东新区川沙路2 977号，占地30亩。其中，荟·创孵化空间孵化面积达5 000平方米，公共服务面积600平方米，内设众创空间大厅、创业孵化区、创客交流区、创客咖啡和创业服务办公室等场所，园区还为入驻企业提供拎包入驻的全套办公家具，入驻的创业团队均可享受全覆盖的免费高速网络、公共打印机、会议室、茶艺室、路演报告厅等完善的配套设施。

此外，园区还拥有专业的运营管理团队，秉承着"专业服务＋创业导师＋天使投资"的理念，为处于不同发展阶段的企业提供一站式工商注册、知识产权服务、商标申请、政策讲解和金融、法务、财务顾问服务，同时，定期组织投融资对接、私董会项目诊断、创业项目路演、创业教练团队辅导等创业服务活动，打造全链条创新创业生态体系。

谈及荟·云创谷所聚焦和孵化的主要企业类型，毛婷婷坦言，园区结合现有的产业资源和周边环境优势，因地制宜地制定发展战略，主要吸纳移动互联网、信息科技类、文化创意类等产业项目。"项目涉及互联网软件开发、电子商务、艺术设计、信息技术、智能物流、环境科技等领域。"

与园区企业共成长让服务体验更有温度

创业服务之路上面临诸多困难和挑战，积极行动的同时，让毛婷婷与团队欣慰的是，入驻荟·云创谷的企业中也不乏逆势发展的团队，他们专注技术、探索创新，在业务和市场推广方面都取得了不错的进展。

其中，上海于昱环境科技有限公司是一家以环境监测设备研发为主的科技型企业，据了解，其公司设备可在数字安防、气象观测和空气质量检测等领域实现全天候、全方位的数字化监控数据报告，团队在环境领域内实现了多个重大突破；联距离（上海）智能网络科技有限公司作为智能末端物流终端解决方案提供方，公司团队主要致力于在不断增长的末端物流领域实现更少人力、更快分拣的智能末端处理系统，并通过人机结合的模式，实现驿站24小时值守，降低末端配送压力，解决末端配送难题；上海白鹏信息科技有限公司则专门为企业提供电商运营解决方案，团队在各大电商平台与直播平台产出的创意策划方案，得到了客户的认可和肯定……

"入驻园区以来，我们获得了多方面的服务和支持，在创业追梦之路上更有信心了。"上海菲佰智能科技有限公司创始人坦言，作为一家致力于为生产型行业提供自动化生产设备和非标自动化生产系统设计方案的科技团队，他们始终以工业互联为核心，服务广大工业企业，打造智能化服务平台，以最快速度、最低成本，打通企业数字化转型落地的"最后一公里"。而今年公司业务的发展也离不开园区运营服务团队的一路陪伴和帮助。对此口朗特创始人也深有感触，他回忆说，一路走来，公司团队在口腔护理产品的开发和推广方面也并非一帆风顺，但幸运的是，每当遇到困难时，园区工作人员都会积极沟通、对接各方面的资源，助力企业发展。"非常感谢，让我们感受到了园区服务的'温度'。"

每天，毛婷婷都会抽出时间去荟·云创谷走一走、看一看，与入驻企业团队展开头脑风暴，进行创业思维的碰撞。对她而言，创业服务亦是创业，同为创业者，她在陪伴入驻企业发展的同时，园区也有了更好的发展和更加清晰的未来。谈及荟·云创谷的规划，她强调，将继续以打造一站式全要素的科技型孵化平台为己任，带领团队脚踏实地，埋头苦干，做好企业服务。"努力引进优秀创业企业，为入孵企业提供舒适的创业环境,为培育区域经济新的增长点,提高区域产业发展作出持续的贡献。"

资料来源:明玉君. 走近荟·云创谷创业园区,一站式孵化,打造全链条创新创业生态体系[J/OL]. (2021-01-07). http://www.why.com.cn/wx/article/2021/01/07/16099836101103830343.html.

8.4 "双创"纵深发展向未来

近年来,我国"大众创业、万众创新"取得的成效有目共睹。在新的历史阶段,"双创"被赋予新的使命。在产业变革、科技创新、文化理念、制度供给、国际格局等发展环境共同作用之下,未来的"双创"发展将呈现出以下趋势。

8.4.1 创业群体多元化与两极化

当前,创新创业环境日益完善,空间、资本、市场环境、创业服务等要素日趋完备,为催生伟大创业者和促进更广泛创业群体提供了良好的基础条件。未来,我国的创业大军将逐步形成以科学家、职业经理人、风险投资家等高端人才组成的联合创业群体为引领,以连续创业者、跨区域创业者等高质量专业型创业群体为核心,以普通创业人群为基础的多元化结构,并出现伟大创业者越来越多和人人皆可创业的两极化现象。

8.4.2 产业变革趋势决定着创新创业的领域和方向

随着新一代科技革命和产业变革加速演进,基于多重技术的交叉融合,新应用场景和新商业模式不断衍生,全球新经济发展正处于从技术革命向产业革命落地的前夜。这意味着未来创新创业的基础、条件和趋势正在发生着颠覆性的变化。未来,我国创新创业的热点领域和方向将集中出现在跨界融合领域、前沿未来产业领域、基础研究领域,催生更多具有战略性、创新性、颠覆性的新企业、新业态。

8.4.3 数字经济促使大量平台型创业出现

数字经济促使人类社会的网络世界和物理世界日益融合,伴随着数据成为重要的生产要素,依据数据信息反向配置生产资源成为可能,与创业者能够影响全要素生产率类似,数据对全要素生产率产生的影响日渐受到重视。数字经济推动生产组织方式由"标准+集中"向"定制+分布"转变,平台成为数字经济的主体。目前,围绕数字经济与生活消费深度融合领域的创业已衍生出一批头部平台;未来,围绕产业、城市发展等方面的数字平台将是创新创业的重要方向。

8.4.4　场景创新带来创业需求、机会和市场

场景精准定位市场需求，创造巨大的新需求、新机会与新市场，其将取代传统实验室，成为新一代技术创新中心和新兴产业的基础设施。未来，场景将成为新经济创新创业的重要源头。在场景中，将集聚多种类型企业，实现促进跨界融合创新，形成新技术的价值网络，支撑产业的跨界融通和商业模式创新。不断涌现的新场景为人类的衣、食、住、行、游、购、医、娱等带来了颠覆性的体验，创造了广阔的蓝海市场，为新经济下初创企业的发展提供巨大空间和难得机遇。

8.4.5　硬科技创业是成果转化的新范式

硬科技创业是以前沿技术商业化为基础，以市场需求为导向，科学家、创业者、投资者深度合作的高端创业，是创业式创新的典型代表形式之一，并成为科研机构成果转化最有效的途径之一。未来，以新研发为核心的硬科技创业，不仅将催生出大量爆发式成长的硬科技企业，还将推动创新创业基础技术条件与研发生态环境的颠覆性变化。

8.4.6　跨区域创业在创新全球化条件下更加频繁

跨区域创业者指频繁来往于两个以上地区从事创业或投资的人群，跨区域创业是创业者通过多元创业活动，整合全球范围内关键创新要素的过程，是创新全球化的新模式。未来的跨区域创业行为将会更加普遍、活动方式日益多元化，并进一步促进各类创新要素在全球的流动，使我国创新创业快速融入全球新经济发展。

8.4.7　专业化众创空间提供创新创业一体化的实现路径

建设专业化众创空间是企业、高校院所、新型研发机构等创新主体平衡低成本技术创新与实现高经济价值的有效方式。龙头企业围绕企业主营业务领域建设专业化众创空间，围绕产业链上下游开展创业孵化，通过联合研发、共享品牌渠道资源、开展投资并购等方式，为创业企业赋能，实现企业自身的转型升级和新业务的拓展。高校建设专业化众创空间，充分发挥高校学科优势，聚焦人工智能、生物医药、量子计算等前沿产业领域，开放共享学校的科研设施、导师团队、技术积累，重视发掘学生及科研人员的创新潜力，探索新产业发展方向。新型研发机构充分发挥产业创新和体制机制优势建设专业化众创空间，通过提供科研条件平台、供应链资源对接、检验检测、创业投资、创业导师等行业专业化服务，推动技术成果与市场进行的有效结合。

8.4.8 平台型企业促成更多高水平创业

新经济时代，平台作为创新资源的连接器，成为企业、市场之外组织资源的第三种有效形式。平台企业从传统的生产者、交付者角色逐步转变为连接者、整合者的角色；一些平台巨头已实现从模式创新向技术创新转型的发展路径，推动技术不断迭代、创新。未来，平台企业将带动前沿科技创新，形成"平台+个人"的创业孵化模式，激发小微个体创业群体中出现更多的高水平创业。

8.4.9 创业服务平台走向专业化、多样化、市场化和国际化

伴随创新创业升级发展，我国的创业服务已进入第二个30年，创业服务平台呈现四大发展趋势：一是服务内容趋向专业化，服务切入的创业环节更加垂直，创业服务平台与实体经济的结合愈加紧密，能够为创业者提供的服务更加专业化、个性化、定制化。二是建设主体及服务模式多元化，政府、高校、科研院所、地产公司、投资机构、龙头企业等机构利用自身资源建设不同类型的创业服务平台，为创业者提供不同类型的服务，形成开放办公交流型、创业投资服务型、创业教育培训型、媒体延伸型、活动聚合型、科技成果转化型等服务模式。三是服务主体及手段趋向市场化，越来越多的市场化机构加入创业服务平台，建立起适应市场的激励机制，并通过服务收费、服务入股、股权投资等灵活的市场化方式获取服务收益。四是平台发展日趋国际化，在全球范围整合"双创"资源，通过建立海外孵化基地，链接全球高校院所、其他服务机构的孵化资源的方式吸引并服务全球创业者，布局全球孵化业务。

8.4.10 创新创业金融体系日趋完善

目前，我国创新创业的金融服务体系日益完善，形成了以创业风险投资为主体，科技资本市场、科技贷款、科技保险等为补充的基本框架。科技支行等一批专业服务于初创企业的金融机构的出现，有效改善了传统金融体系在科技型中小微企业金融服务方面长期缺位的局面；同时，出现了体系完整、涵盖多种服务的综合金融服务平台，为企业提供多类型的金融服务。随着创新创业金融不断深入科技创新链条的前端、与互联网等新技术融合，出现了众筹金融平台、"互联网+供应链金融"等新兴业态。

【本章小结】

本章集中探讨了创新创业的未来发展，主要包括"双创"价值引领高质量应用型人才的成长和发展、"双创"浪潮进一步激发了人才成长的内驱力。符合国家和

社会所需要的创新创业人才普遍具有创造性人格特质，普遍具备目标确定能力、行动谋划能力等多种关键能力。因此，高校的创新创业教育亟须在人才培养理念与观念、培养机制与模式等方面开拓创新，才能全力培养好适合未来"双创"形势变化需要的高素质人才。从宏观上看，国家近年来致力于打造"双创"升级版，"双创"升级进一步促进就业和创业，而孵化器、众创空间、加速器、产业园等作为发展创新经济和培育内生增长能力的战略工具在国内迅猛发展，使得"双创"空间不断拓展，开展"双创"活动也更加便捷、高效、优质，而面向未来，"双创"的纵深发展也将呈现出新的趋势。

【思考练习】

1. 什么是创新？创新的特征有哪些？请以你的亲身经历举例说明。
2. 创新包括哪些主要内容？其作用和意义分别是什么？
3. 联系创新创业的学习的时间，谈谈你对加强培养拔尖创新人才的具体认识。

【拓展阅读】

一张"纸"片挑战国际权威

信用卡大小，摸起来软软的、滑滑的，一张其貌不扬的"纸"，却引得无数手机巨头竞相下单，让日本同行闻之胆寒。

这张由高分子树脂和特种柔性软磁金属复合物制成的柔软如"纸"的新材料学名为"吸波导磁片"，90%的成分却是金属。

第三届中国"互联网+"大学生创新创业大赛，南京大学"分子精准调控的吸波导磁材料及工业解决方案"项目以670分荣获总决赛季军。

门禁卡、公交卡和手机放在一起，可能会失效。但在手机和门禁卡、公交卡之间放一张"吸波导磁片"，可轻松解决这种尴尬。王鹏介绍，"吸波导磁片"可以为电磁识别信号提供有效通路，防止信号与手机中的锂电池作用而失去识别作用；其还可有效导通磁场，抑制电子器件表面行波、爬行波和导波，吸收镜面电磁波，防止有效射频信号的涡流屏蔽。

应用于非接触式移动支付、门禁管理、票证管理等功能，王鹏团队生产的"吸波导磁片"第三代产品又轻又软，与目前很多带有近距离无线通信技术（NFC）功能的手机更为匹配。

说到更"炫酷"的用处，王鹏拿出一台可无线充电的手机及充电盘开始介绍："充电线圈经常会受到金属干扰而无法充电，只要加入高磁导率的吸波导磁材料，就可有效地为磁感应线提供一条低阻抗通路，隔绝周边金属物体对能量传输的影响，确保无线充电功能的正常使用。"

当前，在新材料研究方面日本可谓走在世界最前沿，其发明的"铁氧体"材料既笨重，成本又高。"他们的技术指标不如我们的产品。目前，我们已能与国际巨头美国3M公司、日本TTK公司等比拼，价格还有很大优势。"王鹏介绍说。

"有自主建设的材料研发实验室和自主研发团队,能实现材料从研发设计到生产应用的无缝对接。"项目合伙人王悦介绍,目前南京先磁新材料科技有限公司的产品已被熊猫电子、国家电网、苹果无线充电供应链等大客户认可并签订供货合同,拥有了一定订单规模。

虽然产品一面世就是国际先进水平,但南京先磁新材料科技有限公司却与王鹏创业团队成员一样,很是年轻。

2016年3月成立,首期投资400万元,团队成员多为南京大学学生。

"我们都对化学和材料有着一种执念。"王鹏早在高中时期就自学完成了几乎全部化学专业的本科课程,也放弃了大型跨国公司、世界500强等企业提供的优质工作机会,执着于化学和材料领域的创业。

公司成立之初,一切捉襟见肘。"制作产品材料,尤其要将实验室成功的成果进生产,无疑是一项挑战。"王鹏依然记得团队自己动手设计机械,并在定制厂商处拼装,"机械前期很不稳定,不能连续生产,大家一度很失落。后来换用强度更高的分子材料,并辅以特殊配方设计,才最终解决了这个问题"

第一台设备问题得以解决,产能问题不期而至。后来与一家在德国上市的中国企业德诚树脂合作,利用他们的设备进行改造,第2、第3和第4系列产品相涌现,并跻身国际先列。

为什么对新材料领域如此执着?

"主要还是因为它是一种高科技产品。"王鹏的这一回答,在别人看来,或许是科技含量和利润率成正比,科技含量越高,利润率就越高,但在他看来,高科技产品研制更富挑战性,意义更重大。

"就像用在手机无线充电产品上的吸波导磁产品,可能1平方米就要1 000元。然而,实际上的物料成本却是很低的。"对于王鹏而言,始终希望能用知识制作材料,用知识对工业发展作出贡献。

或许正是这样的信念,使得王鹏带领团队还开发出更为强大的一款新材料,就像导磁片让NFC技术进入手机成为可能一样,他们的新材料可以让4G等远场信号同样转变为近场,实现近场通信。

资料来源:王艳茹,金镭. 新时代大学生创新与创业教程[M]. 北京:中国传媒大学出版社,2023:65-66.

参 考 文 献

[1] 鲍德里亚. 消费社会 [M]. 刘成富,全志刚,译. 南京:南京大学出版社,2014.

[2] 邴浩,杜涵,罗婧. 创业行为与创业意愿影响因素实证研究 [J]. 科技进步与对策,2015,32(1):76-82.

[3] 蔡跃洲. "互联网+"行动的创新创业机遇与挑战——技术革命及技术-经济范式视角的分析 [J]. 求是学刊,2016,43(3):43-52.

[4] 陈虹. 大学创新创业教育 [M]. 北京:文化发展出版社,2020.

[5] 辜胜阻,曹冬梅,李睿. 让"互联网+"行动计划引领新一轮创业浪潮 [J]. 科学学研究,2016,34(2):161-165+278.

[6] 国务院. 营造更优双创发展生态 强化创业创新政策激励 [J]. 中国总会计师,2021(6):10.

[7] 胡楠,郭勇,丁伟,等. 大学生创新创业指导 [M]. 北京:人民邮电出版社,2017.

[8] 姜丹,陈晓玲,王维. 我国"大众创业、万众创新"政策内容分析 [J]. 中国管理信息化,2022,25(1):213-216.

[9] 靳诺,刘伟. 中国大学生创业报告 [M]. 北京:中国人民大学出版社,2020.

[10] 李兴光. 创新创业教育对大学生创业意向的影响机制与路径研究 [D]. 北京:对外经济贸易大学,2020.

[11] 刘志阳. 众创空间:创业型社会新群落 [M]. 北京:社会科学文献出版社,2017.

[12] 陆大明,中国机械工程学会物流工程分会. 中国战略性新兴产业研究与发展 [M]. 北京:机械工业出版社,2017.

[13] 吕爽. 创业基础 [M]. 北京:中国铁道出版社,2018.

[14] 吕爽,杨娟,陈迎阳,等. 创业行动 [M]. 北京:清华大学出版社,2022.

[15] 迈内尔,温伯格,科罗恩. 设计思维改变世界 [M]. 平嬿嫣,李悦,译. 北京:机械工业出版社,2017.

[16] 潘肇新,徐鲲. 基于灰色关联度分析的创新创业政策效率研究 [J]. 科技创业月刊,2021,34(1):13-17.

[17] 彭四平,伍嘉华,马世登,等. 创新创业基础 [M]. 北京:人民邮电出版社,2018.

[18] 石建莹,舒洁,张舵.双创产业园区的构建要素及软硬件环境建设[J].陕西行政学院学报,2020,34(2):78-84.

[19] 舒晓楠,阮爱清.创业基础[M].重庆:重庆大学出版社,2017.

[20] 王洪才.论创新创业人才的人格特质、核心素质与关键能力[J].江苏高教,2020(12):44-51.

[21] 王苗苗.基于内容分析法的大众创新创业政策文本研究[D].西安:西安电子科技大学,2018.

[22] 王艳茹.创业基础如何教:原理、方法与技巧[M].北京:清华大学出版社,2017.

[23] 王中伟,焦方义,赵彤彤.中国创新创业活跃度对共同富裕的影响研究[J].技术经济与管理研究,2022(11):45-50.

[24] 吴亚梅,龚丽萍.大学生创新创业教程[M].重庆:重庆大学出版社,2018.

[25] 邢蕊,王国红.创业导向、创新意愿与在孵企业创新绩效——孵化环境的调节作用[J].研究与发展管理,2015,27(1).

[26] 徐小洲,梅伟惠,倪好.大学生创业困境与制度创新[J].中国高教研究,2015(1).

[27] 易文思,罗国宇.国内创新创业政策知识图谱研究——基于1998~2021年文献的CiteSpace可视化分析[J].教育观察,2021,10(44):39-42.

[28] 中国人民大学经济研究所.中国宏观经济分析与预测(2020~2021)[M].北京:中国人民大学出版社,2021.

[29] 张超,官建成.基于政策文本内容分析的政策体系演进研究——以中国创新创业政策体系为例[J].管理评论,2020,32(5):138-150.